思考技巧與教學

（第二版）

張玉成　著

作者簡介

張玉成

學歷

省立屏東師範普師科（五一級）

國立台灣師範大學教育學系（五八級）

國立台灣師範大學教育碩士（六二級）

美國喬治亞大學教育碩士

美國芝加哥大學博士班進修

國立台灣師範大學教育博士（七二級）

英國倫敦大學博士後研究進修

美國耶魯大學訪問學者

經歷

國民中、小學教師合計五年

大專校院兼任副教授七年

教育部科員、秘書、組主任、中等教育司司長

國立科學工業園區實驗高中校長

國立台北師範學院教授兼初等教育學系系主任

國立台北師範學院教授兼教務長、代理校長、校長

東海大學教授兼附屬實驗高中校長

主要著作

影響國民小學教師服務精神之因素（師大碩士論文）

士氣激勵理論在學校人事管理上的運用（台灣省國民教師研習會，1979）

教育計畫之社會因素（教育部教育計畫小組，1979）

我國中等學校教師在職進修教育之研究（教育部教育計畫小組，1979）

提高高等教育素質之研究（合著）（國家建設研究委員會，1980）

僑生教育之發展及其成效之研究（合著）（教育部教育計畫小組，1982）

教師發問技巧及其對學生創造思考能力影響之研究（教育部教育計畫小組，1983）

教師發問技巧（心理出版社，1984）

開發腦中金礦的教學策略（心理出版社，1988）

英國小學社會科課程之分析（三民書局，1992）

思考技巧與教學（心理出版社，1993）

第二版序

這本書出版於 1993 年 11 月，迄至 2010 年 3 月止，已經「初版九刷」，意味著現有萬冊以上散布在各角落為讀者服務。數月前，接獲心理出版社總編輯林敬堯先生來電，詢問可否加以修訂以加強服務讀者，筆者欣然答應並允諾當於龍年年底完成。

問世近二十年來，社會急遽變遷，不禁自問：這本書是否還有參考價值？答案是肯定的，因為心中湧現三股力量支持我這麼想：

一、台灣的教育發展政策日益重視思考啟發教學

具體事證如：

1. 1998 年 9 月頒行「國民教育階段九年一貫課程綱要總綱」，揭開國中、小課程及教材教法大改革序幕，並明確訂定：現代國民必須具備十種基本能力，其中包括創新、獨立思考與解決問題等素養。

2. 1999 年 6 月頒行「教育基本法」，其中第二條規定：教育之目的以培育人民健全人格……判斷與創造力……之現代國民。

3. 教育部於 2002 年頒布「創造力教育白皮書」，提出創意學子、創意教師、創意校園等八項計畫，期望在十年內全面落實創造思考教學，打造一個創造力國家（Republic of Creativity）。

4. 2011 年宣布「十二年國民基本教育」自 103 學年度起實施，並停辦「國中基測」，改以「國中學力會考」新制上路，考題不再受限於選擇題，用以導正教學更為多元，學習益增思考啟發。

二、社會政經亂象更加凸顯國人高階思考能力不足，加強思考教育益形迫切

具體事證有：

1. 新北市國中小學生午餐供應發生弊案，數十位校長涉嫌收受承包廠商賄款紅包，損害學生餐飲品質權益，以中飽個人荷包。

2. 中部某現任縣長，涉嫌收受災區道路整修工程回扣 1,000 萬元，地院於 2012 年 11 月 30 日開庭審理，合議庭裁定羈押禁見。另高雄地檢署偵辦中南部某縣政府環保局勞務採購弊案，掌握縣長及其胞妹等人，以洩漏標案內容及評審委員名單，向得標廠商索賄的證據，遭檢方依法起訴。

3. 行政院陳冲院長上任，全球經濟蕭條，台灣狀況亦不佳，但卻快速宣布「油、電雙漲」、「明年開始實施證所稅」等新措施，引發輿論撻伐，民怨四起，施政滿意度大落。

4. 教育部長蔣偉寧在立法院被參與「反媒體壟斷」社運的清華大學陳姓學生當面責罵，受到媒體關注，引發諸多討論。焦點議題有：(1)教育部發公文給相關學校，要求對參與「社運」學生的身體健康表示關切，是否妥當？(2)立法委員雖可邀請學生到場「備詢」，但可以把質詢權「讓」給學生嗎？(3)政府官員無義務面對任何非立委的質詢，但部長有需要對備詢學生互動熱絡嗎？(4)學生發言批責部長：「偽善、滿口謊言、不知悔改」，用詞適當嗎？

三、個人生涯發展蓄積了更深的感慨和使命感

1. 任職國立台北師院期間，先後擔任進修部主任、初等教育學系系主任及教務長職務。此期間，行政業務上的接觸，和教學與研究工作上的互動、探討，在在增進我更加了解、體認國小及幼稚園教育工作之利弊得失，提升我思考如何改革之能量。

2. 承蒙林前部長清江博士之提攜，於 1998 年 9 月就任教育部中等教育司司長職務，適逢師資培育、九年一貫課程改革，及高中多元入學方案等新制之推動，給了我更多機會從較高角度、更廣幅度去了解、發現中、小學教學問題，思考應變應革策略。

3. 擔任司長兩年，追隨三位部長（林清江、楊朝祥、曾志朗）歷練學習之後，回到國立台北師範學院任教。2001 年學校進行校長遴選，承蒙師長、同仁、朋友鼓勵參選，僥倖當選。擔任校長近四年內，推動校

務仍以國中小及幼教老師培育為核心，平日忙於行政工作外，並兼顧
創意及批判思考之研究與教學，以不負自己在學術上之永續經營心願。

4. 2006 年 8 月 1 日師院改制「教育大學」，筆者也在當天離職，轉任東
海大學教育研究所暨師資培育中心教授，並兼任東大附中校長職務。
四年任期內，完成申辦學校改制為東大附屬實驗高中，除高中部外，
另融合國中、國小及幼稚園，讓我有再一次機會建構一所十四年（K
至 12）一貫之實驗學校。此期間，努力推展創意及批判思考融入教學
與行政，更深切體悟教育改革之艱巨。

至於第二版的內容，主要包括三個面向：

1. 錯別字及詞句的調整，務期文意更為清楚易懂，明確精準。

2. 刪減過時、不必要的片段，增補重要可資參考的資訊，以提升整體內
容品質。

3. 第九章增列一節，列為第一節，餘序號類推。這一節以「學童暨幼兒
高階思考培基課程活動舉例」為主題，其內涵適合提供家長、老師隨
機用來「親子共學」或「師生共學」進行腦力激盪，以啟發孩子們的
創意或批判思考能力和態度，厚植思維能力發展的堅實基礎。

這本書以思考技巧之內涵與其教學、啟發方法為核心，祈願它能繼續發
揮功能，並有助於十二年國教推展順利成功，培育更多學思並重、習舊創新
兼顧的人才。飲水思源，我要感謝心理出版社的夥伴及各界讀者的支持，當
然也要向師長們及曾與我同堂研討的同學們致謝：由於您的提醒提示、您的
發言討論，成長了我的智慧，進而提升了這次第二版的內容品質。

張玉成　筆於桃園市

2012 年 12 月 10 日

初版序

本書取名為「思考技巧與教學」，用意有三：

1. 寫作本書的目的，旨在呼籲並協助教師和家長共同重視兒童思考能力的啟發，加強思考技巧的培訓，所以書名強調「教學」二字。

2. 教師與家長欲做好啟發的工作，首須對思考技巧的內涵有所了解，切實把握，所以書名特予標明「思考技巧」四字。

3. 「思考」一詞類似「運動」，是個非常統括性的用詞，它的內涵係由許多技巧或項目組合而成。國人雖很早就有「思考」的概念，但是很少「思考技巧」的探究和介紹，所以書名中取用「思考技巧」，以示強調。

內容共分九章，第一、二章首先闡述思考的意義，思考技巧的內涵，以及思考技巧之教學原則和序列。第三、四章介紹有助思考技巧增進的教學技術和方法，分別就教師的發問技巧、五段教學法、問思教學法、價值澄清教學法及問題解決教學策略等加以探討。第五、六、七章則分別就推理思考、批判思考及創造思考三大重點加以剖析，並列舉有關的教學策略和方法。第八章簡介國內外常用的評量方法和標準化測量工具。最後一章則分別介紹五種國外發展用來增進學生思考能力的課程設計，其中牛津思考技巧教學活動計畫、工具性充實教學活動設計，及蘇莫懈思考技巧教學活動設計等，均為國內較少見諸文獻資料者。

全文共約二十萬字，千磚萬石所欲建造的工程，便是改善我們的教學品質，使它具有下列特質：

1. 教學不徒重傳遞知能，更須兼備轉化知能的工夫。
2. 學生不再只是個容器，同時也是個製造器。
3. 教師不全是說教者，同時也扮演媒介催化者的角色。
4. 學生上學不再抱持無疑心態，而常能存疑發問並主動探究解釋疑惑。
5. 教師不再是教室的權威者和管理者，而是教室裡的經理和嚮導。

　　本書的完成，首先感謝政府的德政和國立台北師院陳院長鏡潭博士鼓勵員工進修之美意，令我得以博士後公費留學生身分到倫敦大學來深造進修。其次，要感謝內子王美代的支持和女兒子華、兒子鈞泰的自治，讓我能安心的在國外研究並完成寫作。

　　最後，謹以本書敬獻給養育我長大的父母親。

張玉成　序於倫敦大學

1992 年 12 月 18 日

目次

表次

圖次

Chapter 1

思考與思考技巧

第一節 思考的意義

　　思考（thinking）一詞，對眾人而言並不陌生。日常生活中，常聽到：想辦法、出點子、動腦筋、考慮……等用語，都是在描述思考的作用；然而，思考的定義是什麼，卻難有周全一致的看法。

一、什麼是思考

　　《國語日報辭典》（何容，1988）解說：思考就是(1)思索，考慮；(2)思惟。而思惟一詞，係指：

　　　　把以往從經驗而知道的事，加以比較統一，來推論還沒經歷的
　　　　事實。心理學把這種心理過程叫「思惟」。研判認識事物的本質跟
　　　　規律的心理過程也叫「思惟」。（頁289）

若從外文來看，依據《英語詞典》（*The Random House Dictionary of the English Language*）的解釋，思考有下列意義（如圖 1-1 所示）：

1. 以清醒的意識從事推理。
2. 應用心智理性地從事評鑑。
3. 集中注意於某一事項。
4. 回想某一事項。
5. 考量做一抉擇。
6. 發明或發現某一事物。
7. 關懷他人。
8. 想出個人意見或看法。
9. 評鑑與考慮、欣賞活動。
10. 分析事項。
11. 研擬設計。
12. 計畫、籌謀的活動。

《心理學百科全書》指出：「思考可視為個體對現象世界從事條理、秩序建立的過程。此種條理、秩序存在於事物與事物之間，也存在於事物的代

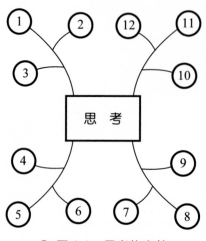

🌑 圖 1-1　思考的意義

表符號之間，更存在於事物間關係、事物代表符號關係之間。」

　　波納等人（Bourne, Ekstrand, & Dominowski, 1971）在合著的《思考心理學》（*The Psychology of Thinking*）中歸納指出：「思考是一種複雜、多面的歷程，其功能旨在引起並導引人的行為。」

　　早在 1958 年，巴特雷（F. C. Baitlett）就認為思考是人類複雜的高層技巧，它是人類企求不以事實明證來填補縫隙的過程。共有三類，第一類是針對資訊內在邏輯縫隙進行填補，叫作內推（interpolation）；第二種係對論辯說理不足部分力求補充的歷程，叫作外推（extrapolation）；第三類是對事證重新調整，或原觀點立場改變，以做新的詮釋的過程，叫作重解（reinterpretation）（Tiedt, 1989: 46）。

　　戴敏（Devine, 1981）則從教學歷程上解釋，認為思考通常包含下列六個步驟：

　　　1. 來自環境的刺激引起了學生的心理活動。

　　　2. 活動方向有所選擇，取其一而捨其餘。

　　　3. 繼而探索有關的資料。

　　　4. 提出假設或暫時的結論。

　　　5. 評析假設或結論的真實性，選取最佳者並保留之。

　　　6. 驗證第 5 步驟所做的選擇。

　　英國學者荻傍諾（de Bono, 1992）把思考一詞界定為：個體應用智慧能力作用於經驗的運作技巧（p. 6）。他在 1976 年出版的《思考教學》（*Teaching Thinking*）一書中，曾歸結指出，思考是為達成某特定目標所從事的縝密之經驗的探索；所謂目標包含了解、做決定、解決問題、計畫、判斷、採取行動等等。

　　李德高（1988）指出，思考是心智的一個活動元素，永不停止地在活動；藉著連鎖性的活動，人可以產生一些概念，由概念去推理，去判斷、分析、綜合，然後應用在創造與問題之解決上。

　　林生傳（1988）將思考一詞界說為感（知）覺形成思想、知識、推理，或判斷的心智操作作用。

羅基洛（Ruggiero, 1988: 1-2）認為，思考係指在個人掌握、控制之下所從事的有目的性心智活動。思考的走向，可以大概分為生產性和評鑑性兩種，前者重在意見理念、方法策略的創立，後者強調對現有事物、言論之鑑賞、評估。基於上述雙向內涵，思考一詞或可定義為：它是具有下列功能的心智活動——協助發現問題、解決問題、從事決定、探討了解、尋求答案、探求新知等，思考包含意識的和潛意識的心智活動。

有謂思考是廣泛複雜的活動歷程，當個體在說話、寫字、遊戲和跳舞時，均有思考的行為。思考並不完全須由語言文字來呈現表達，例如設計師利用積木反覆構思、堆積、建構一座建物模型時，心中有想像而無語言，有堆放動作而無文字書寫，而思考存在其中（Coles & Robinson, 1989: 9）。

思考是什麼？可以從行為、動作上了解。有人說當個體從事下列活動時就是在思考（Tiedt et al., 1989: 2）：

1. 彈奏一首鋼琴曲子。
2. 吟唱欣賞一首詩歌。
3. 從高山上往下滑雪。
4. 應用電腦寫一封信。
5. 在雜貨店比較兩種廠牌罐頭食品的價格高低。
6. 回憶去年夏天全家團圓的喜樂。
7. 調整客廳的擺設。
8. 在擁擠的道路上開車。
9. 購買一部新電視機。
10. 擁抱親愛的人。

又如下列現象，均有思考的作用存在：

❖ 未滿週歲的蕙蕙抱在爸爸懷裡，阿姨走近伸手要抱她，她在猶豫；媽媽過來手伸一半，只見她展出喜悅的雙手要媽媽抱，這裡有思考。

❖ 甫滿週歲的小冬跟蹌學步，未走幾步渾然跌倒地上，邊哭邊瞧媽媽，狀似可憐。這裡有思考。

❖ 三歲小華走到客廳茶几旁，發現桌面上擺放著爸爸抽的香菸、打火機、

菸灰缸、一盤西瓜等等，他伸手拿西瓜而不抓香菸。這裡有思考。

❖ 四歲大的小美開始上幼兒園，開學第一天媽媽送她去，見到媽媽要回家，哭叫「媽媽不要走」、「我要跟媽媽回家」。這裡有思考。

❖ 小學一年級的王大年，發現教室天花板上停著一隻蝴蝶，他好奇地拿了板擦往牠丟擲。這裡有思考。

❖ 小學三年級的林宜慈下課時間發現同學在遊戲場受傷流血，趕緊跑到辦公室向老師報告。這裡有思考。

❖ 小學五年級的董天地常在同學面前誇言他能未卜先知，預言哪位同學今天會挨老師罵、本班上週整潔比賽會得第幾名等。這裡有思考。

❖ 國一王生考完兩次段考數學均不及格，主動要求媽媽讓他去參加補習。這裡有思考。

❖ 國三李生忙於準備考試，某天舅舅來訪，問他：「過得還好嗎？」他說：「水深火熱。」這裡有思考。

上述事件的思考歷程，均係經由個人對外在環境或事物的感知，自己做出了反應，而後表達出來。就其處理的方式而言，有辨認、區分比較、意圖、選擇、冒險嘗試、判斷決定、預測推敲、聯想譬喻等類別。若與動物比較，若干行為亦為動物所有，若干行為則只有人類才具備，因之，思考有高層、低層之分。

美國學者拜爾（Beyer, 1988）對思考的定義和內涵，有比較完整的界說。他認為思考是心智操作的活動，包括感官介入、知覺和回憶，進而從事構思、推理或判斷等歷程。其意義和平日常聽說的決定、回憶、相信、考慮、期盼、預測、想像、發明等用詞相近（p. 46）。

總之，思考的要素錯綜複雜，但不神秘或虛幻。概要而言，它至少包含三個主要成分：心智運作活動、知識和情意態度。其關係如圖 1-2 所示。

（一）心智運作活動

個體從事思考時，其心智運作活動有兩大類別：

◐ **圖 1-2　思考的概念**
資料來源：取材自 Beyer（1988: 47）。

1. 認知性的：主要功能為對外在刺激物滋生或發現意義，所用策略包括做決定、解決問題、分析、綜納、推理、批判等。
2. 自明性的：主要功能為指揮、監控上述認知性運作所採取的策略和技巧。自明性運作通常被視為思考的思考作用，具有計畫、監控和評鑑思考的功能。

　　思考的發生，通常是上述二種運作活動合作的結果；前者貴能產生意義，後者旨在指引產生意義的方法和歷程。

（二）知識

　　這裡所謂的知識主要是包括（Beyer, 1988: 48-50）：

1. 對捷思法（heuristics）的了解。
2. 對知識本質的了解。
3. 專長領域或某一科目的知識。

（三）情意態度

表現出樂於從事思考以達成心願或目標的心理傾向，例如：樂於搜尋更多選擇方案，勇於依據新證據以修正自己看法，不輕易下判斷、力求資訊來源可靠、講求證據、容忍曖昧等。

以上所述心智運作活動、知識和情意態度（或心向）等三者密切相關，相輔相成。然而三者之運作卻受到二個變項的直接影響：一是思考發生的環境，一是思考發生的動機或目的。

就思考發生的環境而言，包括時間、空間或場所、主題對象及資料內容。思考是目的性行為，通常用以解決紛亂爭執或不和諧，或企圖縮小現實狀況與理想目標間的差距，或為發現真理、真相，或為更加了解並據以判斷。

思考是一種過程，唯當上述三大要素、兩個變項整體交互作用時，乃告形成。但也宛如跳遠、打球等，可藉由分解動作之加強練習而增長之。換言之，思考能力常可透過其各項要素之教學而促進（Beyer, 1988: 51-53）。

綜合歸納各家立論，筆者嘗試提出定義如下：

　　　思考是個體運用智力，以現有知識經驗為經，眼前資訊為緯，
從事問題解決或新知探究的過程。

據此而言，思考包含一些要素：

1. 思考以「知覺」為第一步：包括「需要」的知覺以引發思考，對資訊、經驗的知覺以作為思考的材料。
2. 思考以資訊、知識經驗為基本原料：全無或全有資訊，思考便難以產生；人類常因資訊不全，知識經驗不足，故須思考以彌補之。
3. 思考是一種目標導向的活動：人因有「需要」的知覺而觸動思考，其「目標」達成後則思考告一段落。所謂需要或目標者，包括現存問題的解決和新知探討、發現兩大方面。

4. 思考是以智力為動力的運作技巧：智力之於思考，宛如馬力之於車輛，二者息息相關但不相等。馬力大只表示行車的速度條件夠，但能否展現其快速，則與其技巧有關。

✏ 二、思考與智力的關係

智力與思考關係密切，但二者並不相等。

（一）智力是思考的動力

由前述思考的定義可以看出，思考是一種心理歷程，並以智力為動力。

智力測驗創始人比奈（Alfred Binet, 1857-1911）認為，人類智能包括許多不同能力，例如：注意力、觀察力、記憶力、區辨力、分析力、判斷力等。這些能力使思考活動成為可能。史皮爾曼（Charles Spearman, 1863-1945）提出智力雙因論，即普通智力（G因素）和特殊智力（S因素），並認為任何思考由智力而產生。

思考以智力為動力，所以智力之於思考宛如馬力之於車輛；智力高者，思考的潛力大；反之，則小。人類智慧超越其他動物，因此人類思考優於動物，而有較高的文化和文明。

（二）思考是智力潛能發揮的工具

英國學者荻傍諾（de Bono, 1992）指出：智力是潛能，而思考是使用、發揮潛能的技巧。智商高者如果沒有思考技巧的配合和訓練，智力就不太可能變為真正高素質的智慧。

費瑟（Fisher, 1990: 14）進一步闡釋，人類大腦功能須經由思考作用，才能發揮嘉德納（H. Gardner）所說的智慧型態（forms of intelligence），如圖1-3所示。

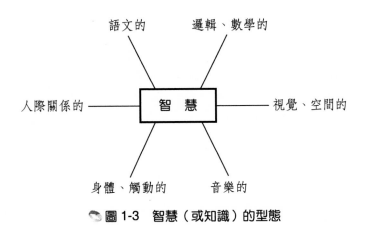

🐟 圖 1-3　智慧（或知識）的型態

（三）智力是稟賦，思考是技巧，二者相輔相成

荻傍諾（de Bono, 1992: 6）指出，有人誤認為智力和思考為同一物，因而導致教育上兩個不幸的偏差觀念：

1. 聰明的學生自然會是一個優秀的思考者，所以，思考不必教學。

2. 智力不高的人絕不可能會是優秀的思考者，所以，思考不必教學。

事實上，智力與思考間的關係，宛如汽車和駕駛間的關係。一部馬力十足的汽車，駕駛不良不但無以發揮，反易肇事；反之，馬力不大的汽車，駕駛技術純熟精良，也能發揮高質量的交通效能。

有智慧（力）而無思考，是浪費；肯思考而缺乏智慧（力），是無奈。

🖋 三、思考與知識經驗的關係

強調思考的重要，並不意味著知識的學習可以忽略。事實上，知識經驗與構想思考是並肩同行，相輔相成的。學生需要備有知識以助長思考，經驗又是思考的基礎。

人類惟當對事物的知識有了百分之百的了解和把握，才無需思考；否則，

思考為必要之務。

　　荻傍諾（de Bono, 1992: 5）認為，我們欲圖使擁有的知識（或資訊）發揮最大用途，則有賴思考的應用；更由於人類對於未來並無太多的了解和把握，所以我們更需要思考。

　　生活經驗常會影響思考的取向，例如：皮亞傑（J. Piaget, 1896-1980）曾測試兒童的「分類」能力，發現大多數兒童傾向把鐵鎚和鐵釘看成同一類別的工具，而很少把鐵鎚和螺絲刀歸為一類。究其原因，是由於鐵鎚常與鐵釘出現之故（Fisher, 1990: 7）。

　　俄國心理學家韋格斯奇（L. S. Vygotsky, 1897-1934）強調，社會文化經驗對兒童發展的重要性，認為智力和思考力的發揮，深受兒童與成人交互作用的妥適性及跟他人合作學習等兩因素的影響；只需獲得些許社會經驗之幫助，便可促進可觀的成長，以縮小「發展臨界區」（Zone of Proximal Development，簡稱 ZPD）之範圍（Fisher, 1990: 136）。

　　總之，人光有知識經驗是不夠的，還須有思考加以配合；人若肯思考、會思考，則不但使得既有的知識經驗更能發揮其用途，並且可以增進新的知識經驗，此即學思並重之所以重要也。

四、思考與情意態度的關係

　　情意態度常影響我們對外在事物的知覺，進而關係到吾人做選擇的決定，它在思考歷程中扮演不可忽視的角色。

　　有則故事說：兩個不同製鞋公司的業務員，同時來到非洲某一落後國家考察，發現當地人民腳底無鞋，生活貧窮。甲業務員向公司報告指稱：「當地人民貧窮落後，沒有一個腳底有鞋，光腳成性，看不出有買鞋穿之意願，所以拓銷全無希望。」乙業務員則大異其趣，向公司報告強調：「當地人民腳底無鞋，人人都需要買鞋穿；雖然他們貧窮落後，但若加以宣導穿鞋的重要和好處，拓銷大有可為。」這則故事說明了情意態度影響個人思考方向的力量。情意態度可以影響思考，反之，思考也有助於情意的培養。

　　邏輯，是思考的理則，它對思考而言是重要的，但是一般人卻忽略了知覺對思考的影響。邏輯好比電腦的程式，知覺則決定鍵入的資料，資料有誤，邏輯正確，所得的結果不會是正確的。荻傍諾（de Bono, 1992: 6）指出，大部分的思考錯誤往往是錯在知覺上，高明的邏輯能力者配上錯誤或歪曲的知覺作用，是非常危險的。

　　艾利斯（Albert Ellis）曾說：一個人欲求過著充分自我實現、有創意和情緒上感到滿足的生活，有賴先具備良好的思考能力。又如陶里斯（Carol Tauris）說：思考教學須予加強，不單因它是課業學習上的基本技能，同時也是重要的複製機制（copy mechanism）。透過這種機制，人們才能保有健康的心理，以便在社會上扮演建設性的角色（Ruggiero, 1988: 8）。

　　要言之，良好的思考技巧，足以助人防止可避免的困難問題發生，也可助人對那無法避免的困難問題做建設性的處理。因此，有助於建立個人優良的情意態度。

五、思考與自明認知的關係

　　自明認知（metacognition）一詞，最早由弗雷臥（J. H. Flavell）提出，國內學者有譯為「統合認知」者，有翻成「後設認知」或「認知的認知」者，本文譯成「自明認知」，係取義於「自知之明」一詞。

　　依據弗雷臥（Flavell, 1976）的解釋，自明認知意指個人對於自己的認知過程、結果，或與之有關的任何事物之了解和掌控。例如：當張三體認到自己學數學比學語文困難時，便有了自明認知作用。莫查諾（Marzano, 1988）指出，當我們從事一件工作時，自己體會到所使用的思考方式，並穩健的掌握好它努力去完成工作，這便是自明認知的表現。

　　另有學者進一步闡釋指出，自明認知包括兩個主要層面：一是對自我的了解和掌握；二是對思考過程的了解和掌握。前者的內涵有使命感、態度和注意力，後者的內容則包含探索知識、檢視、計畫、查核調節等。二者協調發展而為成功之鑰。其關係如圖 1-4 所示（張玉成，1988）。

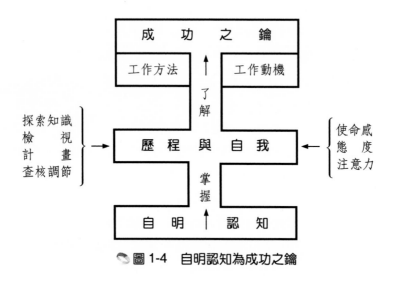

圖 1-4　自明認知為成功之鑰

　　泰德（Tiedt, 1989: 155-157）從思考技巧教學觀點說明，認為所謂自明認知，就是了解自己知道什麼（awareness of knowing）。其內涵主要包括知道自己了解什麼，不了解什麼；對自己所做的決定和問題解決的方法與過程有所評鑑；對自己的思考作用與成效有所反省等。

　　自明認知的執行可以分為三個主要階段，一是計畫階段，二是執行階段，三是評鑑階段。

　　為協助學生發展自明認知，下列自我質問的題目可供參考：

❖ 用什麼方法我學得最好？

❖ 為什麼我記得某些事，記不起某些事？

❖ 用什麼方法才能得到結論？

❖ 假如我不明白，我該怎麼辦？

❖ 為什麼我在某些方面較好？

❖ 有沒有忽略了什麼？

　　拜爾（Beyer, 1988）分析指出，思考的進行須賴認知性運作和自明性運作的配合；前者旨在對刺激、資訊或經驗事物產生新的意義，而後者貴能監

控、導引、校正或調整「產生新意義」的歷程。換言之，自明性運作功能在指揮、協調認知性功能的選擇、列序，和執行等運作歷程。

　　茲以烹調為喻，煮肉可用煎、炒、燉、炸等方法，這是屬於認知性功能；但是究竟採取哪一種煮法，及燒煮過程中須注意哪些技巧，則為自明性功能。良好的思考能力，須是二者兼備，即自明性與認知性運作均優的表現。

　　自明認知也可以解釋為：是思考的整體策略或計畫，借用具體程序與執行技巧以完成計畫目標，它包含以下三個要素（Beyer, 1988: 68-71）：

（一）計畫

　　計畫（planning）具有下列重點工作：

　　1. 設定目標。

　　2. 選擇策略或計畫。

　　3. 擬訂策略與計畫的運作程序。

　　4. 認清潛在的障礙或錯誤。

　　5. 想妥克服障礙或錯誤的對策。

　　6. 預測可能達成的結果。

（二）監控

　　監控（monitoring）的重點工作有：

　　1. 隨時不忘目標。

　　2. 注意依序行事。

　　3. 掌握分項目標如期達成。

　　4. 決定採取下一步驟時間。

　　5. 擇定妥當的下一運作型態。

　　6. 指出錯誤或障礙。

　　7. 懂得如何克服障礙並修正錯誤偏失。

（三）評鑑

評鑑（assessing）的重要內容包括：

1. 掌控目標以達成績效。
2. 評判結果的準確性和合適性。
3. 評鑑歷程和方法的妥切性。
4. 鑑識錯誤和對錯誤的掌握、處理情形。
5. 評判整個計畫的執行成效。

總之，思考係以智力為基礎，並綜合知識經驗、心理態度和認知性操作等三要素共同合作的表現，但是個體如何應用它們及是否動用它們，則受自明認知的影響和決定，所以自明認知是思考的重要環節之一。

第二節 思考技巧的意義和內涵

思考需要技巧，技巧是思考的工具。有了良好的工具，才可望有優越的思考。

一、什麼是思考技巧

所謂技巧（skills），有謂它是特殊的能力，有別於心向（dispositions）和態度（attitudes）（Coles & Robinson, 1989: 12）。

心向：意指在適當狀況下應用技巧的心理傾向。

態度：是當個體於使用技巧時，內心喜悅之程度。

荻傍諾（de Bono, 1976）曾說：技巧是指個體於面臨特定情況時，有因

應或表現的能力。

　　尼爾森－瓊斯（Nelson-Jones, 1989: 9）認為技巧一詞，意指人在某項活動或行為上表現出專長、能力和熟練度。其特質呈現在能夠有效的做出系列選擇並執行之，以達到預期的目標。

　　因此，思考技巧（thinking skills），可說是經由各種心智歷程作用所從事的系列選擇。一個人的思考技巧是多元的，在各種不同領域互有長短，優劣參見。

　　歸納而言，思考過程中，個體採取適切的運作策略或方法，俾以發揮智慧能力，進而付諸行動或執行任務以達成事功，謂之思考技巧。

　　思考潛能好比體能，思考技巧宛似運動技巧。一般而言，體能好意味著單項運動技巧的基礎佳，但是體能好並不保證運動技巧一定高。若想單項運動技巧（例如跳遠）佳，務必先備有良好的體能，並勤加練習該項技巧才成。由是觀之，思考潛能是個概稱，思考技巧則分指各種特殊能力的表現，本書所述各類思考即以個殊技巧觀點論之。

　　思考策略（thinking strategies）又是什麼？它和思考技巧相近而不相同，但二者均為個體從事思考以對事物進行推敲所必備的作用。拜爾（Beyer, 1988: 54）指出，所謂思考策略，意指為達目標或產出思考的成果所擬訂的全盤計畫，譬如政府面對油價是否上漲、如何降低失業問題和凝聚十二年國教共識等，均須透過明智的思考策略。

　　所謂思考技巧，則指在思考策略規畫之下，屬於比較具體行為的心智運作活動模式或型態，例如回憶、分析、歸納、比較等。惟一般而言，通常須聯合多種技巧，共同作用，始能執行思考策略所賦予的任務（Beyer, 1988: 54）。做決定是一項思考策略，其過程可能包括蒐集資料、回憶、演繹、歸納、類比、分析、重組、檢視等思考技巧，共同配合完成之。

　　譬如打球，除需要連串不同的技巧之外，還需要有打球的策略；思考有賴策略和技巧的共同發揮，始能完成欲求的目標。

二、思考技巧的類別

　　人類思考的技巧至為繁多，迄今尚無一致的看法和完整的清單；惟異中有同，一些比較基本的、顯著普遍的類別，可從下列學者的論述中看出端倪。

　　國內學者張春興（1978）概分思考為兩大類型：聯想性思考（associative thinking）和導向性思考（directed thinking）。前者指個人本無待決的特定問題，不以現實問題為對象，由偶然的意念所引起的思考；後者反之，當個人有待決的問題，並知道所需尋求的目的，努力想出適切方法來達成之思考謂之，如批判性思考、推理思考屬之。

　　王克先（1987）從思考的功能與成果觀點，把思考分為反省性思考（reflective thinking）和生產性思考（productive thinking）。他同時指出，邏輯思考（logical thinking）和批評性思考（critical thinking）同為導向性思考，前者注重推理之運用，包括歸納思考和演繹思考，後者指是非善惡之價值判斷。

　　國外學者論述甚多，例如：布隆等人（Bloom, Engelhart, Furst, Hill, & Krathwohl, 1956）於所編《教育目標分類方法第一冊：認知領域》（*Taxonomy of Education Objective: The Classification of Educational Goals [Handbook I]*）一書，提出知識、理解、應用、分析、綜合、評鑑等六項，常被視為思考的不同層次（詳見第五章）。

　　基爾福（Guilford, 1956）在智力結構理論中，分從內容、運作型態及成果三方面分析（詳見第七章），其中運作型態包括認知的、記憶的、擴散的、聚斂的和評鑑的等五類，此五者乃係智能活動或作用歷程的主要方式，亦即個體運用智慧以處理原始訊息資料的過程，所以也常被視為思考技巧的不同類型。

　　其他重要的分類論述，擇要介紹如下。

（一）美國教育宗旨

　　1961 年美國教育政策委員會（The Educational Policies Commission）發表

「美國教育宗旨」，呼籲各級學校努力發展學生思考能力，並列舉了十項思考類別如下（張玉成，1984：7）：

1. 記憶性思考（recalling）：個人對過去習得知識的回想、重現與掌握。
2. 想像性思考（imagining）：在知識或藝術表現方面，衍生新型態的能力。
3. 歸類性思考（classifying）：係依據某一特質對事物加以歸類或分類的能力。
4. 概化性思考（generalizing）：依據某一特定規則或標準，衡鑑某一或某些事物是否具有相同特質的能力。
5. 比較性思考（comparing）：辨識此個體或群體不同於彼個體或群體之思考能力。
6. 評鑑性思考（evaluating）：係指個人區辨某事物或某些事物是否具有某特定規則或標準的認知能力。
7. 分析性思考（analyzing）：例如雜亂無章的資料中理出頭緒或規則，以與其他相關之規則相比較之歷程。
8. 綜合性思考（synthesizing）：歷程包含歸納、概化、比較和評鑑等思考或其中若干項，具有想像、統合與創造性特質。
9. 演繹性思考（deducing）：由原則推論到事實或新理論的發現。
10. 推論性思考（inferring）：是辨識某事物為它事物例子之一的能力。

（二）荻傍諾的論述

荻傍諾於 1976 年提出水平思考（lateral thinking）與垂直思考（vertical thinking）之不同。前者傾向企圖突破邏輯限制，不遵守一定法則去思考；當面對困境或問題時，能跳出傳統、現況事實或情境之外，擺脫邏輯的規範，從另一角度重新思考問題的性質，嘗試採取原則之外的方法以尋求解答。後者反是，偏重鑽牛角尖式的邏輯推理方式去思索。

1992 年，荻傍諾出版《教導你的孩子如何思考》（*Teach Your Child How*

to Think）一書，使用了若干不同類別的思考名詞：如分析性思考（analytical thinking）、設計性思考（design thinking）、批判性思考（critical thinking）、創造性思考（creative thinking）、建構性思考（constructive thinking）、被動反應式思考（reative thinking）、積極主動式思考（proactive thinking）等（de Bono, 1992: 10-13）。

分析性思考技巧是重要的問題解決過程，它幫助吾人分析了解原因，以便對症下藥。然而，有些問題的造因並非單一的，有時也是不易明白的，甚而原因清楚可見卻又很難消除。因此，為解決某些問題，就不能全仗分析性思考，而須另加設計性思考，以建構並創造出解決之道。

分析性思考與批判性思考同屬被動反應式的思考型態，設計性思考則較屬於積極主動式的思考。

獲傍諾提出被動反應式思考和積極主動式思考之差別。前者如進餐館點菜吃飯一般，只能在所提供的菜單上選點，是有限制的自由，且佳餚飯菜由他人送上桌前，不必自己張羅；後者則像家庭主婦準備晚餐，必須自己費神構思、採購、揀選、清洗、燒煮，然後才有飯菜可吃。學校教育如果有思考之啟發，多屬前者，這種反應式思考不是不好，只是自由度不足，光有它還不夠，需要有積極主動式思考來彌補。

批判思考較屬於被動反應式的思考，因為它必須先有「東西」呈現出來讓我們去批判。批判的對象，往往來自他人的創造，即創造思考作用的結果。創造思考貴能滋生點子、方法和作品，批判思考繼而加以評鑑、分析，二者交相為用，才是良好的思考歷程。

此外，獲傍諾還創用思考帽（thinkin hats）一詞，提出紅帽思考（red-hat thinking）、白帽思考（white-hat thinking）、黑帽思考（black-hat thinking）、黃帽思考（yellow-hat thinking）、綠帽思考（green-hat thinking）和藍帽思考（blue-hat thinking）等，詳細內容於本書第九章第五節介紹。

（三）戴敏的論述

戴敏（Devine, 1981）列舉出六種思考類別：

1. 知覺性思考（perceptual thinking）：此類思考因受環境影響大，而較不明確，例如：一個紅點，學生可能想像為太陽或普通的一個點。

2. 聯想性思考（associative thinking）：產生於甲事物或概念喚起記憶而想及其他事物或概念時，例如：月亮可能引起學生想到月餅、故鄉、嫦娥……等。

3. 歸納、演繹性思考（inductive-deductive thinking）：此二者均為目標導向的思考方式。

4. 問題解決（problem solving）：可用下列六步驟解析：感知問題、界定問題、蒐集資料、形成假設、批判假設、評選最佳方案等。

5. 批判性思考（critical thinking）：運用標準評鑑事物的過程，它與其他五類思考方式有重疊部分。

6. 創造性思考（creative thinking）：它與聯想性思考、問題解決有關，神奇獨特及不落俗套或成規為其特質。此項思考常又稱為想像性或擴散性（diveragent）思考。

（四）柯爾尼的論述

柯爾尼（Kearney, 1985: 7-8）歸納列舉出四十一項高層思考技巧如下，值得參考：

1. 比較和對照。
2. 推論。
3. 分析事件始末（events）。
4. 綜合資料（訊）。
5. 歸納結論。
6. 確定認明問題所在。

 7. 分析問題。

 8. 提出問題解決可能方案。

 9. 測試解決方案的可能結果。

10. 分析論點（arguments）。

11. 檢視評鑑資料的意義、可信度、相關性、充分度和有效性。

12. 判斷來源或出處的可靠性或徵信度。

13. 實地觀察並審查觀察報告內容。

14. 歸納推理。

15. 演繹推理。

16. 指出假定。

17. 預測推估。

18. 找出錯誤。

19. 對問題加以界定。

20. 區辨類別間差異和程度間差異。

21. 明白語文上的類比譬喻表達意義。

22. 選擇解決歷程。

23. 選擇呈現解決方法的方式。

24. 選擇問題解決的策略。

25. 分配處理事務的時間。

26. 敏於感知回饋。

27. 把回饋的資訊融入行動計畫。

28. 執行行動計畫。

29. 驗證假設。

30. 推理。

31. 資料蒐集。

32. 做決定或選擇。

33. 分類。

34. 組織。

35. 清楚掌握各種不同觀點。

36. 回憶追述。

37. 分組並訂定名稱。

38. 分門別類。

39. 排定順序。

40. 看出或建構類型或型態。

41. 排出輕重緩急先後。

上述類別並不代表完整的思考技巧內涵，專家學者各有觀點，難求一致看法，但基本上卻有相當大的共同處。

（五）雷斯等人的論述

雷斯等人（Raths, Jonas, Rothstein, & Wassermann, 1986）在合著的《思考教學》（*Teaching for Thinking*）一書中論述思考運作（thinking operations）時，列舉常用的思考技巧如下，並建議教師平日宜提供學生練習。

  比較　　發現假定
  摘要　　想像
  觀察　　蒐集並組織資料
  分類　　提出假設

（六）尼克森提出兩兩對立的思考類別

尼克森（Nickerson, 1987）在〈為何要教導思考〉（Why Teach Thinking?）一文中，提出四組兩兩對立的思考類別：解決問題的——發現問題的；目標導向的——尋找目標的；價值判斷的——尋找價值體系的；安全的——冒險的。

另有學者喜用兩兩相對模式分析思考類別如下（Fisher, 1990）：

  創造的——批判的
  探究的——分析的

歸納的——演繹的

假設形成的——假設驗證的

非正式的——正式的

冒險探索的——封閉的

左半腦的——右半腦的

擴散性的——聚斂性的

水平的——垂直的

（七）史坦伯格的看法

史坦伯格（Sternberg, 1987）在〈思考教學之本質答客問〉（Questions and Answers about the Nature and Teaching of Thinking Skills）一文中指出，正如同人格特質之探討一般，在現有文獻中，思考技巧之類別至少有一千種以上，不過，其中有不少是學者們各以不同的名稱陳述相同的東西。他認為思考技巧概可分為三大類別：

1. 執行性歷程的（executive processes）：此類思考被用以計畫、監控和評鑑自己的思考，例如：釐清問題或推敲問題，訂定或構思尋求問題答案的指標並謹記在心等，又稱這類思考技巧為自明組合（metacomponents）。

2. 非執行性表現歷程的（nonexecutive performance processes）：此類思考技巧被用來實地執行思考，例如：區辨事物的異同、演繹推理、從事價值判斷等，所以又稱為表現組合（performance components）。

3. 非執行性學習歷程的（nonexecutive learning processes）：此類思考技巧被用以學習「如何思考」，例如：發問或回答「為什麼？」、「你的主要觀念是什麼？」、「你那句話是什麼意思？」等澄清性問題，就需用此種思考。所以又稱為知識獲取性組合（knowledge-acquisition components）。

上述第一類旨在計畫、追蹤和評鑑自己的思維，第二類著重執行，第三類則偏向學習、澄清及方法的追求，三者環環相扣、相輔相成。

（八）莫查諾的核心思考技巧概念

莫查諾（Marzano, 1988）在《思考的面向》（*Dimensions of Thinking*）一書中，提出核心思考技巧（core thinking skills）概念。強調：

1. 思考過程往往是多種思考技巧共同完成，例如推論，至少須賴回憶、比較和確定關係等思考技巧的配合運用。

2. 任何單一思考技巧，可能建立在他種技巧之上，因而有時很難涇渭分明予以區別。

3. 思考技巧可經由教學予以加強。

所謂「核心思考技巧」係比較而言，舉凡比較基本的認知運作而可被視為思考的組成要素者謂之。這些技巧的提出獲有深厚的理論基礎與研究文獻支持，為學生所應學，各學校所宜教。本項技巧共分八類，計二十一項，其內涵如下：

1.調焦技巧（focusing skills）

當個人感受（覺）到有困難問題存在或有疑義時，便需調焦技巧以注視問題所在，藉此集中注意於所該留意的資訊，並暫時拋開其餘。它包括「界定困難問題」和「設定目標」兩項技巧，二者常被用在思考之初，但也可以用在工作進行中的任何時段，藉以澄清、證明某些事物，或重新界定、調整個人所做的努力。調焦技巧也可運用在問題解決、理解……等思考歷程完成之際，俾能設定下一個步驟或工作。其細目包括：

(1)界定困難問題（defining problems）──界定困難問題意指抽絲剝繭，撥雲見日地釐清混沌的情境，找出問題所在。

(2)設定目標（setting goals）──意指確定方向和目的，並可詳列個人預期達成的結果。

2.資訊蒐集技巧（information-gathering skills）

本技巧用以察覺認知過程中所需的內容，這些內容資料有的是既存於記

憶裡，也有可能是新蒐集到的。茲分兩項介紹如下：

(1)觀察——觀察係借助一種或多種感官從環境中獲得資訊的歷程。

(2)構思問題（formulating questions）——意指依據探索的需要去澄清疑問和意義所在。好的問題能引人注意重要的資訊，並從而引發滋生新的資訊。當學生能構思提出問題時，他才真正投入在學習當中。

3.記憶技巧（remembering skills）

許多教育學者並不認為記憶術、重複背誦是思考作用，而將之歸為機械式的記憶。但是新近的研究把記憶界定為思考活動，因為人對事物內容的思考愈深入則愈容易記住。

(1)編碼（encoding）——意指把零散的資訊連結起來以便存入長期記憶中。其連結方式往往成為檢索回憶的線索，編碼與檢索技巧二者之間難以區分。

(2)回憶（recalling）——編碼的記憶策略是意識的、系統的運作，而回憶則是沒有計畫、沒有體系的，在學習過程中隨時可能出現，它可以是意識的或潛意識的。

4.組織技巧（organizing skills）

利用相似性、差異性、次序性……等對資料加以從事有計畫或結構性的排列之謂。茲介紹四種技巧如下：

(1)比較——意指確定事物的相似性和相異性。

(2)分類——常可助人把不熟悉的事物，透過與已知事物的連結而熟悉之。抽象概念的分類能力當是思考的基本能力，分類是基於對事物特質的確認，但策略各有不同。

(3)排序（ordering）——意指依據某一標準對事物排出順序，它有助於產生邏輯組織而增進了解與回憶。所依據的標準多樣，有事情發生的順序、時間，或依高度、重量、顏色等進行。

(4)呈現（representing）——意指學習者將資訊（學習內容）以另一種方

式或形式來顯示重要因素及彼此間的相關（連結）情形。一般均以視覺、語文或符號等形式為之，難易雖有別，但均以有效的建構促使資訊更具意義、扼要為旨。

呈現含有分析的技巧，分析組型和關係，並嘗試以新方式組織起來，經此過程後所呈現出來的東西並非只是資料或事物的累積而已，而是已超過原有並另有新意。

5.分析技巧（analyzing skills）

藉著對組成元素及彼此關係的檢視並處理以釐清資訊，謂之分析。其功能在確認及區分成分、屬性、訴求、假設，或理由等，目的在洞悉資訊的內幕，它是批判思考的核心。以下介紹四個主要技巧：

(1)確認特質屬性和成分（identifying attributes and components）——係指對事物、意見構想、設計……等的結構、成分，進行認知並了解其結合情形。

(2)確認關係和組型（identifying relationship and patterns）——針對事物的結構成分，找出它們間的關係及整體樣貌之謂。此等關係可能是因果的、階層的、時間的、空間的或隱喻的。

(3)確認主旨（identifying main ideas）——係指在閱讀、交談或科學的探討中，能從一串訊息、觀念中，抽引或找出其主要內涵、意旨。主旨有時明顯存在，有時潛存資料之中，而須賴推敲才能獲得。

(4)指出錯誤（identifying errors）——內容包括偵查出邏輯上、計算上、程序上和知識上等任何可能差錯，以及指認差錯原因，並從事修正改變的過程。

6.衍生技巧（generating skills）

意指面對眼前事物或訊息，輔以過去經驗而綜合出新的事物或資訊。它是建設性的，以新的結構衍生新的資訊和構思，而不只是就現有事物、資訊間關係的連結而已。本項技巧介紹推論、預測和精進三項。

(1)推論（inferring）——推論係指依據現有資訊為基礎，超越既有對外去指出可能的真實，例如：當我們聞到煙味，便會自問：這股煙味是燒焦東西？樓下失火？屋外燃燒廢物？這種推想的過程，便是推論。

(2)預測（prediction）——根據經驗與想像，對某一情境可能發展的結果做出猜測，謂之預測。預測事項可以是前瞻的，即依據現況預測未來結果；也可以是假設性的，即以往事之因推想其可能不同於現實之結果。

(3)精進（elaborating）——精益求精，針對現有事物，參考過去經驗、知識提出有關的例證、解釋、資訊或細節，以幫助了解或促進眼前事物更為真善美的過程，謂之精進。

7.統整技巧（integrating skills）

連結部分為整體，容新納舊合而為一，俾以了解事物全貌，掌握原則，解決問題，或創作新物之歷程，謂之統整。其技巧包含下列二項：

(1)摘取要點（summarizing）——有效而精簡地把資訊做一緊縮性敘述之謂。至少包含三個認知活動：濃縮資訊、區辨重要與否，和整合要點而不失原意。無論是口述或筆述，好的摘要須能兼容並包要點及其關係，乃至必要的支持細目。

(2)重組建構（restructuring）——對既存的概念、事實、信仰、態度、意見等，因有新的資訊或洞識而對之做調整、改變、擴增、減縮等歷程之謂。

8.評鑑技巧（evaluating skills）

係指對觀念、說法或言論的品質及其合理性做評估與判斷，本文介紹兩項主要內涵：建立標準和驗證。

(1)建立標準（establishing criteria）——意指對言論、觀念或說法的價值或邏輯性，設定評判的標準。這些標準的設定與個人經驗、教養及社會文化特質有關。

(2)驗證（verifying）──應用細列的標準或評鑑的指標，針對言論主張的真實性從事確認或證明的歷程，謂之驗證。其過程可以是嚴謹的，如正式實驗；或是隨機的，如指出「不成立」、「沒意義」；或只是查核事實真偽而已。

（九）尼爾森－瓊斯的論述

尼爾森－瓊斯（Nelson-Jones, 1989: 4）從歷程特質來說明思考的內涵，他舉出三十個主要類別如下：預期與推斷、找出特質、警覺、好奇、信仰、選擇、注意、形成概念、做結論、考慮、創造、做決定、曲解、夢想、評鑑、奇想、忘記、想像、內省、直覺、判（評）斷、知曉、記憶、知覺、解決問題、推理、反省、回憶、了解、視覺想像等。

（十）泰德的看法

泰德（Tiedt, 1989: 11）把思考技巧分成三個等級，並以實際行為特質列述如下：

1.基本的思考活動

學生表現出能：

(1)描述事與物。

(2)說明動物與人的特質。

(3)敘說故事。

(4)列舉要項。

(5)素描繪畫。

(6)寫出電視中的對話。

(7)做記錄或記載實驗過程。

(8)指示方向。

(9)記憶。

(10)背誦。

2.第二級的思考活動

學生表現出能：

(1)討論。

(2)比較。

(3)分析。

(4)視覺想像。

(5)應用圖表或其他工具。

(6)把握重點。

(7)質疑。

(8)創造。

(9)作秀。

(10)推敲或推論。

3.第三級的思考活動

學生表現出能：

(1)撰寫研究報告。

(2)創意構思一個理想國家。

(3)扮演歷史故事的角色。

(4)從不同觀點改寫故事。

(5)熟悉錄影技巧。

(6)創作曲子。

(7)改裝教室或其他事物。

(8)解析詩句。

(9)創作出版兒童讀物。

(10)參加社團會議。

（十一）拜爾的論述

拜爾（Beyer, 1988: 319-352）在所著《發展思考技巧教學活動設計》（*Developing a Thinking Skills Program*）一書中，歸納提出二十個比較重要的思考技巧和策略。茲介紹如下：

1.分析

【定　　義】使用拆卸或分離的方法以覺知或建立某一事物型態或其複雜關係的過程。

【步　　驟】分二類。分述如下：

第一種：確定分析的目的→選擇分析所依據的標準或線索→依標準或線索逐一檢視資料並確定其證據→依所發現的證據建立型態、關係或其他彼此關聯性。

第二種：確定分析的目的→審視資料以確定主要型態和線索→敘述型態和線索→再檢視資料發現其他有利的證據→再檢視資料以發現不利的（有背於原先結論的）證據→支持或排拒原先建立的型態或線索。

【原　　則】何時需要分析？

❖ 當須釐清問題、考驗假設、提出綜納得失或評鑑事物時。

❖ 須確認事物的特色或特質時。

❖ 當建立關係時。

❖ 當判（評）定事物的價值、準確性或妥適性時。

如何開始？

❖ 敘述（列出）尋找所依據的線索或標準。

❖ 審視資料以找出相關的部分。

【相關技能】比較、對比、分類、外推、綜合、評鑑等。

2.論辯（一）

【定　　義】指出爭論點的要素。

【步　　驟】(1)回憶爭論點的要素，包括結論、支持理由或例證。

(2)從所述話語中尋找下結論的符號語如因此、所以、結果等；並尋找話裡的符號語如因為、由於、基於等。

(3)明白指出潛藏不顯的假定或理由。

(4)指出各種理由間的關係，及每一理由與結論的關係。

【原　　則】何時使用？

❖當你企圖說服或使人相信某一事物的真實性、正確性和可取信時。

❖當你企求對某一結論的妥適性做評定時。

如何開始？

❖找出作者（或發言者）想要證明的結論。

❖找出作者用心支持結論的理由。

下列發問有助於思考進行：

❖作者想要我們相信什麼或做什麼？

❖有哪些句子支持結論呢？

❖假如你贊同這個結論，那就表示你同意那些說法或事物嗎？

3.論辯（二）（評鑑論點品質）

【定　　義】針對某一討論的支持理由評鑑其品質、特色或可信度。

【步　　驟】(1)找出論辯中的結論，並澄清其中不明確的語詞。

(2)指出用以支持結論的理由、例證，包括明示和暗示的。

(3)區辨有關或無關的理由事例，事實和價值判斷（意見）的不同，並發現偏見所在。

(4)評鑑所舉理由，包括內容的準確性、充足性和顯著性；以及結構的邏輯性、一致性和偏失。

【原　　則】何時使用？

　　　　　　❖ 每當你想說服或使人相信某一事物時。

　　　　　　❖ 每當你想決定或評斷某一結論的妥適性或可信性時。

　　　　　　如何開始？

　　　　　　❖ 釐清結論。

　　　　　　❖ 確認爭論的要點所在。

4.偵知偏見

【定　　義】發現一面倒或歪曲的看法，包括正、負兩面。

【步　　驟】(1)陳述目的。

　　　　　　(2)列舉探究的線索，包括添油加醋或情緒性話語、以偏概全、
　　　　　　　　包裝過度或誇張的發問、陳述有偏而失真、錯將意見當成事
　　　　　　　　實陳述之誤。

　　　　　　(3)逐句逐行尋找線索。

　　　　　　(4)確定所尋找到線索的型態或特質。

　　　　　　(5)陳述（列舉）事證以支持新發現的型態。

　　　　　　(6)判斷偏見扭曲的程度。

　　　　　　或可採用下列第二種步驟：

　　　　　　(1)陳述目的。

　　　　　　(2)瀏覽資料或事物。

　　　　　　(3)尋找線索並推估其偏見扭曲程度。

　　　　　　(4)尋求進一步證實的線索。包括添油加醋或情緒性話語、以偏
　　　　　　　　概全，包裝過度或誇張的發問、陳述有偏而失真、錯將意見
　　　　　　　　當事實之誤。

　　　　　　(5)應用線索以建構組型。

　　　　　　(6)陳述所發現的偏見。

【原　　則】何時搜尋偏見？

　　　　　　❖ 當須勸說他人時。

❖ 當要判斷訊息來源或論調之準確性時。

❖ 為要釐清作者的觀點意見時。

如何開始？

❖ 擇定任一線索據以找尋，完成後再選另一線索去尋找，直至
完成。

5.分類（classifying）

【定　　義】把具有相同特質的事物歸放一起，英文中的grouping、sorting和
categorizing 均含括在此。

【步　　驟】(1)明確分類的目的。

(2)瀏覽資料找出重點並構思。

(3)集中注意某一事物要項（即焦點要項）。

(4)選出另一與上述事物或要項近似者。

(5)就其相似或共同特質給予標記或陳述。

(6)尋找與焦點要項近似之其他事物並歸入同類。

(7)重複上述(3)至(6)步驟以處理其他事物或要項，直至都予歸類
或予標記。

(8)視需要進行合併成更細分的處理。

另一組步驟如下：

(1)陳述或確定分類的目的。

(2)列出所欲使用的類別名稱或標記。

(3)將事物或要項逐一審查並予歸類。

(4)如有需要可以修正類別名稱或標記。

(5)視需要進行合併或更細分的處理。

【原　　則】何時須歸類？

❖ 當資料散亂無序時。

❖ 當資料太多而不易處理應用時。

❖ 當資料欠缺意義時。

如何開始？

❖ 當發現兩個事物有共同特質時，即予標記以確定之。

❖ 應用其他標記作為工具，以確定其他事物屬類。

❖ 當某一類別的資料非常繁雜歧異時，可再細分或重新分類。

❖ 當發現某些事物或項目可以歸類到兩個以上類別時，可考慮
調整分類架構。

❖ 當某些事物或項目無法歸類時，可考慮暫以「其他」歸納之。

6.比較和對比

【定　　義】判定事物間的相似性和差異性。

【步　　驟】(1)檢視欲比較事物之特質。

(2)擇出一個特質，然後據以查核其他事物或資料是否具備此一
特質。

(3)如果每一事物或資訊均具此一特質，則以相似、共同點敘述
之。

(4)如果此一特質並非普遍具備，則以差異性稱之。

(5)依此類推，直到全數比對完畢。

【原　　則】何時使用？

❖ 當要分類一堆資料時。

❖ 當要抽引概念或概括出原則時。

❖ 當有許多不同可能或選擇可供挑選時。

如何開始？

❖ 閱覽資料並尋找明顯的特質。

❖ 擇定一項特質並據以查核它是否和其他事物或資訊所共同具
備。

❖ 當某些特質有異有同時，則進一步界定其特質。

❖ 除了明顯的表面特質外，類如功能、組成要素、組成架構、
與他物關係等不易瞧見的特質也該給予注意。

7.判斷資源的可靠性

【定　　義】對資訊或事物的來源，評斷其可靠性、可信度。

【步　　驟】(1)確立信度的指標，包括作者的專長領域、作者的信譽度、作者是否曾有不榮譽記錄、資訊提出所使用方法的妥適性、跟其他來源資訊的同質性等。

(2)說明符合上述標準的資訊內容。

(3)逐句查核合乎上述標準的資料和資訊。

(4)確定指認所有資訊或資料的查核結果。

(5)用其他已知可信資源相比較，以確認相同點和相異點。

【原　　則】何時使用？

❖ 為確定資訊的準確性時。

❖ 為完成某工作任務須蒐集資料時。

如何開始？

❖ 自問：「作者獲得使用或得到詳盡、正確資訊的合理機會有多大？」

❖ 自問：「作者準備這份資料時，隱藏其動機的成分有多高？」即有無違逆準確性和客觀性的動機。

❖ 假如沒有作者的資訊可查，則參考來自可靠來源的資訊以資比較。

8.做決定

【定　　義】從眾多方案中選擇其一，據以達成目標的歷程。

【步　　驟】(1)明確把握所欲達成的目標。

(2)說明可以達成目標的可行方案。

(3)設定標準以評析有效方案，標準包括：目標（長程或短程）、預期的結果、成本（直接成本和機會成本）、可用資源、限制……等。

(4)排出可行方案的優先次序。

(5)選出排名在前的二至三個方案。

(6)另訂標準,再予評析。標準包括風險性、未可預估的結果、可用的策略、價值等。

【原　　則】何時使用?

❖ 每遇「何者可信,何者可行」須待做選擇時。

❖ 為要解決有價值的問題,或從各種可能解決方案中擇其一時。

如何開始?

❖ 腦力激盪想出各種可能方案。

❖ 訂立篩選標準並各註明評分比重。

❖ 回憶並類比過去曾經做的成功決定。

❖ 假如每個方案利弊相近難分高下時,即可評析各方案的不確定性大小以便參考。

❖ 應用批判思考協助解析方案的價值、精確度、可信性、妥適性,和有無偏見。

9.評鑑

【定　　義】判定某事物的價值、精確性或完美性之謂。

【步　　驟】(1)清楚地陳述並界定所要評鑑的內容或對象。

(2)回憶或提出評鑑的標準。

(3)列舉足以證明上述標準的線索、事例和行為。

(4)對手邊資料逐一查核其是否具有合乎標準的特質。

(5)比對所發現的特質或事證與所列理想的評鑑標準之間的符合情形。

(6)逐一查核符合每一標準的程度。

(7)綜合評析符合評鑑標準的結果。

(8)決定總結判斷。

【原　　則】何時使用?

❖ 當要區分何者有關，何者無關；以及何者為事實，何者為價值判斷（意見）時。

❖ 當要辨明是否為：偏見、刻板印象、事實真相、可靠度時。

❖ 當要確定結論的可信度，各種方案的相對價值時。

❖ 要排定可能選項或方案的優先次序時。

如何開始？

❖ 選擇、界定、並排序所要使用的標準。

❖ 對主題或資料從事暫時的判斷，並清楚說明據以判斷的標準。

❖ 假如難以確定標準，可參考他人曾使用的標準。

10.對說詞或斷言查尋證據

【定　　義】努力去發現尋找資料以證明某種說詞、斷言或結論的真實性。證明物包括證物、事證、文件和證人。

【步　　驟】(1)明確界定欲參加查證的主張、陳述或結論。

(2)明確列舉說詞真偽、良莠各須存具的證物種類。

(3)逐行或逐件的搜尋可用的資料或資訊，分別列入支持或反對此一說詞的證物。

(4)分辨何者為事實，何者為意見或價值判斷。

【原　　則】何時使用？

❖ 為要針對某一說詞、斷言、主張或結論決定其真偽時。

❖ 為要分析論辯或說服性文章時。

如何開始？

❖ 明確把握此一說詞或結論。

❖ 自問「如果此一說詞是真的，那麼什麼事物就該存在（或不存在）以證明它是真（假）的」。

11.區分事實和價值判斷（意見）

【定　　義】清楚分辨事實和意見，前者是可以客觀地證實或已獲證實；後

者是個人主觀的見解而未能客觀地證實。

【步　　驟】(1)重溫事實和意見的定義與區別。

(2)列述事實和意見的評定標準或線索。

(3)逐句逐詞的檢視符合上列評定標準或線索，例如：「我想」、「我認為」、「我相信」、「我的判斷」等句子均為意見或價值判斷的陳述。

【原　　則】何時使用？

❖ 為要審定報告或說明內容的正確性時。

❖ 為要判斷論辯內容的優劣時。

如何開始？

❖ 從所陳述的內容中尋找誇張或主觀的語句，列為意見或價值判斷。

❖ 找出具體陳述的部分，即為事實。

❖ 如果遇到難下判斷的狀況，不妨自問：這句話可有事例支持或證明？它可能讓大家相信無疑嗎？

12.判斷事實描述的準（明）確性

【定　　義】針對某一事件的描述，判斷其真實性以及與其他已知事實相符合的程度。

【步　　驟】(1)清楚界定欲加判斷的有關事實報導內容。

(2)確定（設定）此一事實報導係在一般知識能予了解的範圍內。

(3)參考可靠資訊來源以確定可以認同的部分。

(4)進行研究以重新提出有關事實真相。

【原　　則】何時使用？

❖ 當需要應用資料或資源以做決定來解決問題時。

❖ 當所陳述的事件將被歸納總結為原則或結論時。

❖ 當有人企圖說服你或要你相信某件事時。

如何開始？

❖ 用自己的話語複述所報導的事實。

❖ 界定主要事實。

❖ 查證可靠權威性資源而加以確定。

❖ 認清所述內容為真時應該存在和不應該存在的事證類別。

❖ 假設所報導的事實內容是爭論性問題，則宜查看報導者是否具有偏見、刻板印象，或其他扭曲現象。

13.認明邏輯上的差誤

【定　　義】指出犯有邏輯上或知覺上差誤的看法或主觀斷言。

【步　　驟】(1)清楚陳述探究的目標。

(2)明白主張或斷言、結論的內容。

(3)了解主張、結論或斷言所依據的理由、根據。

(4)查核主張、結論或斷言與其所依恃的理由、根據或背景資料間的邏輯關係。

(5)陳述發現並判定其支持與否。

另有一套步驟如下：

(1)清楚列述所欲探尋的邏輯偏差類別。

(2)確定這些偏差所呈現的線索和標準。

(3)逐句逐段的查核犯有上述偏差線索和標準的內容。

(4)提出修正偏差或是較具邏輯要求的原則或條件。

(5)敘述發現並決定其支持與否。

【原　　則】何時使用？

❖ 為分析判斷具有說服或影響人相信的資訊之真偽時用之。

❖ 為要提出論辯主張時。

❖ 當言論訴諸於權威以爭取支持時。

如何開始？

❖ 複習了解常犯的邏輯差誤特質或現象。

❖回憶參考常見的差誤例子。

❖常自問：假如我接受此一主張或說明，那麼等於是我贊同了那些通則嗎？

14.認清觀點

【定　　義】確認個人對事物的觀察了解、呈報或關注所採取的立場、角度、考慮點。

【步　　驟】(1)明白作者（說者）所提出的主題及其所強調的重點內容。

(2)找出作者（說者）對本主題所強調主要內容的字詞。

(3)認明作者（說者）言論中潛藏的假定。

(4)釐清作者（說者）有意或無意迴避不說的有關事項。

(5)列述對作者（說者）觀點的觀感，包括贊同哪些，反對哪些。

(6)敘明作者持此立場或抱此觀念之下，則他應相信什麼、關心什麼或對什麼感興趣。

【原　　則】何時使用？

❖當要針對企圖說服或影響他人的論點或陳述檢視時。

❖如果缺乏足夠相關資料時，則想想有無類似狀況、過去經驗，或可以類比的事件，以供參考。

15.問題解決

【定　　義】針對不明確、困惑的情境或困難問題，找出正確有效的解決方案之謂。

【步　　驟】(1)確定問題，包括認識問題、釐清問題的關鍵點、界定有關用詞。

(2)呈現問題，包括澄清目標所在、明白不能解決的障礙所在、掌握障礙產生的原因。

(3)選擇或發現解決的策略或計畫，包括回憶曾使用過的有效方

法，設計新的策略。

(4)執行計畫或嘗試新策略。

(5)總結——敘述結果並提出支持性的事證和理由。

(6)查核結果，包括對解決成效和計畫策略的評鑑。

【原　　則】何時使用？

　　❖ 當缺乏可行的答案時，或當有認知上的分歧時。

　　❖ 當大家對一件事的究竟及應如何處理有認知上的差距時。

　　❖ 當為判定某一論點或描述的客觀性和完整性時。

　　如何開始？

　　❖ 確定問題的要素，包括已知的、求證的，及其他可能因素。

　　❖ 應用圖表呈現問題情境的要素狀況。

　　❖ 用自己的話語重述問題內容。

　　❖ 回憶過去曾發生過的類似問題。

　　❖ 釐清作者（說者）談論的範圍和主題。

　　❖ 找出作者（說者）情緒性的用語，以明白其偏見。

　　❖ 必要時可參考其他作者（說者）對此一主題所提意見或觀點，
　　　以便比較分析。

16.預測

【定　　義】事先描述何事或狀況可能發生之謂。

【步　　驟】(1)陳述並清楚地界定預測的目標。

　　　　　　(2)蒐集並瀏覽相關合用的資料，以確定預測的初步型態和趨
　　　　　　　勢。

　　　　　　(3)比較所得資料以明瞭什麼已改變，什麼未改變。

　　　　　　(4)依據資料確定事情發展的趨勢和型態。

　　　　　　(5)繪出發展趨勢圖，並藉以想像依此發展趨勢，下回可能產生
　　　　　　　何種事例。

　　　　　　(6)了解上述各種可能產生事例真正出現的機率。

(7)選擇最可能發生的結果。

【原　　則】何時使用？

❖ 須對某一主題或事項提出假設或推論時。

❖ 須對一堆資料重新分類時。

如何開始？

❖ 自問：事情的演變，下一狀況可能是什麼？

❖ 把資料呈現在書面或圖表上。

❖ 假如問題過於複雜，可嘗試把它細分成幾個小問題，逐一加以解決。

❖ 假如選用的方法或計畫難以發生效果，則嘗試重新描述、界定問題，另行探求解決之方案。

❖ 假如沒能想出具體可行的解決策略，可試採由果倒因方法去想，即由預期的解決成果反向推敲。

17.判斷妥適性或關聯性

【定　　義】判定現有事物或資料是否與眼前事情或問題有關之謂。

【步　　驟】(1)陳述眼前須加處理事情或問題之性質。

(2)回憶並確定判斷妥適與否所需的標準或線索，例如事例、解釋、屬性特質、贊同或反對的理由或證據。

(3)逐一分析資料以確定其是否符合上述標準。

(4)判斷每一有關資料切合的程度。

【原　　則】何時使用？

❖ 手邊有個具體的事項須加處理時。

❖ 欲確定問題的關鍵因素時。

❖ 有大量資料須加以處理時。

❖ 為撰寫一篇文章或報告須蒐集資料時。

如何開始？

❖ 重述手中須加處理的主題或事情內容。

❖ 回憶有關的標準或線索。

❖ 逐一擇取資料並審查其妥切性。

❖ 說明為什麼合適、妥切。

❖ 反面資料或證據有時是可取的、切合的。

18.偵測刻板印象（先入為主觀念）

【定　　義】判斷對團體或個人特質的描繪是否以偏概全，過於簡單化概括之謂。

【步　　驟】(1)瀏覽所得描述資料並據以查證是否與事物的本身特質相符。

(2)回憶或認清刻板印象的指標或線索，例如誇張、以偏概全、牽強附會、語意曖昧、極端的用詞（例如從未、絕無）、沒有個別的特質等。

(3)逐一檢視資料，找出具有上述指標的部分。

(4)回憶所知個別事例或團體成員狀況，推敲其中是否具有與所述特質有落差的例外。

(5)陳述全體成員所共具的特質。

【原　　則】何時須探求刻板印象？

❖ 當要檢視任何對個人或團體成員的描述是否真確時。

❖ 當要使用一些資料而這些資料涉及對個人或團體的描述有關時。

如何開始？

❖ 瀏覽資料以確知此一團體或個人具有的特質。

❖ 回憶前曾有過的刻板印象事例，了解有哪些是以偏概全的狀況。

19.綜合歸納

【定　　義】組合分散的要素以產出一個完整的個體之謂。

【步　　驟】(1)掌握主題或題材。

　　(2)蒐集並瀏覽有關的資訊或資料。

　　(3)將資料依其與主題或題材關係分門別類。

　　(4)釐清各類別的關係，及各類別資料與主題或題材間的關係。

　　(5)針對各資料類別與主題或題材間關係加以敘述或給予名稱。

【原　　則】何時使用？

　　❖為要訂出標題、結論、假設、通則時。

　　❖為要完成一段文章、一張圖、一張畫、一首詩、一篇報告，
　　　或其他特殊的溝通資料時。

　　如何開始？

　　❖確定並清楚的界定主題或題材。

　　❖腦力激盪方式想出一些資訊或資料。

　　❖想出隻字片語以總括所有類別。

　　❖假如無法確定任何關係，不妨考慮其因果關係、空間關係、
　　　時間關係或功能關係。

　　❖假如未能以簡單詞句描述各類別（合併各類別於單一敘述）
　　　時，不妨採用類比譬喻法或反向方法去思考。

20.發現潛藏的假定

【定　　義】假定是前提或斷言，被認為是真實或本應如此的敘述或想法，
　　　　　　據此作者（或說者）所提見解或主張才可能是真。這些前提或
　　　　　　斷言往往不被明講，成為言論的先備條件而被隱藏。

【步　　驟】(1)瀏覽所得資料以了解其大概內容。

　　　　　　(2)找出結論部分。常可依下列線索去找：因此、總之、結果等
　　　　　　　字詞。或如「假如……就……」的句型等。

　　　　　　(3)尋找單一理由的解說或斷言。

　　　　　　(4)在緒論之前或之後常有一些訊息可循。

　　　　　　(5)假如結論是真，可以接受。那麼與支持結論的理由相關的因
　　　　　　　素可能是假定。

(6)陳述未加敘明的假定內容。

【原　則】何時使用？

❖ 為判定某一論點的優劣時。

❖ 嘗試證明某件事情（或說詞）是否真實時。

❖ 為要確定某一主張或結論的正確性或可信度時。

❖ 為要了解作者（說者）的觀點、意見時。

如何開始？

❖ 查尋理由與結論或主張間不銜接、不貫達之處。

❖ 查尋「假如……就……」的敘述句子。

❖ 倘若難以找出理由與結論之間潛在的假定時，不妨自問：假如我接受這個結論，則等於是表示我除了支持結論的理由之外，還認為其他哪些事項是真實的？

❖ 文章或言論中出現「所以」、「因此」等詞語處，即可能潛藏假定。

綜觀上述，思考技巧細目繁多，惟異中有同，一些基本共通的內容隱然可見。茲基於教學需要與方便性，試行歸納提出思考類別要項如下：

（一）認知記憶類思考

本類思考之技巧細目，主要包括識別、指認、注意、調焦、好奇、警覺、蒐集所需資料、把握要點、發現問題、解讀資料、描述、記憶、回憶等。

（二）分析應用類思考

本類思考之技巧細目，主要有分門別類、歸類、分析、剖析、比較異同、界定意義、找出關係、排序、探究因果、看出架構、辨識全體與部分關係、找出特質、列舉要項、應用工具、活用舊學、認清觀點立場、分配（時間等）、探究、釐清等。

（三）邏輯推理類思考

本類思考之技巧細目，主要內容有歸納、總結、摘要、演繹、指出假定、提出假設、概化或類化、統整、組織、推論、推斷、類比譬喻、形成概念、發問、認識型態和系列、預測等。

（四）想像創造類思考

本類思考之技巧細目，主要包括想像、創新、出點子、想出新方案、建構、組織、解決問題、衍生、試問新法、附加新功能、假設想像、視覺想像、發表、發問、設計、聯想、創作、自創、重組、改造等。

（五）評鑑批判類思考

本類思考之技巧細目，常用者如評判、審核、說出優劣點、指出歸納之正誤、指出演繹之對錯、找出偏見、看出缺漏、做出決定、選擇、發問質疑、比較好壞、區辨事實和意見、判斷妥適性和關聯性、評鑑、找出情緒用語、判斷資訊可信度、驗證假設等。

（六）內省自明類思考

本類思考之技巧細目，主要如反省檢討自己所知、所思、所言和所行之優劣對錯；及監控、導正和調整的過程。

上述六類中之第（一）類為其他各類別之基礎，而內省自明類思考又為其他各類思考所不可少；而第（二）、（三）、（四）、（五）類思考，均具衍生功能，常被稱為高層認知能力或高層思考能力。

Chapter 2

思考技巧之教學原則

本章分別探討思考技巧教學的重要性、可能性及其實施方式、原則和階段歷程等要項。

第一節 思考技巧教學的重要性

中國偉大老師之一孔子，早在二千多年前便說道：「學而不思則罔，思而不學則殆。」並曾訓勉弟子：「舉一隅而不以三隅反，則不復矣！」西方哲人蘇格拉底在西元前四百多年也重視啟發學生，倡用詰問法以產婆角色自居去引發學習和思考。中外兩位先賢均有共識：重視思考教學。

一、思考技巧可以教學

思考技巧可以透過教學予以增進嗎？答案應是肯定無疑。早在 1941 年美國學者葛拉瑟（Glaser, 1941）發表博士論文《批判思考能力發展之實驗》（*An Experiment in the Development of Critical Thinking*）即指出，他應用自己編製的八個批判思考教學單元，配合英文課程加強邏輯、求證、宣傳廣告之辨識、歸納與演繹推理等方面的練習，結果發現實驗組的思考能力，顯著優於控制組。

晚近相關的研究，證實思考技巧可以透過教學加以促進者為數甚多。國外如班瓦卡斯（Bamvakais, 1981）、赫德金斯與埃德爾曼（Hudgins & Edelman, 1986）、康克林（Conklin, 1986）、阿格紐（Agnew, 1986）、鮑德溫（Baldwin, 1987）等人的研究，顯示大、中、小學生如果接受良好的思考技巧教學，可以增進其表現能力。其他如保羅（Paul, 1990）、安尼斯（Ennis, 1987）、荻傍諾（de Bono, 1992）、拜爾（Beyer, 1988）、厲普門（Lipman, 1985）等學者也都認為思考能力可以教學。

國內學者如賈馥茗（1970，1971）、林幸台（1973）、王精文（1983）、張玉成（1984，1992）、陳龍安（1984）、陳榮華（1985）、黃麗貞（1986）等人的實驗研究，均證實有效教學可以提升學生的創造思考或批判思考能力。

羅基洛（Ruggiero, 1988: 4）指出，常有人誤以為只要教給學生人類歷史上偉大的思想、知識或觀念，就等於在他們腦中播下種子，可以期待來日開花結果。因此教育活動偏重告訴學生去思考什麼（what to think），而忽略了教他們如何思考（how to think），這一偏差想法，亟須糾正。

英國學者荻傍諾（de Bono, 1992: 65-68）曾比喻說，人從事思考宛如做木工，首先須備妥工具。知識、智能好比銼刀、鋸子、鉋子……等，皆為完成事功所不可少者；但木工有了工具，還要能從事切割、組合，和整體成型的工夫或技巧，才能有成。

　　所謂切割（cutting），就是去蕪存菁的歷程，類同於思考中的分析、抽引、調焦、注意與選擇等作用。

　　組合（sticking）是指木匠使用釘子、黏膠、卡榫……等把零件組合成物的過程，此類同於思考歷程中的連結、綜合、歸類、設計排列等運作。

　　至於整體成型（shaping）作用，係指匠人構思成品藍圖後不斷檢視現階段工作成果與藍圖間的差距，並留神「按圖施工」以修正的過程，類似於思考中的判斷、比較、查核、匹配等技巧。

　　人只擁有良好工具並不能成為匠，惟經學習才能善其工。換言之，匠之巧者，無不勤練而成。由此觀之，思考可以教學，經由練習才是達到精巧、純熟的正途。

二、思考技巧教學的必要性

　　中國的孔子、希臘的蘇格拉底兩位古代先賢重視思考啟發；此外，當代學者強調其重要者亦不乏其人，例如：華勒士（G. Wallas）在 1926 年所著的《思考的藝術》（*The Art of Thought*）一書中，說：

> 　　本書全文在闡述思考的藝術是存在的，它的施展發揮應是人類社會最重要的活動之一。它的培訓應是教育重點工作，同時其教學和實作踐行不可分離。（Ruggiero, 1988: 3）

　　杜威（Dewey, 1933）在《如何思考》（*How We Think*）一書中也曾強調：

> 　　就智育層面而言，教育旨在廣博精微，小心謹慎思考習慣的養成。

　　學生思考技巧之增進，被視為教育重點工作之一，或可從下列幾方面分

析：

（一）因應知識快速增加、科技日新月異的現代社會，教育須增進思考啟發功能

資訊數量急遽成長，據統計 1970 年代每十年增加一倍，1985 年時每五年半增加一倍，每天約有 6,000 至 7,000 篇科學性的文章問世；時至 1991 年，則估約二十個月成長一倍。

美國心理學家史坦伯格指出：知識固然重要，但思考技巧更重要。因為前者容易過時，後者可保常新。思考技巧助長吾人獲取知識並據以推理應用，不受時空或知識類別之限制（Beyer, 1988: 25）。因此，吾人認為思考技巧教學，當是學校教育的首要工作。

（二）大眾傳播媒體的長期過量灌輸，剝奪青少年思考機會並塑造一些不良心態，亟須思考教學予以補救

鳥瞰國人一生，莫不從小接受全方位的注入式填鴨教育，例如：

1. 在家，父母兄長語多命令，屬行上施下效的庭訓教育。
2. 到校，老師講解指導，亦多類如「這是……」、「那是……」、「應該……」、「不可……」等訓誡式教學。
3. 家門和校門外的社會教育，較之於家教和學校教育亦無多大差別。
4. 廣播、電視及報章雜誌所呈現的資訊，又幾乎全為「我說你聽」的宣傳訴求。

在這種教育環境之下，但見填充鑄造之功，而乏啟發導引之效，因而社會充滿著學而不思的匠民，而少有獨立思考的智者。

羅基洛（Ruggiero, 1988: 51-55）舉出美國為例，高中畢業生平均花在上課時間約為 11,000 小時，但是花在電視機前的時間卻達 22,000 小時，正好是前者之兩倍。嚴重的是電視節目內容頗具灌輸、宣傳廣告、培養被動接受資

訊的威力，大大剝奪青少年想像、思考的機會；日長月久，因而形成至少六種阻礙認知發展的心態。它們分別是：

1.鄙視腦力活動或懶於動腦

喜於旁觀、裹足不前，缺乏面對困難、解決問題的勇氣。遇事傾向速決、被動、不求甚解、怕麻煩等態度。

2.對自我有錯誤的想法

了解自己，明白自己有何優缺點是思考的重要基礎。遺憾的是，當今青少年鍾情於樹立一個獨一無二的自我形象，企求脫身於廣大社會之外，與他人無涉而為所欲為。事實上，此種自我並不健康，亦不實在。

3.對真理的誤解

自以為是，「自創真理」是日漸流行的歪風。比較普遍的錯誤想法莫過於引用愛因斯坦的相對論，認為真理是相對的，沒有絕對的對或錯。真理應是客觀的普遍存在，可以驗證，可信不疑。

4.價值觀念的混淆

基於「真理是相對的」錯誤觀念，當今青少年的價值觀念益感分歧，缺乏標準，例如：道德成為個人主觀認定的事項，缺乏社會共同遵守的規範，價值觀念混淆構成思考判斷上的困難。

5.信仰建立在感情（緒）上

一切付諸情緒反應，例如：「只要我喜歡，有什麼不可以」即是最好的寫照。這種心態是反思考的，宜加防範。否則，凡事端看個人感受如何，衝動和感性決定一切，理性便無插足之處，思考便無地萌生。

6.心智上缺乏安全感

這是前述五項累積而成的後果，例如：當困難問題未能快速圓滿解決，

便感不耐；對於不同於己的意見看法，缺乏開闊心胸交談溝通；有人對他的觀點看法提出質疑，便感不安、緊張；討論到價值觀念時，他們多持自衛態度，無法客觀分析。

由此觀之，學校加強思考技巧教學當如久旱逢甘霖般的切合時需。

（三）思考啟發教學才是最佳教學模式

教學模式大體可從三類來分析，第一種是傳遞式的，即中國古人所謂的「上所施下所效」的工夫。教師把知識經驗、技巧觀念直接傳達給學生，視學生為容器如「布袋」，其本身空無一物，師長往裡填充就是教學了。

第二種是發現式的，這種與前種恰好相反。它要學生自己去探索、發現知識道理、技巧和觀念，教師不直接傳遞給他們。不過，教師須負責教材與學習環境的布置，宛如商店老闆備妥商品是我的事，買與不買或買些什麼是你們的事。

第三種是轉化式的，也就是思考啟發式。它擷取前述二者之特色，綜合應用教師和學生的知識經驗和技巧觀念。教師不全傳遞自己的東西，學生不完全被動接受，也不完全任由自取，師生雙方互動如天地之交感：天供以合適環境，地利用以厚生，上下輝映，而成事完物（Fisher, 1990: 185-186）。

傳遞式教學偏重填鴨、灌輸，學習好比玩拼圖，強調依樣畫葫蘆；發現式教學尊重學生的自主性，視他們個個是賢良，不免失之過於理想化；轉化式教學擷取二者之優，鼓勵學生學習、應用舊經驗，並仿照玩積木精神，主動積極去創新、改造，最能符合教育原則。

（四）當今學校教育在思考技巧方面之成效仍待努力

拜爾（Beyer, 1988: 24）指出，思考教學對學生至少有下列四項好處：

1. 增進學生思考的能力，成為一個良好的思考者。
2. 促進學生在課業上（即各科目）的學習成就。
3. 協助學生建立健康的自我觀念，提升成就水準。

4. 有益培育快速變遷與複雜社會良民的習性和能力。

雖說思考重要，但各國教育似未予以應有的重視，例如：思考教學被列為美國學校教育重點目標之一至少已有百年歷史，但是久久未能達到理想滿意的地步。根據全美教育進步評量單位測驗結果指出，全國各地中學生不良於複雜（高層）思考者，約占 38%至 85%之間。

我國的狀況也不樂觀，筆者於 1982 年調查台北市國小國語科教學情形，發現教師發問的內容，屬於認知記憶性的題目高達 88.57%（張玉成，1984）。江芳盛（1990）調查高雄市國小三十位高年級教師國語科教學發問內容，發現其內容屬於高層次思考性質者只占 14.97%。

（五）具有良好思考能力，利己又利人

拜爾（Beyer, 1988）綜納指出，思考能力欠佳者常有下列現象：

❖ 比較衝動，急於得到結論。

❖ 容易氣餒，面對困難問題一試二試不成，則自暴自棄。

❖ 欠缺彈性，往往固執己見。

❖ 用字遣詞較不考究，欠缺字斟句酌修養。

❖ 做事與思考欠缺事先計畫與準備，有隨性而至之虞。

❖ 未能對自己的作為檢討、評鑑其正確度和合宜性。

❖ 不願意多費心思去獲取更多的資料訊息。

❖ 動腦思考問題時常有跳躍、脫節現象，未能按部就班行事。

❖ 推事論理常未能條理貫達，立場一致。

❖ 拙於面對思考性工作。

至於良好思考能力的人則表現出下列特質：

❖ 有定力，不急於快速找到問題解決方案。

❖ 少衝動，不跳空歸納結論。

❖ 具彈性，思考問題時顯得靈活，不故步自封。

❖ 能清楚說明他從事思考的方法和過程。

❖ 深思熟慮，嚴加查核妥切後，才肯提出（呈現）思考結果。

❖ 能夠明白確切地說明或描述自己的思考內容和方法。

❖ 對自己的思考能力充滿信心。

❖ 發現問題，提出質疑。

❖ 善於應用過程經驗和既有知識。

❖ 學以致用，能將在課堂上所學思考技巧應用於其他領域內容。

　　總之，思考教學能充實學生面對現在及未來生活和成功所需的能力和基礎，學生有良好的思考啟發，不但個人受益，而且鄰居、社會大眾、國家及世界人類均蒙其惠。

第二節　思考技巧之教學原則

　　良好的思考教學，應考慮兼顧哪些原則，茲嘗試歸納如下。

一、認知、情意態度和技巧並重

　　知識和經驗是思考的基礎，技巧則是在此基礎上建造大樓的百工技術。

　　技巧之外，思考教學亦應重視心向態度之培養。若以打球為喻，會打球是有「技巧」，愛打球是「態度心向」，二者配合才有熱烈、精彩的打球活動。思考亦然，技巧與心向態度二者缺一不可。徒有思考技巧而無思考意向（動機），是空的；只有思考意向而乏思考技巧，也是枉然。

　　獲傍諾（de Bono, 1992: 70-72）強調態度的重要，他分從對思考技巧的態度和對自己的思考特質的態度兩方面分析。首先他列舉了十一項對思考技巧的積極態度如下：

　　1. 人人必須思考，大家都能思考。思考不專屬於特別聰明的人，也不是

某些特殊職業或工作的人才需要它。

2. 思考是一種可予發展、增進的技巧。思考好比溜冰、游泳、騎車等技巧，是可以學的。

3. 常勉勵自己說：我是一個能思考的人。

4. 相信自己的思考能力可以精益求精，進步再進步，這是促進思考發展的重要動力。

5. 思考進步須靠努力，不是天生自成的。

6. 乍看極為複雜的事，往往可以化繁為簡並加以克服。不可第一次接觸就知難而退，要有勇氣和信心去面對並設法解決。

7. 按部就班，不躐等。把事情的處理步驟分析排列好，逐步完成。

8. 客觀地思考，不介入任何個人自我面子的因素，使「你」和「你的思考」兩者分開。

9. 思考的目的在求進步，但不在求全對或完美無缺。

10. 傾聽和學習是思考不可少的部分，他人與我們自己都在求進步，所以宜分享他們的經驗。

11. 謙虛為懷，常自我提醒自己可能想得不對，或不完整，或只看到局部。

至於對自己的思考特質應抱持的態度，荻傍諾提出八點：

1. 從事建設性的思考，少做消極性的批評。攻擊他人主張和證明他人言論錯誤，屬於消極性的思考，並不是思考的目的。優良的思考者，應從事建設性的構思，對事物做進一步的探討，力求有濟於事。

2. 探究事物和事理，而不口角爭論。意指當吾人面對不明白的事物時，與其辯駁他人意見或看法，不如針對事物或問題本身多加思考探究。

3. 用心擷取他人或對方有價值的論點。一般而言，事情會有正反兩方意見，表示彼此都有特殊觀點足資參考，所以宜認真找出對方有價值的看法，而不盲目拒斥。

4. 持不同論點者往往有他的知覺立場，所以吾人宜先了解他的知覺，並從而去體會他的立場或主張。

5. 發揮創意，想出新點子。創造力一般人都有，別小看自己，應多加嘗試創發新構想。

6. 不要怕失敗，大膽去嘗試新方法。

7. 柳暗花明又一村，事情與問題之解決總是還有其他對策或方案，不要有「別無他法」之感。

8. 避免說教或專斷，貴能謙虛地說：「根據手邊資料顯示，我認為似乎應該是……。」

荻傍諾認為上述積極性心態之培養，宜與認知和技巧兩層面並重。

二、教學和勤練

欲求思考技巧精進，務須透過教學和勤練。

柏金斯（D. N. Perkins）指出，心靈思考不若肌肉，只要多加操練即能健壯。思考之啟發需要技巧。他說：

> 日常性思考宛如一般行走，是大家常有的自然表現。但是良好的思考則好比百米賽跑或攀爬岩石，係技巧性的表現，充滿計謀。（Beyer, 1988: 27）

技巧的習得並非天生自成。自古巧技多苦練，但勤練也未必保證一定能有巧技。換言之，勤練之外，還須有方法。

論者（Resnick, 1987: 40-41）進一步分析指出，安排互動的團體情境，有助於思考技能的改進。一因參考借鏡他人的技巧：包括如何把握問題重點、分析內容、建構論點等；二因自己勇於呈現想法、看法，他人可能提供意見以助修正改進；三因參與團體之中，大家互動影響，易收激勵、肯定之效，並有利於朝向積極創新的思考方向發展。團體互動的情境，可以促進從事高層思考的意向。

三、配合兒童心智的發展

成功的思考教學應配合兒童發展的階段性和成長性。

所謂階段性，係指個體在持續發展的歷程中，其形式與內涵所呈現的變化與特質，常以某一時段為單位，例如：人的發展可分為：嬰兒期→兒童期→青少年期……等；又如國家的經濟發展可分為：未開發→開發中→已開發等不同階段。

所謂成長性，意味著個體發展隨著階段性的變化，其形式與內涵的品質，應呈現後一階段優於前一階段的現象，才不失其意義，例如：個體的生理狀況、行為能力等，兒童期比嬰兒期好，青年期又比兒童期佳。又如國民平均所得、生活品質程度等，開發中國家比未開發國家高，已開發國家又比開發中國家好。

當前學校教育，由小學到中學，相當缺乏階段性和成長性，形成多項亟須改善的積弊或缺失。茲檢討說明如下。

（一）長期停滯在「餵食」性教學狀態，而沒有步入到「選食」、「覓食」性教學階段

一年級新生，剛剛離開奶媽餵食的環境，卻又進入到另一個奶媽（老師）餵養靈糧（教材）的新生活。教育部、處、局好比生母，他們提供食物（教材），吩咐奶媽（教師）餵養（教）孩子（學生）。奶媽怎麼餵，孩子就怎麼吃，餵得不夠固然不能要求多吃，餵得過多也不能少吃，師生似乎毫無選擇的餘地。這種現象，小學一年級時如此，三年級也如此，到了五、六年級也沒啥差別。

孩子愈大，自知自治能力愈高，個別差異也愈大，學校似乎可以隨著年級提升而給予「選擇食物」的機會。老師固然可以要求一定程度的共同性（如必修教材），但也不妨提供類如自助餐式的服務，讓兒童有自由選擇的機會，

以因應個別需求。

　　由餵食到選食是一個階段，但更希望能步入到「覓食」的層次，使具較高成長性。當家長的常聽孩子們說：「功課做完，書讀完了。」顯示兒童心中所謂讀書就是做功課、寫作業，並以老師所規定、所吩咐者為範圍。老師不餵則不食、不推則不動的現象，一、二年級的學生或許可以如此，但中、高年級的學生恐怕便不合宜，所以學校應該培養他們懂得：當肚子餓了，而爸媽不在家，自己知道去「尋覓食物」的心態和知能！

（二）天天抱持「無疑」的心情上學，不如養成「存疑」、「釋疑」的心境到校為佳

　　筆者當校長期間，每天七點多在校園欣賞同學們上學情景時，常自問：「孩子們身上所帶書包、手提包兩大包中，除了課本、筆記本、文具和飯包之外，不知還帶些什麼？腦袋瓜中可曾帶來一個問題？」答案是：「學生們不帶問題到校求解，他們總是以『無疑』的心情，快快樂樂上學，歡歡喜喜回家。」

　　低年級學生或可如此「無疑」，中、高年級學生則似乎不宜如此放心。假如每個人每天抱持「存疑」的心態上學，帶一個待解的問題到校，或由同學們共同研討求解，或請教老師解答，如是每日一題，日積月累，豈不可以集腋成裘，聚沙成塔了。

　　由「無疑」到「存疑」是一種進步，但更希望做到「釋疑」的階段。所謂「釋疑」，強調存疑之後，自己能努力去解答問題，逐漸脫離對老師及同學的依賴。中小學教學宜配合學生身心發展，漸次培養他們具有「存疑」心理，進而有「釋疑」的能力。

（三）讀書方法延續「存糧」觀念，未能突破改以「存寶」、「存款」觀念去努力

　　積穀防饑是傳統農業社會相當普遍而重要的觀念，五十多年前的台灣就是很好的寫照。但時代在變，環境在變，當今不但非農業人口家庭不再大量積存口糧，連農民也知適時出售米穀，不願多所積存。原因無他，一因收穫來的稻穀屯積在倉，容易損耗，如鼠吃、受潮發霉等；二因社會繁榮，經濟發達，不虞買不到食物，只怕沒錢買。因此，當今一般農夫不太願意存糧，而把米穀賣出，將所得金錢存入行庫，或置產，例如房地產、黃金等。類此存寶行為不但不會損耗斤兩，而且可待價而沽。存錢是另一種理財方法，既安全又方便，非但不損耗，反而會生利息，增加收入。

　　由存糧改向存寶、存款的經濟發展現象，恰可以用在學生學習態度的改善，例如：大量記憶、背誦的讀書方法好比存糧；適量記誦並把握原則，重視思考與應用的方法宛如存寶或存錢。面對資訊大增的時代，人們多記多背仍將感到掛一漏萬，反又常因窮於應付記誦之學而忽視了更大收益的較高層次的學習。教學，隨著年級的增長，似應由重視「存糧」的方法，逐漸轉為「存寶」、「存款」的策略。

（四）教學歷程欠缺變化性，仍舊脫離不了「食譜式」的做法

　　教科書、教學指引是目前國中、小老師主要的教學藍本。按圖索驥地施教本是方便行事，也可有一定水準的成效，但若教學以此為限，則又未免抱殘守缺，缺乏變通。學生資質互異，聖賢才智，平庸愚劣，各有不同，老師施教若欲以一個方法以滿足萬人需要，則宛如全國家庭依循同一食譜煮出同一道菜以饗所有人口一般。這種強人所難的做法，不但難以滿足食者需求，同時也限制了掌廚者的潛能發揮。

　　教學方法、過程和教具等宜力求變化，不必拘泥於教科書與教學指引。若以自然科「種子發芽」這個單元為例，老師指導學生做實驗便可有些變化；

例如將全班分為四組，第一組依照課本所述去做（包括材料、過程），第二組選擇一個變項不同於課本所述（如以破布代替棉花），第三組又不同於前兩組（如用木屑取代棉花），第四組又不同於前三組，如是四組所得實驗的結果，便不是同一種實驗，而是四種實驗的報告。顯然可見，全班學生分享四種實驗報告的收穫，應比全班做同一實驗所獲得的多。

（五）吃便當的求學心態，仍高於吃合菜及西餐

便當受歡迎，可能因為：(1)便宜；(2)可快速取得；(3)不必費神選菜；(4)單獨食用，跟他人毫無瓜葛。吃西餐則有很大的不同：(1)不便宜；(2)花時間；(3)點菜費神；(4)常受侍者干擾，不得安寧，例如：侍者剛問完要吃牛排還是豬排，又問要全熟或半熟，最後再問要咖啡還是要紅茶等。至於合菜則介於兩者之間。

學習如抱持買便當吃一樣的心態，顯示其怕事、依賴，而且急功近利。吃西餐花錢費時，又常需做決定選擇自己喜好的食物和飲料，可視為一種訓練，也是教育的歷程。國小學生的學習態度，初始或可以用買便當吃的心態當起點，年級漸高，則宜予陶冶吃西餐的態度，期能培養批判思考，獨立自主，和不怕事繁的精神。

（六）平日學生對自己的言行常不「反省」，希望輔導經由「三省」而到達「三喜」的境界

曾子勉勵學生要「吾日三省吾身」，以作為立身處世的標竿。然而，觀察當今學生，只見天天奔波於餵食、無疑的吸收、學習活動，而無定靜下來反省檢討的工夫。老師似宜相機指導學生從事類如三省的活動——為人謀而不忠乎？與朋友交而不信乎？傳不習乎？

然而，徒重反省，檢討自身的缺失，也不是可取的方法。因為一味挑剔自己的毛病，易於偏向否定自我，信心便無法建立。影響所及不但難以樂觀進取，而且易生攻擊行為，否定別人，影響彼此和諧，妨礙團體進步。因此，

筆者認為，培養兒童反省、檢討的同時，不忘鼓勵他們也欣賞、喜愛自己，肯定自己的長處、善行和良德。「三省」宛如汽車之煞車，三喜好比加速器，推拉有序，始可安全上路，順利行駛。

（七）求學不能徒重輸入原料，還須加工生產，進而將產品輸出銷售，才能有所收益

先賢鼓勵人讀書要像蜜蜂採蜜，才能把由花朵中辛苦採得的材料，利用自己特有的機能予以加工、釀造並轉化為更香甜的蜜。如果讀書像螞蟻儲糧，只是由外地採食搬回蟻窩，不予加工，則其所存食物，不但品質不能提升，反有腐壞、損耗之虞，而日有所失。觀察所見，當前國小學生如同小螞蟻般的吸收、保存「糧食」而已，少有消化、釀造的工夫，例如：老師教唱：「淡淡的三月天，杜鵑花開在山坡上……」學生們一遍一遍的唱，唱會了、唱熟了，卻殊少會有人思考改唱如：「淡淡的三月天，杜鵑花開在道路旁……」

輸入復能加工生產，最後還須能夠輸出，才是完整的學習。輸出係指表現、展示出來。無論是心裡想的意念也好，情感也好，是文學作品也好，是美術作品也好，只要是花了心力的作品，並具有幾分價值，就可勇敢的展現。愛表現符合個人的心理需求，更能把經驗分享他人，加速進步。人人勇於表現，則如同大家跑接力賽一般，前者的終點是後者的起點，一棒接一棒，其速度之快，豈是中長距離個人賽所能比擬！

年級低，吸收輸入的比重大；年級漸高，則加工、輸出的比重漸提升。如是循序漸進，成長遞嬗，學習績效才可望卓著。

上述七項檢討，允宜作為思考教學的重要參考。

四、實施方式

將思考技巧和策略融入各科教材做有系統的介紹和練習，是比較可取的實施方式。

就先進國家學校教育實施思考教學的方式而言，主要有四類（Beyer, 1988: 78）：

（一）第一類是傳統式

即認定各科教材都已包含思考技巧，所以一般正常教學過程中自然是具有思考啟發作用，不用另備教材或特予關注。事實上，這種想法並不實際，因為：

　　1. 教科書內容往往徒重科目內容而少及於思考技巧。
　　2. 責任不專一，人人有責變成人人不負責。
　　3. 任教老師可能缺乏思考教學所需的專長技巧。

（二）第二類是分科負責式

即將思考技巧分門別類，分派給不同科目負責實施加強教學，例如：自然科負責歸納推理、數量分析、假設考驗等技巧；數學科著重演繹推理、問題解決和論辯形式等之教學；寫作課加強批判思考、論辯分析等能力之教學。

（三）第三類是專責式

開設思考技巧與策略的選修科目，排定時間單獨教學，將所有思考教學責任歸給此一科目專長老師負責。這種形式容易導致分離孤立現象，其他學科不易配合，學生難以將思考技巧應用到其學習上，成效無法發揮。

（四）第四類是混合式

獨立設科普遍教授思考技巧與策略，但不同於上述第（三）形式，改採全部學生修習並在其他各科教學上做追蹤教學與評鑑，務使思考教學與各科教學結合，以收相輔相成之效，例如：語文課便透過說、讀、作教學中，加強相關的思考技巧，如批判、創意思考之教學與練習。

　　至於是單獨設科教學較好，還是配合各科教材實施教學好呢？論說不一，觀點有別。研究指出，配合學科教學統整思考技巧於各科教材內，不但學習動機較強，習後保留效果較佳，而且學科成績表現也較高。

　　思考技能教學，融進各科教材中實施較具成效。第一，因為教材提供了很自然的知識基礎和環境，以供練習、發展思考技能；第二，各科自具特質和風格，藉此可以有效提供標準作為評鑑思考技能優劣的依據；第三，足以保證一些重要的技能可以學到，縱使它們不易遷移到其他領域（Resnick, 1987: 35-36）。

　　紀夫和臥柏格（Keefe & Walberg, 1992: 18）指出，思考技能不宜單獨教學，強調配合著學習教材或內容呈現時，學生才易產生學習成效，例如：教學「分類」思考技能，若能和自然科昆蟲分類、水果分類等教材配合，效果必然較佳。相對地，教師於教完昆蟲、水果分類後，若能加強說明分類的思考歷程，亦當有助於思考技能的了解。

　　惟欲收相輔相成之效，共生共茂之功，則須基於下列三項要件：

1. 教材內容要配合正課，不能偏離。
2. 思考技巧應與正課同被視為重點教學目標，師生建立共識。
3. 教師隨時注意引導學生習練並應用思考技巧，以助於對學科教材之學習。

五、按部就班

新技巧的教學不宜貪多，且須按部就班進行。

教授新的思考技巧，宜把握下列要點（Beyer, 1988: 222-223）：

❖ 不要貪多，精熟後才教新的。

❖ 板書寫出技巧名稱並加以說明介紹。

❖ 舉例說明，宜從教室活動先想起，由近而遠及至於校外生活經驗。

❖ 學生自行操練某項思考技巧時，可協助擇一事例進行模擬練習。

❖ 引導學生反省檢討，並報告思考進行過程及感受。

❖ 教師引導他們再演練，並應用於新情境、新問題。

❖ 輔助學生歸納此項思考進行之歷程、規則和特色等。

至於教學的步驟，下列程序可供參考（Keefe & Walberg, 1992: 17-18）：

1. 介紹說明思考技巧和策略。

2. 提供充分的練習機會，並指導其技巧和策略之運作。

3. 學生自行從事思考演練，教師從旁提供修正建議而不導引其運作。

4. 引導學生應用所習技巧於新情境或發展出更精進有效的方法。

5. 鼓勵學生應用所學並參酌他人之長，結合發揮思考效能以解決問題或完成作業。

六、善用師生的鷹架足台功能

所謂鷹架或足台功能（scaffolding），係指由師長或同學所提供的協助或支援，有助學習者增廣見聞，進而由現有能力過渡到學習目標。惟這種橋梁式的支柱是暫時性的，隨著學習者逐漸掌握學習要領，日趨獨立自學時，支柱則須逐一撤離解除（Keefe & Walberg, 1992: 35）。

鷹架式教學輔助，開始時扮演觸媒劑角色，協助學習者認知更明白，過程更清楚等。當學習者開始演練時，教師或協助者可以提供建議、協助，甚或示範供參考。當學習者有了部分學習成果，鷹架可提供制式模範以供比較，並可供應查核表協助他檢視反省自己的學習績效。

如何應用融入教學，羅森休恩（B. Rosenshine）和根勒（J. Guenther）二人共同提出高層認知教學模式，計有下列六個主要步驟（Beyer, 1988: 37-41）：

1. 步驟一：教學前的活動：

(1)確定教材（欲教知能）是否在學生學習能力範圍之內——韋格斯奇指出，鷹架功能須在學生發展臨界區（zone of proximal development）實施才能奏效。所謂發展臨界區，是指學生學習新教材所須具備的背景知識或經驗，不具備它則任由老師努力教也難有成效。

反之，此一區域是學習者的瓶頸，難由自己突破，但若獲得他人（師長、同學）支持協助，則可望解惑而有效學習。教學前找出學生的學習起跑點，確定教材是否在學生學習能力範圍之內，這是第一要項工作。

(2)發展提出有助學生學習的鷹架（認知觸媒劑）——即在學生始學之初，教師宜提供學生建議、線索、提示等協助，以便縮短現有能力和教學目標之間的差距或鴻溝，此一具體可行的橋梁作用，亦即所謂鷹架功能或認知觸媒劑，力求做到「恰恰好的學習」。針對不同學習內容或技巧，認知觸媒劑亦有所別，例如：指導學生閱讀理解技能，教師便可提供他們發問的關鍵字詞，如誰、什麼、何地（時）、為何、如何等，以協助把握重點，啟發思考。

(3)由簡入繁——由簡單的教材著手，逐步增加難度，並且亦步亦趨，詳細介紹。

2. 步驟二：呈現新技能：教師貴能示範新思考技能或新認知策略供學生觀摩，例如：教學寫摘要，教師宜示範拿出一篇文章，帶領學生閱後共同列出文章重點或要項，然後由要項歸納出大意。

3. 步驟三：引導學生練習，方式有：(1)教師領著做。(2)師生輪替教學。(3)線索卡協助教學。(4)使用半成品（未完成句子）事例教學。

4. 步驟四：提供回饋及自我查核工具或機會。

5. 步驟五：提供獨立練習新經驗的機會或時間。

6. 步驟六：協助應用所學於新環境、新事例：鷹架、足台作用的觸媒功能，在各科教學歷程中均具參考價值。

七、重視學習遷移之指導

輔導學生應用所習思考技巧於新情境或新內容，是件重要課題。如何引導，下列是一些參考要點（Beyer, 1988: 228）：

❖ 提示思考技巧內涵和要領。

❖ 複習並檢視學生對此項技巧之了解程度。

❖ 說明並示範如何應用此項技巧於新情境、新內容，即學習遷移示範。

❖ 要求學生把握遷移的要點。

❖ 讓學生試行遷移思考技巧於新情境、新內容。

❖ 鼓勵學生檢視、報告遷移作用的過程、特質。

　　然而，思考技巧的遷移作用也受到某些學者的懷疑，例如：英人馬佩（McPeck, 1981）在所著的《批判思考與教育》（*Critical Thinking and Education*）一書中強調，思考應經由各科教學實施，唯有先熟悉該科教材和探究方法，而後才能培育良好思考技能；各科內容自具風格，所以各科思考獨有特質，難望學會一項思考技能而遷移通用於各科領域。據此，在語文科所學的思考技巧，未必就能遷移發揮到社會科或數學科學習上。

第三節　思考技巧之教學內涵與序列

　　思考教學的內涵，理應廣羅周全，條理有序。泰德（Tiedt, 1989: 3）提出思考發展三階段模式，可供參考。

1. 第一階段：資料蒐集技巧為重點。教導學生學會經由經驗、實際探索、觀察、回憶、腦力激盪、記錄、抄錄、筆錄、傾聽、閱讀、晤談等過程以蒐集資料的技巧。

2. 第二階段：資料處理技巧為重點。教導學生熟練歸類、分類、組織、比較、連結、界定、形成概念、組合、提問、討論、分析、統整、綜合、建構、形成、圖示、轉化、語文敘述、圖形描述、衍生、創造等活動過程。

3. 第三階段：資料發表技巧為重點。教導學生善於溝通、表演、呈現、

檢視、評鑑、修正、重寫、潤飾等工夫。

　　泰德上述的觀點，係從資訊處理系統模式分析（如下圖）著眼，其特點是：強調思考的開始與技巧的運作係始自資料取得，而止於成果的發表或呈現。

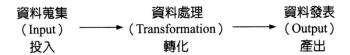

資料蒐集 　　　　 資料處理 　　　　 資料發表
（Input） ——→ （Transformation） ——→ （Output）
投入 　　　　　　 轉化 　　　　　　 產出

　　思考教學究竟應如何配合年級和科目實施，教哪些技巧等，這些都是大家所關心的問題，但迄今並無標準答案。惟下列資料或主張，可供吾人參考。

一、郭馬茲的看法

　　思考技巧有哪些，學校應教哪些等問題很難有一致看法；但是有一個普獲共識的原則：應依年級、科目及教材內容而定。郭馬茲（E. S. Quellmalz）於 1985 年 10 月份的《教育領導》（*Educational Leadership*）雜誌上刊出文章，列舉高層思考技巧（higher order thinking skills）出現在主要教學科目中的例子：

（一）自然科

1. 分析思考：認明生物和無生物的特質及其組成要素及其異同。
2. 比較思考：比較事物和事件的質量。
3. 推論思考：包括歸納結論、進行預測、提出假設、驗證及解釋假設等。
4. 評鑑思考：評判或鑑定研究發現的正確性和價值性。

（二）社會科

1. 分析思考：分析事件形成或發生的因素。
2. 比較思考：比較不同事件發生的前因後果，包括社會的、政治的、經濟的、文化和地理的特質。
3. 推論思考：推估、提出假設和總結歸納。
4. 評鑑思考：對論述、決定和報告內容等之可信度及意義進行評鑑。

（三）文學科

1. 分析思考：認明文藝性、說明性、說服性和敘述性文章的組成要素及其異同。
2. 比較思考：比較意義、主體、情節、人物、地點和理由等。
3. 推論思考：推想人物行為的動機；推敲因果關係。
4. 評鑑思考：評鑑形式或文體、可信度、知名度、完整性和清晰度等。

二、伊利諾更新協會的主張

美國伊利諾更新協會（Illinois Renewal Institute）發展提出思考技巧序列，內容如表 2-1。

表 2-1　思考技巧序列

思考類別	第一級 （K 至四年級）	第二級 （五至八年級）	第三級 （九至十二年級）
創意性綜合思考	1. 腦力激盪 2. 想像 3. 推測預估 4. 發現關係或關聯 　（利用聯想或類 　比譬喻）	1. 腦力激盪 2. 聯想譬喻 3. 提出假設 4. 類比思考	1. 設定目標 2. 預測趨勢 3. 分析 4. 發現可能性及解 　決途徑
批判性分析	1. 發現組型或類型 2. 屬性列舉 3. 比較與對照 4. 分類	1. 辨識差異 2. 分析偏見和適切 　性 3. 分析曖昧與矛盾 4. 利用矩陣分類	1. 界定問題 2. 分析偏見、適切 　性和假定 3. 拿出資料證明 4. 證明資料的可信 　度 5. 排出先後緩急 6. 因果分析
邏輯	1. 排出序列 2. 發現因果關係	1. 排出序列 2. 追索出因果關係	
評鑑性問題解決	1. 辨識何者為事 　實、意見或幻想 2. 辯護證明 3. 發現問題 4. 發現解決方案	1. 推論 2. 為所做決定辯護 3. 創意性問題解決	1. 衡量成本與收益 2. 為觀點主張辯護 3. 分析性問題解決

資料來源：取材自 Beyer（1988: 196）。

三、加州教育局的建議

　　1986 年美國加州教育當局提出社會科教學應予發展的思考技巧如下
（Kneedler, 1985）。

（一）國小一至三年級學生適宜學習之思考技巧

1.界定和釐清問題

(1)仔細觀察。

(2)指出主要觀念（大意）、問題關鍵。

(3)了解異同點。

(4)妥切將事物歸類。

(5)將雜亂資訊給予分類。

(6)辨明資訊是否與問題有關。

(7)構思想出發問題目。

(8)了解各種不同觀點論調。

2.判斷和使用資訊

(1)了解何者為刻板印象。

(2)區分事實和意見。

(3)確定並說明何者在先，何者在後。

(4)指出支持主要觀念的證物。

(5)認清假定的內容。

(6)指出前後不一、矛盾之處。

(7)清楚因果關係。

3.歸納結論

(1)把握適切合宜的資料。

(2)掌握因果關係。

(3)依據事實、證物提出結論。

(4)會使用「假如……則……」句型寫出假設。

（二）國小四至六年級學生適宜學習之思考技巧

1.界定和釐清問題

(1)明確指出中心議題或問題重心。

(2)了解異同點。

(3)清楚有關、無關的概念。

(4)構思提出切要的問題。

(5)有效表達問題或困難。

(6)認知個人及團體的價值取向和意識型態。

2.判斷和使用資訊

(1)認定何者為刻板印象和陳腔濫調。

(2)區分何者為偏見、宣傳和花言巧語。

(3)辨識何者為事實、意見和推理性判斷。

(4)認明何者矛盾，前後不一。

(5)了解假定內涵。

(6)分辨何者為證物。

3.歸納結論

(1)把握適切合宜的資料。

(2)了解異同點。

(3)依據事實、證物提出結論。

(4)預測結果。

(5)提出假設。

(6)應用類比譬喻及概化方法去推理。

（三）國中一至二年級學生適宜學習之思考技巧

1.界定和釐清問題

內容項目繼續國小四至六年級階段(1)至(6)各項。

2.判斷和使用資訊

(1)區辨何者為事實、意見和推理判斷。

(2)查核一致性或連貫性。

(3)認明未明白敘述的假定。

(4)認清何者為刻板印象和陳腔濫調。

(5)明辨何者為偏見、情緒用語、宣傳和花言巧語。

(6)了解各種價值取向和意識型態。

3.歸納結論

(1)把握適切合宜的資料。

(2)認明各種合理可行途徑。

(3)測試、考驗結論或假設。

(4)推測可能的後果。

四、拜爾的歸納

美國學者拜爾（Beyer, 1988: 98）試圖綜合大家意見，歸納提出中、小學階段實施思考技巧教學的內涵和序列，如圖 2-1 所示。

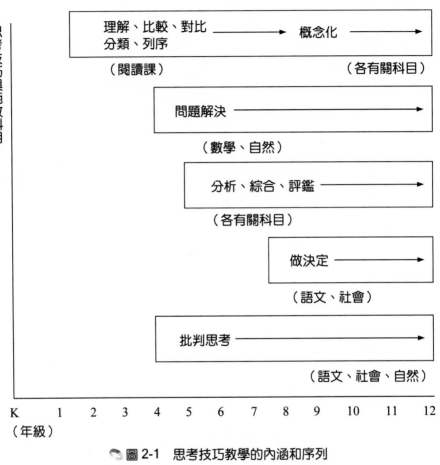

思考技巧與施教科目

理解、比較、對比
分類、列序 ⟶ 概念化 ⟶

（閱讀課）　　　　　　　　　　（各有關科目）

問題解決 ⟶

（數學、自然）

分析、綜合、評鑑 ⟶

（各有關科目）

做決定 ⟶

（語文、社會）

批判思考 ⟶

（語文、社會、自然）

K　1　2　3　4　5　6　7　8　9　10　11　12
（年級）

圖 2-1　思考技巧教學的內涵和序列

歸結上述各種主張看法，概可得到主要結論如下：

❖ 幾歲起可以教授思考技巧？答案是從小就可以教，但須配合孩子的認知能力和生活經驗。

❖ 教哪些思考技巧？有先後次序嗎？答案是：本書第一章總結列舉出來的技巧細目均為教材內容，出現次序以認知記憶類為先，其餘可視教

材內容及兒童能力斟酌提出。

❖ 哪些科目適合思考技巧之教學？答案是：各科均宜，只要教材內容合適，均可配合實施教學。此外，一些獨立性思考訓練教材亦可酌情應用，包括教師自編的和坊間購得的。

❖ 有無一定的思考技巧教學架構可供參考？迄無大家滿意的參考結構，惟本書試提下列思考技巧類別供國人參考（如表 2-2 所示）。

表 2-2　思考技巧教學結構表

類別	技巧細目	感覺動作期 0 至 2 歲	操作前期 2 至 7 歲	具體操作期 7 至 11 歲	形式操作期 11 歲以上
認知記憶類思考	警覺	✓	✓	✓	
	注意	✓	✓	✓	
	好奇	✓	✓	✓	
	記誦	✓	✓	✓	
	回憶	✓	✓	✓	
	識別	✓	✓	✓	
	指認		✓	✓	✓
	描述		✓	✓	✓
	解讀		✓	✓	✓
	把握重點		✓	✓	✓
	發現問題		✓	✓	✓
分析應用類思考	歸類		✓	✓	✓
	分門別類		✓	✓	✓
	界定意義			✓	✓
	分析			✓	✓
	比較異同		✓	✓	✓
	找出關係		✓	✓	✓
	排序		✓	✓	✓
	探究因果		✓	✓	✓
	看出架構			✓	✓
	辨識全體、部分關係	✓	✓	✓	✓

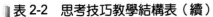

表2-2　思考技巧教學結構表（續）

類別	技巧細目	感覺動作期	操作前期	具體操作期	形式操作期
		0至2歲	2至7歲	7至11歲	11歲以上
分析應用類思考	找出特質		√	√	√
	列舉要項		√	√	√
	應用工具		√	√	√
	活用舊學		√		√
	認清觀點與立場				
	分配（時間等）		√	√	√
	探究		√	√	√
	釐清		√	√	√
邏輯推理類思考	歸納		√	√	√
	總結		√	√	√
	摘要		√		
	指定假定				
	提出假定				
	演繹		√	√	√
	概化與類化		√	√	√
	統整				
	組織		√	√	√
	推論		√	√	√
	推斷		√	√	√
	預測		√	√	√
	類比譬喻	√	√	√	√
	形成概念		√	√	√
	發問		√	√	√
	認識型態			√	√
	認識系列			√	√
想像創造類思考	聯想		√	√	√
	出點子		√	√	√
	提創意		√	√	√
	想像		√	√	√
	創新方案		√	√	√
	建構		√	√	√
	組織		√	√	√
	解決問題		√	√	√
	衍生		√	√	√

表 2-2　思考技巧教學結構表（續）

類別	技巧細目	感覺動作期 0至2歲	操作前期 2至7歲	具體操作期 7至11歲	形式操作期 11歲以上
想像創造類思考	試用新法		✓	✓	✓
	附加新功能		✓	✓	✓
	假設想像		✓	✓	✓
	視覺想像			✓	✓
	發表展現		✓	✓	✓
	設計		✓	✓	✓
	自製		✓	✓	✓
	重組		✓	✓	✓
	改造		✓	✓	✓
評鑑批判類思考	評判賞析		✓	✓	✓
	審核			✓	✓
	說出優劣點		✓	✓	✓
	指出推理之缺失			✓	✓
	找出偏見			✓	✓
	看出缺漏		✓	✓	✓
	做出決定		✓	✓	✓
	選擇		✓	✓	✓
	發問質疑		✓	✓	✓
	比較好壞		✓	✓	✓
	區辨事實和意見			✓	✓
	判斷妥適性			✓	✓
	判斷關聯性			✓	✓
	評析用語			✓	✓
	判斷資訊可信度			✓	✓
	驗證假設			✓	✓
內省自明類思考	反省檢討所知		✓	✓	✓
	導正調整所知		✓	✓	✓
	反省檢討所言		✓	✓	✓
	修正調整所言		✓	✓	✓
	反省檢討所行		✓	✓	✓
	導正調整所行		✓	✓	✓

Chapter 3

發問技巧和
思考啟發教學

　　教師的發問技巧與思考教學關係密切。因為發問之後，學生作答須運用心智，尋求答案：或由既存知識中找尋，或另闢路徑探求，在尋找答案的過程中，心靈不停地去組織或重組資訊，這便是一種有意義的思考作用。

　　所以論者不斷指出，教師發問一次，等於提供學生一次思考機會；有效運用發問技巧，教師可以激發學生各種不同層次的心智活動。葛、亞二氏（Gallagher & Aschner, 1963）曾強調提醒：「學生的思考能力和方法，深受教師所問問題內容之影響。」

第一節　發問的意義及其教學功能

　　發問或稱「提問」（questioning）是教師平日教學常用教學技術之一，早在兩千多年前的我國楷模老師孔子以及希臘大哲學家蘇格拉底，均曾成功地

應用發問技巧來導引學生學習。所謂「發問」，簡單地說，它是引發他人產生心智活動並做回答反應的語言刺激（Sanders, 1966）。它的重要性，常被教育學家所強調：有謂發問是促進學生思考發展有效途徑之一（Aschner, 1961; Gallagher, 1965; Hunkins, 1972; Loughlin, 1961）；有謂良好的發問技巧是教學成功的基礎（Carner, 1963; Hunkins, 1968, 1970）。

發問的功能是多方面的，羅可夫（Rothkopf, 1971）以「樂學觀念」（mathemagenic concept）解析發問具有導引學習的功能。他認為學習須經兩個主要歷程：第一、學習者本身須有學習心向，並產生具體的樂學行為（mathemagenic behavior）；第二、對內容的學習或教材的嫻熟精到，前一歷程是後一歷程的準備，並具有決定最後學習成果的影響力量。mathemagenic 一字，係由兩個希臘字組成，一個是 mathemain，意指習得的知能；另一字為 gineisthos，有誕生之意。合而言之，mathemagenic behavior 一詞，係指真能產生學習成果的行為，本文遂以「樂學行為」稱之。

羅可夫以閱讀教學為例指出，學生展書而讀，字字印入眼簾，構成所謂的「名義的刺激作用」（nominal stimulation），但事實上，學生並不字字對之有所反應。學習的發生，始自學生從眾多刺激中做選擇性的反應，並加以了解與熟習，這些真正被個體所接受並反應的刺激，稱之為「有效的刺激作用」（effective stimulation）。樂學行為是個體從名義刺激作用中過濾出有效刺激作用的歷程或要素，從而決定了可能學習的內容，所以有好的樂學行為才有好的學習。

樂學行為受環境因素的影響，經由學習或其他歷程可予改變，發問便是一項足以改變學生樂學行為的重要技術。羅可夫曾經從事閱讀教學實驗，發現發問問題內容如果偏重人名、地名的考問，學生便著重此方面的學習或記憶，反之亦然。結論指出，發問可以導引學習活動，規範學生樂學行為，進而決定其學習內容，並影響其學習成果。

依據連結論或行為主義的學習理論觀點，發問乃是一種刺激，常能引起學生的注意。又因發問需求學生有所回答，故個體對之反應常可獲得來自教師或同學的回饋作用，因而產生增強效果。回答正確，可獲正的增強；反之，

則產生警惕作用，所以發問具有影響學生學習動機的功能。

　　促進思考是發問的另一重要功能。認知論心理學者強調學習不全是刺激與反應間的關係而已，認為學習活動應是主動的、整全的歷程，介乎個人既有的知識經驗與所欲學習的內容之間，常有積極的交互作用存在。就發問的功能而言，其直接功能主要為促使學生對教材內容產生反應，間接功能則貴能助人探索教材以外的知識，擴展學習範圍。基此觀點，認知論者強調發問應能突破知識記憶水平，進而擴展至高層認知的思考領域，而不局限於導引、控制學生學習的功能而已（Woods, 1982）。

　　牛頓（Newton, 1977）指出，皮亞傑和杜威二人的觀點，可用來說明發問如何促進思考。這兩位學者均反對教學徒重被動的接受與教材的熟悉而已，而強調重視個人與周遭環境交互作用的重要性，例如：皮亞傑認為學習與認知發展，是個體組織經驗以對環境適應的結果，其中以同化（assimilation）與調適（accommodation）為兩個主要歷程。當認知達到均衡狀態時即稱為適應（adaptation）；反之，則「認知失衡」，形成發展的動力。教師對學生提出各類問題，不但能引起回憶既有經驗，而且可以提示學生組織並解析新經驗的方式，所以也具有充實其既有基模或建立新基模的功能。換言之，教師發問具有激發學生活動，求取適應的作用。杜威指出，個體的心智發展係受個人與外在環境交互作用之影響，而思考旨在解決問題，因而教師發問等於給學生製造問題，要他們去思索解決，有助其思考能力之發展。

　　勞森（Lawson, 1979）也認為，發問技巧與思考教學具有密切的關係。因為教師提出問題，學生便須動用心思尋求答案：或由既存知識中找答案，或另闢路徑探求，在作答過程中，心靈不停地運用各種歷程去組織或重組資訊，這便是一種有意義的思考作用。葛、亞二氏（Gallagher & Aschner, 1963）也強調，學生的思考能力和方法，深受教師所問問題內容的影響。

　　杭金斯（Hunkins, 1972）在《發問技巧與策略》（*Questioning Strategies and Techniques*）一書中，歸納發問的主要功能有如下四項：

　　1. 提示重點的功能（centering function）：透過發問，教師可以提示學生哪些教材內容應予重視，哪些歷程或方法有助學習等，可以達到導引

的效果。

2. 擴增的功能（expansion function）：有關教材的探討，藉著問題的提出，不但可以擴大範圍，增加了解，而且可以提升認知層次，由記憶性知識到分析、推理、評鑑性，乃至創造性思考等。

3. 分布的功能（distribution function）：發問可以引起多數學生的參與，共同研討同一問題，大家提出各種意見，交互切磋，可收集思廣益之效。

4. 秩序的功能（order function）：教師可以運用發問維持教室秩序，使教學順利進行。

另一學者海門（Hyman, 1979）在《策略性發問》（*Strategic Questioning*）一書中，列出發問功能有十五項之多，其中包括：促進學生積極參與班級教學活動、考察學生學習程度、引發討論、集中學生注意力、增進教學活動達到高潮、給予學生表現機會、評鑑學習狀況、利於決定教學內容與步調、促發創造性思考、提供評鑑性思考機會等。

卡林和桑德（Carin & Sund, 1971）在合著的《強化發問技巧》（*Developing Questioning Techniques*）一書中，歸納列出發問的功能，主要有：

1. 引起興趣與注意，激發兒童積極參與教學活動。
2. 評鑑學生課前準備情形，並考察其對家庭作業的了解程度。
3. 診斷學生課業上的優點和弱點。
4. 複習並摘述教過的教材。
5. 鼓勵學生討論問題。
6. 指導兒童探討問題時，能朝新的可能方向去思考。
7. 激發學生主動探索更多的資料以增進了解。
8. 建立積極的自我觀念。
9. 幫助學生懂得應用習得的知識概念。
10. 評量教學目標達成的程度。

我國學者方炳林（1976）在其所著的《普通教學法》一書中，歸納提出八項重要功能，分別是：引起動機、考察學習、集中注意、回憶經驗、增加

活動、練習發表、啟發思想、質疑解惑、相互激勵等。

綜上所述，發問的教學功能是多方面的，主要者可歸納為如下六點：

1. 引起學習動機：由於教師在教學中扮演著重要角色，在課堂上提問學生問題，具有集中注意力，導引學習心智，激發探討興趣的功能。

2. 幫助學生學習：發問具有提示重點，組織教材內容，幫助了解及促進記憶的功能。

3. 提供學生參與討論、發表意見機會：有助學生彼此互動、分享、團隊合作及組織發表能力之發展。

4. 評鑑功能：利用發問一方面可藉以了解學生學習成就，另一方面可以分析其強弱點或學習障礙所在，以為補救教學實施之依據。

5. 發問引起回饋作用：師生透過同學對問題的反應或回答，產生回饋作用，可以幫助自我檢討教學成效，以供改進之參考。

6. 啟發學生思考：發問可以導引學生思考方向，擴大思考廣度，提高思考層次。此項功能過去常被忽視，如今為學者所強調，成為本章探討的重點。

第二節 發問技巧的內涵

發問是重要教學技術之一，教師若能有效運用，可以提高教學效果，已如上述。至於發問技巧之內涵如何，本文認為至少包括問題編製、提問、候答和理答等四個要項。本節以下分別敘述之。

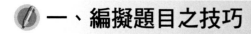 一、編擬題目之技巧

發問技巧有關文獻中，發問題目分類方法之探討是主要內容之一。究其原因，第一、有了明確的問題分類系統，而後相關的比較研究才有可能，這是研究設計上的需求。第二、教師欲求改進發問技巧，必先熟悉問題分類方法，其理由如下：

1. 問題類別大都依據學生認知能力性質劃分，熟悉分類系統，無異藍圖在握，出題施教有所依循而易行。

2. 由於學生反應常與教師發問內容同屬一個思考層次，所以熟悉問題分類系統有助於教師編擬問題時，易於避免倚輕倚重的偏頗現象發生，並可幫助教師分析教材，使與教學目標更加密切配合（Hunkins, 1966; Sanders, 1966）。

因此，本節首先探討問題編製的基礎——問題內容之分類。

發問問題內容的分類中，最常為人所道的是下列兩種類別（Kaiser, 1979）。

1.閉鎖式問題（closed question）

例一：這座教堂高 20 公尺嗎？

例二：美國現任總統是誰？

此類問題導引學生朝向某一特定思考窄巷，並就已知或既有的資訊中做一判斷或決定，不求有新的發現；答案常是一個字或非常簡短，並且只有一個標準答案，即發問者事先具備一個正確答案了。

2.開放式問題（open question）

例一：這座教堂有多高？

例二：美國下任總統可能是誰？

這類問題激勵學生探索各種可能性以及新的發現，易於破除墨守成規、

拘泥既有的習性；答案通常不若閉鎖式的簡短，重視容多納異，不強調唯一的標準答案，發問者事先縱使已有自己的答案，也不排斥其他不同的答案。

另一種分類方法也是二分法：

1.打靶式問題（shooting question）

問題提出之前已事先備有預期答案，這是一種有人提出標準答案則大功告成，屬單一目標導向式的發問。學生在尋求答案過程中，目標明確，追尋有方，但卻少有探索求新的可能。

例一：種子的結構有哪些主要部分？

例二：馬關條約的內容是什麼？

2.垂釣式問題（fishing question）

問題性質開放，提出之後宛如漁翁垂釣，魚蝦鱉鰻，均有上鉤可能。換言之，學生回答可依知識經驗提出個人的看法，問者並不預先設定單一標準答案，而持容多納異態度準備獲得各種不同反應。

例一：郊遊途中突然下了大雨，你卻沒帶雨具，怎麼辦？

例二：司馬光急智救人，除了打破缸外，另有其他方法嗎？

上述垂釣式問題與開放式問題接近，打靶式則與閉鎖式相仿。惟此兩種分類方法似乎過於粗略，不易作為教師在編擬題目時之依據（de Bono, 1976b）。

問題內容之探討，時至 1950 年代獲得突破性發展，其中以布隆的認知性教育目標分類，及基爾福的智力結構理論影響最大，成為以後研究的主要依據，並構成問題分類的兩大系統。布隆（Bloom et al., 1956）在其主編出版的《教育目標分類方法第一冊：認知領域》一書中，共列有六項認知性目標如下：知識、理解、應用、分析、綜合及評鑑等。此一架構被視為是發問題目內容的分類標準。茲舉出一些發問的導引詞如下：

1. 知識類：請說出所知、所記憶；請敘述、界定、重述、指出，或請說出人物、時間、地點、事情內容等。
2. 理解類：請用自己的話說出、請說出想法、請說明意義、請解釋或比較、請找出它們的關係等。
3. 應用類：你將如何用它、請做做看、請用它解決困難、它對你有何用途（啟示）等。
4. 分析類：此物可分成幾部分、順序如何、為何須依此順序、問題關鍵何在、造因、解決方法、結果如何等。
5. 綜合類：此物可以如何改變組合、假如……就會、假設……、如何拓展修訂、請用自己的想法另創等。
6. 評鑑類：如何評斷？這樣做行嗎？此事算是成功嗎？你寧願怎麼做？為何這麼想？

　　應用布隆的認知性教育目標類別提出問題分類方法最成功者，首推桑達士（Sanders, 1966），他將其中理解一項，細分為轉譯（translation）及解釋（interpretation）兩項，併同其他五項，合計為七項。

　　基爾福（Guilford, 1956, 1967b, 1968, 1977）應用因素分析統計方法以及型態綜合法（morphological synthesis），分從運作（operation）、內容（content）及成果（product）等三方面說明人類智能結構。他認為人類智慧至少含有一百二十個要素，而現有智力商數所代表的意義過於狹隘。智能結構（Structure of Intellect）中的運作型態，係指智力活動或作用歷程的主要類型，即個體處理原始資訊的特殊歷程。它共分五類：認知、記憶、擴散性思考、聚斂性思考及評鑑等。葛、亞二氏（Gallagher & Aschner, 1963）引用此一架構，提出問題類別五分法，而成為常被應用的分類方法之一。

　　茲將桑達士及葛、亞二氏之問題分類方法，介紹如後。

（一）桑達士問題分類法

　　桑達士依據布隆的六項認知性教育目標分類為基礎，發展出發問問題類

別分法如下：

1.記憶性問題（memory）

要求學生回憶或認知已學過的資訊，包括事實、定義、通則、價值觀念及技能等。例題如下：

(1)檸檬是什麼顏色？

(2)紙是中國人發明的嗎？

(3)溫度計是用來做什麼的？

2.轉譯性問題（translation）

學生回答問題，須能將原資料轉化為另一種符號或語言來表達，例題如下：

(1)什麼叫作「3D 影像」？

(2)這個交通號誌（如右圖）代表什麼意義？

(3)甲＞乙表示什麼關係？

3.解釋性問題（interpretation）

學生回答問題，須能對二個或更多個別事實、通則、定義、價值觀念或技能等，基於常識性的了解，找出其間關係，包括比較的、應用的、數據的、歸納的、因果的等關係。例題如下：

(1)長方形與正方形有什麼異同？

(2)圓的東西易滾動，石頭愈圓滾得愈快嗎？

(3)台灣氣候跟菲律賓氣候有何異同？

4.應用性問題（application）

學生回答問題，須能運用既有智能去解決新的問題。例題如下：

(1)假如甲＞乙，乙＝丙，那麼甲和丙哪個大？

(2)瓦斯會使人中毒，所以瓦斯爐宜裝在室外或室內？

(3)教室內與書寫有關的東西有哪些？

5.分析性問題（analysis）

學生回答問題，須依據事實以及思考法則（歸納、演繹方法等）或由實例類推去分析其關係。例題如下：

(1)火會傷人，所以不要用火，對嗎？

(2)中餐和西餐的內容有何異同？

(3)台北市常雨後積水，是因為排水系統太差？

6.綜合性問題（synthesis）

學生回答問題，須能應用想像，別出心裁地想出或發現前所未有的事物或方法：此類問題允許學生自由尋求各種不同答案。例題如下：

(1)停電了，夜晚照明如何解決？

(2)用過的可樂罐子可以做些什麼用途？

(3)請寫出與「冬天的太陽」意義接近的詞句。

7.評鑑性問題（evaluation）

回答問題時，學生須先設定自己的標準或價值觀念，據以考評某事物或觀念。例題如下：

(1)人須每天吃白米飯嗎？

(2)民主制度比集權專制好嗎？為什麼？

(3)你對這篇文章中主角的行為有何感想？

（二）葛、亞二氏問題分類法

葛、亞二氏依據基爾福的「智能結構」理論運作型態類別，將發問問題內容分為五種：

1.認知記憶性問題（cognitive memory）

學生回答問題時，主要是針對事實或其他事項做回憶性的重述，或經由

認知、記憶和選擇性回想等歷程去尋求答案。例題如下：

(1)2012 年的世界奧運會在哪裡舉行？

(2)美國現任總統是誰？

(3)「志」這個字怎麼念？

2.聚斂性問題（convergent）

學生回答問題，須對所接受到的或所記憶的資料從事推論、分析及統整的行為。此類問題因須依循固定思考方式進行，故常導致某一預期的答案或結果。例題如下：

(1)小明有 25 元，用去 7 元，還剩多少元？

(2)請用一句話說明本課課文大意。

(3)春季百花開，為什麼？

3.擴散性問題（divergent）

學生回答問題，個人可以獨立自主採取無中生有，遇水架橋的態度去滋生見解，改變想法或做前瞻透視。例題如下：

(1)假如人人活上百歲，社會現象將有什麼改變？

(2)荒山野外沒有刀，你如何切西瓜？

(3)請用「難、易、心」三字造出五個不同的句子。

4.評鑑性問題（evaluative）

回答問題時，學生須先設定標準或價值觀念，據以對事物從事評斷或選擇。例題如下：

(1)你認為你們班可愛嗎？為什麼？

(2)電視節目中哪些適合兒童觀賞？為什麼？

(3)請評述木瓜、西瓜和香蕉這三個水果中哪個最好吃？

5.常規管理性問題（routine）

這類問題包括教學管理所需使用的話語，如「第幾面？」「誰講話？」；

以及對人或意見表示贊同與否之情感性話語，如「你們都不知道嗎？」、「誰
有更好的意見？」等。

　　茲將上述分類摘列如表 3-1 所示。

▌表 3-1　問題類別分析

布隆	桑達士	基爾福	葛、亞二氏
1. 知識 2. 理解	記憶的 轉譯的 解釋的	認知性 記憶性	認知記憶性
3. 應用	（同左）	聚斂性	（同左）
4. 分析	（同左）		
5. 綜合	（同左）	擴散性	（同左）
6. 評鑑	（同左）	（同左）	（同左） 常規性

　　綜觀上述各說，筆者認為現有分類方法業已掌握問題內容性質，所用名
稱雖異，但內容近似。惟為國人方便了解起見，本文提出下列問題類別以資
應用。

1.認知記憶性問題

　　學生回答問題，只須對事實或其他事項做回憶性的重述，或經由認知、
記憶和選擇性回想等歷程，從事再認行為。例題如下：

　　(1)我國第一大都市是哪裡？

　　(2)「旰」這個字怎麼念？

2.推理性問題

　　學生回答問題，須對所接受或所記憶的資料，從事分析及統整的歷程；
此類問題因須依循固定思考結構進行，故常導致某一預期的結果或答案。舉
例如下：

　　(1)正方形和長方形有什麼相同和不同？

　　(2)瓦斯熱水器為何放置屋外比較安全？

3.創造性問題

學生回答問題，須將要素、概念等重新組合，或採新奇、獨特觀點做出異乎尋常之反應，此類問題並無單一性質的標準答案。例題如下：

(1)假如愛迪生未發明電燈，現代生活可能會有什麼不同？

(2)廢棄不用的汽水罐可以做哪些用途？

(3)班級教室裡的課桌椅，可以如何改善？

4.批判性問題

回答問題時，學生須先設定標準或核心價值，據以對事物從事評斷或選擇。例題如下：

(1)中學生不宜留長頭髮嗎？為什麼？

(2)春夏秋冬四個季節，哪一個最可愛？

5.常規管理性問題

包括教學管理上所需使用的話語，如「第幾面？」、「回家有沒有複習？」；以及對人或對事表示贊同與否之情感性語言，如「上課吵鬧好不好？」、「你們都不會嗎？」等。

有了上述分類系統作為依據，擬題時尚須注意下列原則，俾能編製出良好的問題：

1. 目標明確：每次發問，必有所為：或引起注意，或強調重點，或激發思考，均須符合教學目標，不可無的放矢或誤用發問技術。

2. 切合學生：問題內容若超越學生知識經驗範圍，則題意難以了解，反應效果必然不佳。內容若能充分配合學生認知能力發展階段、知識經驗背景，和個別差異情形等，才能算是好問題。

3. 啟發思考：學生求學不只吸收知識，更須具備應用知識及思考的能力（Hunkins, 1966）。在題目編製過程中，須兼顧思考性問題與記憶性問題；而在思考性問題中，推論性、批判性及創造性等類問題亦須並

重。

編製題目是發問成敗的關鍵，而熟悉問題分類方法是編製題目的基礎。

二、提問、候答與理答技巧

教師發問之實施，除須先依據思考層次就教材內容編製問題外，如何將問題向學生提出，如何等候學生作答及如何處理學生的回答等，在在都是值得注意的技巧。以下逐項說明之。

（一）問題提出之技巧

良好的發問技巧，有賴教師在走進教室之前先就發問問題編擬妥當，然後適時技巧地向學生提出。問題的提出，若從問、答二者間的互動關係著眼，至少包含下列三種主要方式：

1.傳統方式

這是最常使用的提問型態，老師就課本內容或講授內容提出問題，要學生回答。

舉例而言，老師出示一張圖畫（如下圖），然後問：

(1)圖片上有些什麼？

(2)這兩種交通工具有什麼不同？

(3)這兩種交通工具有什麼相似的地方？

2.轉化型師問生答方式

屬於傳統式的一種，重點在老師事先聲明清楚，學生回答時須以間接、替代性的話語敘述，而不可使用傳統的、直接性的話語回答，例如：

(1)你到過墾丁公園嗎？

　　答一：到過。——不接受。

　　答二：我還沒到過台灣南部呢；或這是我夢寐以求的事呢！——接受。

(2)台灣南部熱，還是台灣北部熱？

　　答一：南部熱。——不接受。

　　答二：北部的人穿毛線衣時，南部人還只穿背心；或北部太陽沒有南
　　　　　部太陽大。——接受。

本提問的方式可訓練學生的變通性，用於英語文教學的會話練習，效果不錯。

3.猜問方式

老師事先選定某一事物為答案，然後引發學生去提問，藉以增進了解，協助猜出答案，例如：老師選定的事物為：鋼筆。

老師為引起學生提問動機則說：「各位同學，再過五天就是聖誕節，我準備了一份禮物要送給第二次段考成績最好的同學，你們猜猜看這份禮物是什麼？你們可以提出十個（十五或二十個均無不可）問題問我，幫助猜中。」

因此，學生可能提問：

(1)是吃的東西嗎？

(2)是學生用品嗎？

　　……

這種提問方式，讓學生有動腦筋發問的機會，他們在動腦發問過程中，對其分類、歸納等思考能力很有助益。

以上三種方式宜參酌靈活運用，以增加情趣，提高效果。下列提問要領

值得注意：

1.各類問題兼顧

　　良好的發問技巧，應包含各層次問題在內，不可有所偏廢（Lucking, 1975）。問題類別常依人類認知能力劃分，雖有層次之不同，卻無好壞之別，或重要不重要之分。創造性問題雖然重要並具特質，但亦不能獨行其是，仍須以認知記憶性、推理性及批評性問題為伴，俾建立基礎，產生準備作用，並發揮相輔相成綜合效果（synergy）；反之，教師發問亦不可徒重低認知層次──認知記憶性問題，以免學生一味鳥語式複誦標準答案，而忽視推理性、創造性及批判性等高層認知思考能力之發展。至於各類問題之比重並無定論，須視學習內容及學習者需要而定（Lowery, 1974）。

2.運用有序

　　〈學記〉曰：「善問者如攻堅木，先其易者，後其節目」，發問應由淺而深，由易而難。此外，各類問題提出之順序，亦須注意其內容之連續性。一般而言，認知記憶性問題常為首，賴以建立基礎；推理性問題次之，繼而以創造性及批判性問題殿後；批判性問題可在創造性問題之前或之後提出，須視內容而定。塔巴（Taba, 1967）強調發問宜先充實學生事實知識（即知識廣度），接續引向高層次認知或思考之習練（即知識深度）。若以概念形成為例，發問時須先列舉（listing），進而歸類（grouping），然後給予分類（categorizing）或標識（labeling）。茲舉例如下：

　　(1)小朋友在菜市場看到了些什麼？（列舉）

　　(2)人群中有哪些不同身分者？市場賣的菜有哪些？請歸類。（歸類）

　　(3)買菜者和賣菜者有何不同？青菜、肉類、魚類、水果等，又有何不同？
　　　（標識）

3.注意語言品質

　　語言是意見溝通重要媒介之一，教師發問時語音是否清晰，速度緩急是

否適度，語調之抑揚頓挫，在在均會影響學生反應情形。

4.多數參與

問題的提出，為使全體學生都能注意反應，首先必須把握先發問後指名的原則；其次應充分應用海門（Hyman, 1979）所強調的高原式策略（plateaus strategy），並避免尖峰式策略（peaks strategy）之使用過多。

所謂尖峰式策略，係指教師提出一個問題並指名回答後，陸續提出較深入之問題由同一人回答，例如：由事實（牛肉）之認知（這是哪一國的）進入比較（它和澳洲牛有何不同）；由比較再導出結論，直到某一階段後才指名他人回答另一系列問題。高原式策略則不同，教師於提出一個問題並請多人回答，俟學生充分反應後，再提問更深入一層之問題，如是循序而進至某一預定目標為止。茲將上述兩種策略，圖示如下：

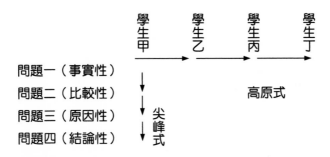

分別舉例於下：

(1)尖峰式策略

教師：小朋友！請說出腳踏車由哪些零件構成？

甲生：輪子。

教師：輪子有什麼功能？

甲生：省力、行走方便。

教師：腳踏車一定要有輪子嗎？沒有它能不能騎？

甲生：一定需要輪子。

教師：好！還有哪些零件？

甲生：鏈子。

教師：鏈子的功能是什麼？

……

(2)高原式策略

教師：小朋友！請說出腳踏車由哪些零件構成？

甲生：輪子、手把、座墊……

乙生：鏈子、煞車。

教師：還有嗎？

丙生：踏板、後架……

丁生：銅條、反光燈……

教師：共有九項零件了。那麼，它們各有什麼用途呢？

乙生：輪子可轉動，方便行走而省力。

甲生：輪子還可以……；後架可以……。

（二）候答技巧

問題提出之後至學生回答反應這段過程，有些要領須加注意（方炳林，1976；Hollingsworth, 1982: Rowe, 1974）。

1.候答時間不宜過短

教師發問之後到指名回答，或教師再度開口說話這段時間，叫作候答時間（wait-time）。論者指出，學生回答問題需要時間醞釀、發展與組織，如果指名回答過於急促，則不免影響思慮不足而草率回答，減低發問效果。

2.不重述問題

教師發問時複誦問題，容易養成學生聽講不認真，期待再說一次的不良習慣。問題說得清晰扼要，只問一次，不再重複以提高學生專注力。

3.指名普遍

學生程度參差不齊，表現優劣有別，但教學中之發問係針對全體學生，指名回答不宜偏重「好學生」而忽視其餘；否則，習以為常，發問便將成為少數人的事情，而無法普遍受惠。

（三）理答技巧

所謂理答，係指對學生提出答案或作答後的處理，其要點有：

1.注意傾聽

學生回答問題是自我表現（self-expression）的行為之一，教師與同學若能注意傾聽以表示關心和重視的態度，具有鼓勵作用（方炳林，1976）。

2.給予鼓勵

學生回答一次，即有一次思考機會，答案無論對錯，作答行為本身就值得鼓勵。至於提出正確答案內容者，若能給予及時的讚美，相信更能激發學習動機。

3.匡補探究

舉例而言，教師問：「為防止眼睛近視須注意哪些衛生習慣？」學生答：「不躺著看書，注重燈光亮度。」教師續問：「還有其他意見嗎？」這是匡補技巧，必要時亦可由教師補充說明。當學生提出「不躺著看書」、「注意燈光亮度」……等意見後，老師追問：「為什麼它與近視有關？」這是探究技巧。匡補探究技巧可以擴展學生知識的廣度和深度。

4.歸納答案

教師對學生的答案應做歸納或總結是重要的事。學生所提意見或作答內容，有對有錯，良莠不齊，總結時不妨只歸納出正確的、可接受的部分，其餘可略而不提。

總結而言，發問技巧始於問題的編製，中經提問及候答技巧，而完成於理答歷程，力求體系完整，應用有序，構成整體教學計畫重要活動之一。

第三節　常見的教師發問技巧缺失

文獻中最早對教師發問技巧提出討論者首推裴濟（D. L. Page），他於 1847 年出版的《教學理論與實施》（*Theory and Practice of Teaching*）一書中指出，當時的教師錯用或未能善用發問技巧現象普遍，亟須改進。至於對教師發問技巧，從事科學性研究者，則以 1912 年史帝文斯（R. Stevens）所提出的報告為最早。他觀察或錄音分析一百名中學教師在教學中的語言行為共計四年，內容包括語言時間所占比率、發問次數與速率、問題類別等項目。

1950 年代以後，一因科技的進步，視聽器材改良，使得教學行為之觀察更為精確方便；二因認知能力分類的提出，如布隆及基爾福之理論，促進了教學與思考關係之研究；三因弗蘭德（N. A. Flanders）對教室內師生交互作用行為觀察技術的貢獻，有關教師發問技巧之探討，日益受到重視與增加（Gallagher, 1965）。布勞塞（Blosser, 1980）自 1960 年代後期起，有系統地蒐集有關發問技巧的研究報告，包括碩士、博士論文及其他研究，發現至 1980 年為止，發問方面的研究為數不少：有學生發問方面的研究，有考試題目方面的研究，也有教科書所附問題的研究，而以教師口頭發問的研究為數最多。

教師在課堂實際教學中，其發問次數的頻繁度，所問問題的分布情形以及等待學生回答的態度等，均為發問技巧研究領域中所重視的要素。

前述史帝文斯的研究發現：每位教師每天發問三百九十五次，平均每分鐘二次；每天用去教學時間的 64% 於交談，其中發問時間占去 80%；發問內容則有三分之二係屬於記憶性質，可由課本資料中直接記憶而予回答。史帝文斯曾感慨地說：

　　某位教師以每分鐘二至三個問題的速率提問學生並不稀奇，但觀察分析一百多個不同班級都呈現類似狀況，則值得關注；教師在歷史科教學中徒重講述尚可原諒，但自然科、數學科及語文科教學也都如出一轍，則頗值檢討與重視。（Stevens, 1912: 16）

　　山田（Yamada, 1912）的研究也發現，教師發問過於頻繁，上課時間約有三分之二用於教師問、學生答的語言行為。他認為過於機械式的發問技巧，容易造成學生猜答，或做粗淺、不合邏輯的反應；快速與過多的發問，反足以妨礙學生衡情酌理、慎思明辨能力的發展，並剝奪學生所需要的輔導。米勒（Miller, 1922）觀察分析一百名實習教師的發問技巧後指出，在班級教學狀況下，思考性問題在問與答之間速度過快，恐怕只有1%的上智學生才能回答。但大部分教師卻期望在問後十秒鐘內獲得滿意回答，否則便顯出不耐煩的態度──或重述問題，或做無意義的贅言，或另外指名回答，或逕由自己代替，殊不知學生需要時間思考並組織其答案，而後才能有效反應。

　　1935年，海恩斯（H. C. Haynes）觀察小學六年級歷史科教學情形，發現有77%的問題屬於記憶性質；需加思考才能回答之問題，只占17%（Gall, 1970）。弗萊德（Floyd, 1961）調查研究三十班小學教學情形，結果發現：每位教師平均一天發問三百四十八次，有些教師每分鐘發問高達3.5次；問題中能激發學生思考者占5%，屬於記憶性質者占45%。

　　葛拉格及威廉斯（J. J. Gallagher & J. Williams）觀察初、高中資優學生十二班，社會、自然和語文等科師生間語言行為，每班五節課，結果發現：第一、教師發問半數以上屬於記憶性質，創造性及批判性問題最少，有些班級甚至全無；第二、教師發問的內容型態與學生反應的思考型態密切相關，即教師提出記憶性問題，則學生趨於做記憶性的反應（Gallagher, 1966）。1966年，莫爾（Moyer, 1966）分析2,500個問題後指出，自然科教師所問問題很少能夠激發學生批判性思考，屬於「What」類別的問題占46%，屬「Why」與「How」類別者共占46%，而且發問過於頻繁，平均每分鐘二次。關於閱

讀教學的教師發問行為，古札克（Guszak, 1967a, 1967b）調查美國德州小學二、四、六年級各四班的教學情形，每班為期三天，發現教師發問內容有56.9%屬記憶性質，13.5%為認知性質，二者合為70.4%；批判性問題（即評鑑問題）占15.3%，解析性問題占7.2%，創造性問題占7.1%。何克（Hoetker, 1968）調查九班初中英語科教學，統計結果顯示：教師發問次數頻仍，有些班級每分鐘高達10.7次，而問題內容有88%是記憶性質。

伯格（Borg, 1969）曾從事多次研究，歸納研究結果指出：每節課中約有71%時間用於教師語言行為；發問內容有53%屬記憶性，思考性者只占7%；發問後等待回答的時間長度，平均為1.93秒。格勒（Gall, 1970）歸納有關研究結果，認為半世紀以來教師發問技巧並無實質進步，約有60%屬於記憶性問題，20%為須加思考之問題，20%係常規管理性問題。

何林屋（Hollingsworth, 1982）指出，教師們常犯重述問題，自問自答，及重述學生答案等毛病，而減損了發問的功效。

至於我國的情形，過去缺乏客觀的研究報告，迨至1982年10月，筆者首次以台北市二十四位國小教師為對象，國語科教學為焦點，從事調查了解（張玉成，1984）。

調查統計結果顯示情況並不良好，以下分別說明之。

 ## 一、發問次數與內容類別方面

就發問次數與問題內容之性質而言，依據調查結果顯示：

1. 國小三年級教師教學國語一課的發問次數，平均為117.83次；若以教學一課需時3.67節課計，則平均每節課發問32.11次；每節上課四十分鐘計，平均每分鐘發問0.8次。

2. 教師發問內容以認知記憶性為數最多，常規性次之，其他依序為推理性、創造性，而以批判性問題最少。若將與教材內容無關之常規性問題除外，則認知記憶性問題占88.57%，推理性占4.83%，創造性占4.37%，批判性問題占2.23%，各類別間次數分配有顯著差異。

3. 教師發問實施情形，彼此間有很大差異。先就發問總數而言，最多高達二百六十次，最低為五十四次，全距達二百零六次。次就認知記憶性發問次數而言，最高達一百三十六次，最低為三十四次，全距一百零二次；然就批判性及創造性問題而言，二十四位教師之發問次數普遍偏低，全距分別降為五及九次，彼此差異縮小。

二、候答技巧方面

有關候答技巧，分從候答時間及重述問題兩方面分析。二十四位接受調查教師的候答時間平均僅為 1.74 秒，即教師在發問之後，至再度講話或指名學生回答這段期間，平均不到兩秒鐘。因之，學生推敲思索機會很受限制。二十四位教師中候答時間最長者平均為 3.65 秒，最短者僅 1.17 秒。

再就重述問題的次數而言，每位教師在教學一課全部過程中，發問之後未待學生回答，旋即重述問題的次數，平均 4.33 次，情況不算太差，惟仍可改進減少。

三、理答技巧方面

在理答技巧方面，本調查就下列三項加以分析：

1.補充說明之次數

學生針對問題提出回答之後，教師或同學予以補充說明的次數，教學一課平均 4.67 次。二十四位教師中，出現次數最多者為十六次，最少者僅一次而已。

2.讚賞次數

學生作答之後，教師給予鼓勵或讚賞的次數，依據統計結果顯示，平均每教學一課共計 10.83 次。二十四位調查對象中，讚賞次數最多者為三十九次，最低者僅四次而已。

3.批評責難次數

發問之後，因學生未能提出適切答案，教師予以批評責難的次數，教學一課平均出現七次。二十四位教師中，批評責難次數最高者達二十次，最低者二次。

四、教師年資與發問技巧之相關

教師發問技巧之好壞與教學年資長短是否有關，本研究做了進一步分析。首先就發問總次數與教學年資之相關而言，統計結果如表 3-2 所示。

▌表 3-2 教學年資與發問題目類別次數之相關係數

	認知記憶性	推理性	創造性	批判性	常規性	總次數
教學年資	−.13	.15	.0	−.06	.16	.004

由表 3-2 可知，各項相關均低，未達顯著水準。換言之，教師在教學過程中發問次數的多寡，與其教學年資長短並無直接關聯；同時，所問問題分屬於記憶性、推理性、創造性、批判性或常規性的次數，也與年資長短沒有一定的關係。

至於候答、理答技巧與教學年資之相關，其係數則如表 3-3 所示。

▌表 3-3 教學年資與候答理答技巧之相關係數

	重述問題	候答時間	補充說明	讚賞	批評責難
教學年資	.02	.0002	−.07	.04	.05

觀察表 3-3 的資料發現：所列各項技巧與年資間之相關係數很低，未達顯著水準。由此推知，目前國小教師之發問技巧，如重述問題的次數、候答時間長短、補充說明次數、讚賞學生次數及批評責難學生次數等，均與教師教

學年資無關。總之，年資高低並不足以表示其發問技巧之良莠優劣。

　　綜上所述可知，無論是我國或外國研究資料均顯示，一般教師的發問技巧未臻理想，主要缺失包括：問題內容偏重認知記憶性、候答時間過短、重述問題、喜於對學生做消極性批評、參與發問人數不夠普遍等。如何加強改進，允為日後師資培育工作應予重視的一環。

第四節　蘇格拉底式的發問技巧

　　蘇格拉底善用發問技巧，以導引學生發現問題、界定問題、思考並解決問題。他指出人傾向於自以為是，先入為主。因此，除非讓他墜入五里霧中，陷入迷惑狀況，否則不易對自己的知識做進一步探究。所以先使人心生懷疑、不確定、迷惘或困惑等心境，乃是引起探究行為的動力。同時他相信，對立或不同意見的比照，是澄清觀念、樹立信仰的重要步驟。基於上述論點，蘇格拉底不但運用發問以刺激學生回憶，並且進而引起學生運用思考。其用以激發學生思考的程序，概分為四個步驟：第一、利用發問促使學生形成初步的假定；第二、導引他對自己的假定產生懷疑；第三、促使他承認自己並不了解自己的假定是對還是錯；第四、導引他建立一個正確的假定。以下節錄一段蘇格拉底示範給梅諾（Meno）看的問話，以供參考。

S：你知道圖一叫作正方形嗎？

B：是的。

S：正方形四邊等長，沒錯罷？

B：當然。

S：那麼，圖二所示正方形對邊所畫垂直線相同
　　嗎？

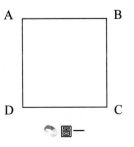

🍃 圖一

101

B：是的。

S：正方形面積可大可小嗎？

B：當然。

S：假如圖一的AB邊長2公分，AD邊長2公分，那麼面積多少？舉例說吧：假如 AB 是 2 公分，AD是1公分，則其面積應為2平方公分，對不對？

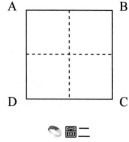

◎ 圖二

B：是的。

S：那麼兩邊都是2公分時，其面積應是2的兩倍嘍？

B：是的。

S：那麼這個正方形面積是2公分的平方？

B：是的。

S：計算清楚後，告訴我答案。

B：先生，是4平方公分。

S：那麼，我們可以求出與圖一類似但面積二倍的正方形嗎？

B：可以。

S：面積應為多少？

B：8平方公分。

S：好！那麼這個8平方公分面積的正方形邊長應多少？

B：清楚得很，原邊長之兩倍，即4公分。

S：梅諾，他可真理解了嗎？

M：不。

S：下面請看我怎樣使他觀念清楚。（轉向學生）你能確定地說欲使面積加一倍則邊長加倍就是嗎？請記住，我所指的圖形是正方形。

B：是的。

S：那麼四邊等長的正方形，其面積會是8平方公分嗎？

B：是的。

S：現在讓我們看看圖三，它的面積是 8 平
　　方公分，你不反對罷？

B：是的。

S：仔細看看。大正方形內包含四個小正方
　　形，那四個小正方形的面積與圖一相
　　同，面積是 4 平方公分，是不是？

B：是啊！

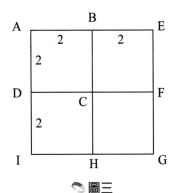

◯ 圖三

S：總面積是不是應為 4×4 啊？

B：當然。

S：那麼，四倍與二倍一樣嗎？

B：哦，不一樣。

S：應是多少呢？

B：四倍呀！

S：所以說，邊長加一倍，其面積增四倍而不是二倍啊！

B：是的！

S：4×4 = 16 是不是？

B：是。

S：那麼，面積 8 平方公分的正方形其邊長應為多少？是不是長於 AB，
　　但短於 AE 呢？

B：是的。

S：很好，那該是多少？

B：3 公分。

S：看圖，AB 加長 1 公分為 AJ，AD 加長 1 公分為 AL，AJ、AL 各長 3
　　公分，因此構成你所說的 8 平方公分面積是不是？

B：是的。

S：這個新正方形兩鄰邊各長 3 公分，其面積不是 3×3 嗎？

B：是的。

S：那麼，面積應為多少？

B：9 平方公分。

S：是我們所要求的面積嗎？

B：不是。

S：那麼，再想一想，8 平方公分面積的邊長應為多少？

……

S：圖三中 AEGI 是 ABCD 的幾倍還記得嗎？

B：四倍。

S：但我們只要原正方形 ABCD 的二倍對嗎？

B：是的。

S：看，每個小正方形的對角線是不是等分了其面積？

B：是的（如圖四）。

S：四條對角線不是構成另一正方形嗎（BFHD）嗎？

B：是的。

S：想想，BFHD 的面積是多少？

B：我不了解。

S：對角線不是等分了原正方形嗎？

B：是啊！

S：四條對角線圍成了幾個三角形？

B：四個。

S：ABCD 內分成幾個三角形？

B：兩個。

S：四是二的幾倍？

B：兩倍。

S：換句話說 BFHD 是 ABCD 的幾倍？

B：兩倍。

S：那麼 BFHD 的面積應為多少？

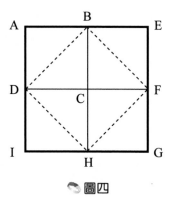

圖四

　　Ｂ：8 平方公分。

　　……

　　由以上的對話內容不難知道，利用發問可以導引學生思考，不過其歷程非但須講求技巧，而且需要耐性，逐步漸進。善用發問技巧，可以輔助學生成為一個優秀的學習者（learner），同時更進一步成為傑出的思考者（thinker）。為人師者，能不重視？

　　有關蘇格拉底式的發問技巧，保羅和賓果（Paul & Binker, 1990）二人曾發表專文做進一步介紹，茲摘述其要點如下以供參考。

　　蘇格拉底式的發問，強調教師宜對學生所言所想認真考慮並加以推敲。譬如了解他們的真意、內容的重要性、如何加以測試、多少真實性和可行性等。藉著對學生言談和思考內容的考慮和推敲，教師進而可以提出探究的問題，經由師生互動，發生潛移默化功能，從而培養學生尊重他人意見或信仰的態度。

　　蘇氏發問法有個基本理念，即所有思考均具邏輯或結構，而任何個人所陳述的意見內容僅只披露思考邏輯或結構的皮毛而已。蘇氏發問技巧旨在披露、呈現一個人思考的邏輯或結構。

　　蘇氏發問可由學生提出，亦可由教師提出，可用之於大團體的討論，也可用於小團體的討論，甚而一對一對談，或自我問答也無不可。無論哪種形式，其目的卻無二致，即在透過激發性、探究性的發問，以拓展個人的思想觀念。

　　發問者貴能探索被問者的想法或看法，進而想像如果接受它會是什麼感受；又如果接受他種看法又會是什麼樣子。舉例而言，假如有位學生說：人是自私的。老師便可趁機發問以澄清學生想法：請進一步說明自私的意義好嗎？你可否舉出一些事例？社會上有些人當義工、捐錢送物濟助他人，你認為是行善呢？還是自私呢？哪些行為你才認為是不自私？不自私的人是怎麼樣的人呢？

　　蘇氏發問或討論法的進行，是有一定的目標和歷程作為依循。概括而言，

其進行旨在引導學生的思考，由混濁→清晰、由不合理→合理、由陰晦→彰顯、由馬虎→嚴謹、由矛盾→貫達。

一、蘇氏發（詰）問或討論方式的三類別

（一）隨機主動性的發問

教師保持高度好奇，主動詢問學生所言、所思之真意內涵，並與之共同探究事情的真相，例如學生說：「美國比中國民主。」那麼，老師可發問澄清：「什麼是民主？美國人享有哪些中國人沒有的民主？」

藉著這些發問，可助學生釐清觀念，養成自我校正（self-correcting）的習慣。

討論、發問過程中，教師須扮演導引、輔正的角色，因此一些探究匡補性的發問必不可少，例如：當學生發言偏離主題時，教師不妨提問：

「請問你剛才的發言內容與我們討論的主題，兩者間的關係在哪裡？」或
「我不明白你剛才發言內容與討論主題的關聯，能否請說明清楚？」或
「你怎麼會有這種想法呢？」

又如學生發言內容曖昧不明、不著邊際，令人懷疑其觀點信念有任何效果時，教師不妨把握機會提問：

「你將如何把你剛才說的理念落實到行為上呢？」或
「你這樣認為，那麼你將如何作為呢？」或
「其他同學有沒有不同的想法或看法？」

（二）探索性的發問

探索性（exploratory）發問旨在協助教師了解學生所想、所知，進而旁敲側擊，由點而面，更進一步全盤認識學生的現況。包括價值觀念、優缺點、先入為主之偏見、仍不清楚了解之處等。

此類型的蘇氏發問，往往引發和揭開廣泛問題和概念的內在關係之探討。因此，事先常需一些準備，預做結構性的安排和計畫。

下列是一些屬於探索性的發問題目：

「什麼是對、錯？為什麼要行善？什麼樣才是好人？」

「生物和無生物有何異同？人類和動物有何異同？」

（三）特定主題性的發問

本類型以特定領域或具體問題為焦點，做深入的分析、了解、釐清或評鑑，以使明白何者為已知，何者為未知；何者有關，何者無關；俾能對事物或事情能綜觀全局，把握全貌，以利統整運作，發揮效能。

特定主題性發問需要比較充足的先備知識，以及妥善的準備或計畫。

蘇格拉底式討論，以四個主要層面的思考內涵為探討焦點。如圖 3-1 所示。

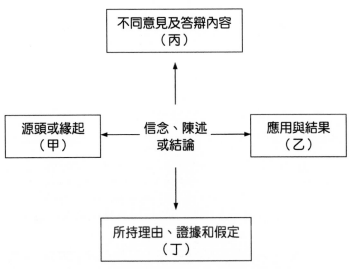

🍂 圖 3-1　蘇格拉底式發問、討論之內涵結構

甲問：你怎麼會這麼想？

乙問：(1)你應用它了嗎？

　　　(2)假如它是真（對），那麼還有些什麼必定是真？

　　　(3)我們如何能把它付諸行動？

　　　(4)假如你依據它去做，會有什麼後果？

丙問：(1)有人提出不同於你的看法，你要怎麼辯解？

　　　(2)那些持不同看法的人對你的說詞會有什麼辯解？

　　　(3)別人還有不同的意見嗎？

　　　(4)你何以認為自己的看法是比較可取？

丁問：(1)你何以知道？

　　　(2)你的假定是什麼？這個假定正確可取嗎？

　　　(3)你有何證據支持？你如何知道你的證據是真實呢？

　　　(4)你對這個問題有何看法？為什麼？

應用上述三類發問或討論方式時，建議：

❖ 選取一個比較廣雜的探索性問題，以便學生剖析出問題的部分，並從
　 中選取所要研究的主題；進而採取特定主題式的討論，從事深入詳細
　 的分析、探討。

❖ 討論進行可安排全班三分之一同學圍成圓圈，擔任主談工作，其餘同
　 學則坐在外圍觀察他們討論並做筆記，事後進行討論前三分之一同學
　 討論的優缺點。

❖ 規定學生每人選取討論中所提過而自己感興趣的主題作為題目，撰寫
　 一篇書面報告。

❖ 指定記錄負責整理討論結果，適時提出向全班報告，並允許同學發言
　 補充、修正。

二、蘇格拉底式發問題目的類別

（一）澄清性題目（Questions of clarification）

例子有：

❖ 你說「　　」是指何而言？

❖ 你的主要意見是什麼？

❖ 甲和乙有何關係？

❖ 可否請用另種方法說明？

❖ 你認為最主要的問題是什麼？

❖ 你是說……或……嗎？

❖ 你說這些跟我們討論的主題有何關聯？

❖ 你認為張三那句話的意思是指什麼？

❖ 你可否摘述一下張三的主張或意見？

❖ 你能舉個例嗎？

❖ 你能進一步說明嗎？

❖ 你為何如此說？

（二）探究假定的題目

例子有：

❖ 李四怎麼認為？

❖ 你怎麼認為？

❖ 我們可以有不同的假定嗎？

❖ 你似乎假定……，是嗎？為何如此想法？

❖ 你推理的基本想法是：他是個壞人。你為什麼會這樣認為呢？

❖ 何以有人會有這種假定想法？

（三）說理求證性的題目

❖ 有什麼事證例子嗎？

❖ 你為何認為那是真的？

❖ 這樣做有何不同嗎？

❖ 我們需要（缺少）哪些資訊？

❖ 可否請說明理由或原因？

❖ 這些理由妥適嗎？

❖ 這個（些）證據有無可疑之處？

❖ 假如有人這麼說：……，那麼，你要怎麼回應？

❖ 有無其他證據？

❖ 你根據些什麼理由、事證歸納出這個結論？

❖ 我們如何能明白那是真是假？

❖ 你何以知道？

❖ 你有事實證據嗎？

❖ 你說這些話的理由依據何在？

❖ 你為何如此說？

❖ 你怎會有此信念呢？

❖ 那是可信賴的證據嗎？

（四）釐清觀點、立場的題目

❖ 你的意見似乎從（甲）的立場看，你為何採此觀點？

❖ 你認為採（乙）或（丙）立場的人會有什麼反應或看法嗎？

❖ 你將如何回應（乙）或（丙）的觀點或意見？

❖ 你可曾想過不贊同的人會怎麼表示異議？

❖ 有無他種看法或替代方案？

❖ 甲和乙二人的意見有何異同？

（五）探究應用與結果的題目

❖ 你如何應用它？

❖ 當你說「教育萬能」時，是否意指「遺傳不重要」呢？

❖ 假如甲狀況發生，有哪些結果會連帶造成？

❖ 它可能造成什麼後果？

❖ 它一定會發生，還是可能會發生？

❖ 有無其他可能？

❖ 假如甲和乙是如此，那麼還有什麼也必如此？

❖ 假如我們認為「殺雞」是不仁，那麼「殺豬」呢？

（六）問題本身的題目

❖ 這個問題暗示存在著什麼狀況？

❖ 你可改用不同方式呈現這個題目嗎？

❖ 你能把這個題目剖析成不同子題嗎？

❖ 他人可能會怎樣處理這個問題？

❖ 題目清楚嗎？我們真正明白它的意思嗎？

❖ 這個問題容易回答嗎？為什麼？

❖ 這個題目是要我們去對某事物進行評鑑嗎？

❖ 大家同意這是一個值得推敲的問題嗎？

❖ 為何認為這是一個重要問題？

❖ 欲回答這個問題前，首先須回答什麼問題？

三、從事蘇格拉底式發問的參考要領

❖ 提出基本問題。

❖ 探究問題或事物深層內容。

❖ 追尋思想中有問題的部分。

❖ 幫助學生發現自己思想中的結構。

❖ 增進學生敏於感知正確性、相關性和清晰度能力。

❖ 協助學生經由自己的推理思考去從事判斷。

❖ 提高學生對下列思考要素的掌握：訴求、證據、結論、現存問題、假
   定、應用、結果、概念、觀點等。

下列是一段課堂上的問答對話，可供參考：

教　師：這節是生物課，生物課是一門什麼性質的課？你們能說出生物
　　　　課的主要內容嗎？請想想看。

學生甲：那是一種科學。

教　師：什麼是科學？

學生甲：要我回答嗎？科學強調精確，常要做實驗、測量事物和評鑑事
　　　　物。

教　師：生物外，科學還包含哪些學科？

學生乙：例如化學和物理學。

教　師：還有嗎？

學生丙：植物學和數學。

教　師：很好！數學跟其他學科有些不同，是嗎？請問數學和生物學、
　　　　化學、物理學和植物學等有何不同？

學生丙：數學不必做實驗。

教　師：為什麼？

學生丙：我想是因為「數學」有不同性質。

教　師：是的！數學和其他數學知識是有別於化學、物理學和生物學的
　　　　內容。你們可以請教數學老師或閱讀參考書去了解，數字到底
　　　　有何特質。現在讓我們留意一個新名詞──生命科學。為何生
　　　　物學和植物學被稱作生命科學？

學生丁：因為二者均在研究生物。

　　改善教師發問技巧可以提升學生思考能力，筆者曾有兩次的教學實驗予以證實。第一次於 1982 年，以台北市的師院附屬實驗小學三年級學生為對象，實施創造性思考發問教學，經過四個月的期間，發現實驗組學生在創造思考測驗之表現，無論流暢力、變通力或獨創力，均優於控制組。

　　第二次的教學實驗，係於 1991 年 2 月以國立台北師範學院附屬實驗小學四年級學生為對象，實施批判性思考發問教學，經過四個月的實驗，結果發現實驗組學生在批判思考測驗上之得分，高於控制組。

　　總之，教師善用發問可以有效促進學生思考，並在潛移默化當中，使學生學會動腦思考，進而具備提出良好問題的能力。

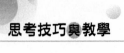

Chapter 4

常用的思考
啟發教學方法

　　思考技巧教學的實施方法，常須斟酌國情、學校環境以及教學現況而考慮選定之。現階段我國中、小學，上課須依部訂課程綱要，選用審定課本，全校統一進度，仍覺缺乏彈性，處於這種情形之下，筆者提出兩個實施方針如下：

1. 內主外輔方針：所謂內主，係指教學時以部訂課程綱要、審定教科書為基本，配合進度和教材內容，在過程中伺機應用技巧和策略，相機實施思考教學。所謂外輔，則指在正課（內主）教學之外，酌情融入一些思考技巧的教材或活動設計，以增進、拓展學生思考的領域與靈機。

2. 多元併用方針：意味教學方法或技術各具特色與功能，思考技巧的促進，不宜拘泥於任何一種；而須配合實際狀況靈巧兼施，交相為用，以收相輔相成之效。

　　「內主外輔」和「多元併用」方針的貫徹，有賴教師巧施教學技術和方法，其中比較普遍可行者，有發問技巧、五段教學法、問思教學法、價值澄清教學法、問題解決教學策略等。

有關教師發問技巧之內涵，已於前章介紹。至於後四者之內容，則於本章分四節探討。

第一節 五段教學法

國人討論教學方法時，喜採二分法，將注入式教學和啟發式教學捉對比較。

注入式教學被視為傳統方法，偏重灌輸、填鴨的過程，教學時師生互動狀況，要如（徐珍，1974：42-45）：

教師講──學生聽　　教師做──學生看

教師寫──學生抄　　教師出題──學生作答

啟發式教學被看作是革新的教學方法，教學時師生的互動，不再是師講生聽、師問生答截然劃分的狀況，而改變為師生雙方可以相互交流互動，並且強調教學須配合學生能力、經驗、興趣和思考啟發的重要性，冀能引發學生積極主動的學習。

啟發式教學方法並非現代才有，早在西元前中國的孔子和希臘的蘇格拉底即已應用。孔子教育弟子重視因材施教、循循善誘，強調學思並重，曾說：「不憤不啟，不悱不發。」可見其教法講求導引作用。蘇格拉底式的產婆法或詰問法，也相當具有啟發性。

然而，將啟發式教學的步驟，有系統、有條理的列舉提出，則遲至西元1800年左右由赫爾巴特（G. F. Herbart, 1776-1841）完成。

赫氏是德國人，強調類化原則在教學上的重要。他反對學生呆板地背誦記憶一些零碎的事實知識。他提出一般知識教學的主要步驟有如下四個（方炳林，1976：83-86；林朝鳳，1988：136-139）：

1.明瞭：即呈現教材，使學生明確了解教材內容，屬於吸收的歷程。

2. 聯合：又稱結合，即協助學生把教材和舊經驗發生連結，俾便吸收、消化。本階段教師須喚起學生相關的既有經驗或知識，增強聯想、歸類的認知功能，以作為學習新教材的類化基礎。

3. 系統：旨在協助學生掌握新、舊教材與經驗間關係後，進一步統合建立知識架構或體系，或歸結出原則或概念。

4. 方法：或稱思索，意指使獲得的知識、系統架構或概念，經由思索而加以應用或產生遷移作用。

上述赫爾巴特的階段教學歷程，稱為四段教學法。後經萊比錫大學教授戚勒（T. Ziller, 1817-1883）將第一階段「明瞭」分成分析和綜合兩歷程，併同原有的其餘三步驟，構成五段教學歷程。嗣後戚勒的弟子雷恩（W. Rein, 1847-1929）將名詞修正，成為聞名的五段教學法。其步驟是：

1. 預備（preparation）：旨在引起學生學習的動機並決定教學目的。老師一方面須能引發學生心理上有解決問題或學習新知的意念，一方面貴能喚起舊經驗，為產生類化作用預做準備。

2. 提示（presentation）：即在學生有了學習的先備條件後，教師趁勢呈現或提示所欲教學的教材或事物，所用媒介包括口語、文字、實物及其他視聽教具。

3. 比較與引出概念（comparison and abstraction）：又稱聯合，是指把前兩個步驟所引介的舊經驗和新教材並聯探討，比較其異同，發現其關係，使有系統的了解；並由易而難，由簡而繁，使觀念逐漸抽象化。比較的進行，可用口述、討論、問答、板書、圖示等方法。

4. 總括（generalization）：重點在引導學生將比較結果做有系統的整理、安排，使成為有系統的概念和原則，有人稱之為「統念」。

5. 應用（application）：即應用習得的新知識於日常生活、問題解決，或新學習的歷程中，藉此可以熟練所習，並驗證新知。

五段教學法階段清楚，歷程有助於提供學生思考機會，確實比注入式教學較具啟發功效。然而，本法仍以教師為活動主角，固定教材為主要內容，依舊偏重教師「如何教」，仍未注意到教學生「如何自動地學」，是為美中

不足之處。

第二節 問思教學法

問思教學法，有人稱之為探究教學法，其英文原名為 inquiry（或寫為 en-quiry）、inquiry method 或 inquiry teaching。本教學方法，強調教師要思考、提問；學生也須思考、探索，相當具有思考啟發功能。

 ## 一、理論基礎

問思教學法融合了下列主要教育理念（陳青青，1990；歐用生，1991）：

1. 教師須善於發問以啟發學生思考：承襲蘇格拉底的產婆式發問技巧，強調為師者須有計畫的提出問題，層層詰問，導引學生去發現事實，領悟理念。

2. 學習要重視反省思考和問題解決思考過程之歷練：杜威在《如何思考》一書中，列舉問題解決五大歷程，充分被應用於問思教學法。此五大歷程是(1)問題或困難的認知；(2)認清並界定困難或問題性質；(3)提出解決方案或假設；(4)陳述或推演假設的結果；(5)驗證或修正假設。

3. 強調完形學派心理學「全體統觀」及領悟的學習要領：重視觀察並對學習材料從事統合的了解與認知，進而悟出事物的新理念。

4. 布魯納的教學理念：布魯納（G. S. Bruner）所強調的基本結構、內在動機、發現式學習和重視歷程的教學理念，均被借重融入。

5. 塔巴的先廣後深，歸納思考教學模式：她強調教學宜先充實學生的事實知識（廣度），繼而引向高層認知或思考之習練（深度）。以概念

形成為例，先列舉（listing），進而歸類（grouping），然後給予分類（categorizing）或標識（labeling）。

6. 認知、情意和技能三大目標兼籌並顧的教育信念：表現在教學過程中，有事實的了解、分析和比較，有概念的建立和分類，有通則或假設的提出，有驗證應用、價值判斷和行動的抉擇，更有分組討論和經驗分享等。

7. 畢夏普（J. Bishop）所強調由下而上的教學程序：他提到「資料是學校教學的重心，資料包括事實、概念和通則。事實組成概念，而概念組成通則」，指導學習，由事實了解做起，循序而上。但是教師從事課程或教學活動設計時，卻須反向而行，由通則順勢向下構思推演。茲以圖示如下：

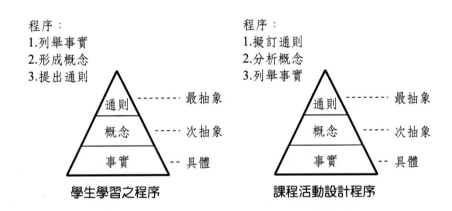

二、教學過程

問思教學法依四個主要步驟進行（陳青青，1990；歐用生，1991），說明如下。

1. 第一步驟：引起動機及概念分析。其過程有：

(1)引起動機。

(2)列舉事實並形成概念。

(3)比較分析，討論分類。

(4)確定分類名稱，建立高層概念。

2. 第二步驟：歸納通則。其過程包括：

(1)蒐集並整理資料。

(2)分析資料以發現概念間關係。

(3)歸納通則以形成假設。

3. 第三步驟：證明及應用。其過程計分：

(1)驗證假設，確立通則。

(2)應用通則以解釋與預測其他事項。

4. 第四步驟：價值判斷及選擇。至此可將通則內化為信念，並且外形於表現。

茲舉例說明如下：

（一）引起動機及概念分析

本步驟主要目標旨在引發學生探討興趣，並趁機建立基本概念和高層概念，以便作為進一步探究的基礎。

1.列舉事實

所謂事實（fact）是指真實而具體存在，且廣被同意的事物。它是構成概念的元素，但不含有價值判斷的成分，例如：

香蕉是一種水果。（事實）

香蕉是很好的水果。（非事實而是意見）

火車是交通工具。（事實）

火車是最安全的交通工具。（非事實而是意見）

列舉事實意指針對教學單元所欲發展的通則，由師生共同呈現實物、圖片、模型、幻燈片等有關的事物，以供兒童觀察認識。例如：「交通工具」這個單元，實施問思教學法的第一個步驟，就是把課前準備蒐集到的圖片、模型，包括陸上、海上、空中的交通工具呈現、列舉出來。

2.形成概念

所謂概念（concept）是指敘述具有共同性質事物（具體和抽象）的名詞，例如：樹、花、草、水果、交通、工具……等都是概念。有的概念較具體、單一，如河流、山脈、湖泊；汽車、牛車、腳踏車等。有的概念較抽象、廣泛，例如：地理特徵、陸地交通工具等。前者稱為基本概念（有人稱為次要概念），後者稱為高層概念（有人稱為主要概念）。

列舉事實之後，順勢提示已有的概念，並建立新的概念，例如：在「我們的房屋」這個單元教學中，師生共同展示、觀察各類房屋圖片之後，便可舉例提出石屋、木屋、茅屋、公寓、三合院……等概念名詞；在「交通工具」教學單元中，師生共同展示、觀賞過各式圖片、模式之後，列舉了飛機、輪船、汽車、電聯車……等基本概念。

3.比較分析，討論分類

本教學歷程重點工作在引導學生，將所列舉出來的事實和概念做比較分析，找出關係而加以歸類。如何分類，可採分組討論或共同討論方式進行，分類的標準宜由學生自己決定，例如：前述有關房屋的單元，可以從形式、建材、高度、新舊式……等加以分類。交通工具單元，可以從陸上、水上、空中交通等加以分類。教師指導分類，應注意：

(1)接受兒童所定的各種類別。

(2)欲加修改，須經學生表決同意。

(3)同一項目可分在不同類別中。

(4)要求兒童說明分類的標準和理由。

4.確定分類名稱，建立高層概念

即將前一步驟所得之分類結果，想出名稱以為標記。這個步驟可以跟前項步驟合併進行，例如：將石屋、木屋、公寓等稱為房屋的形式；將鋼筋、水泥、磚瓦等稱為建材；飛機、汽艇等稱為空中交通工具；汽車、摩托車、火車等稱為陸上交通工具等，俾以建立更廣泛、較抽象的高層概念。指導確定命名時，教師要注意：

(1)接受學生訂定的所有名稱。

(2)未經學生同意，不輕易改變名稱。

(3)每類可以有一個以上的名稱。

(4)要求學生說明定名的理由。

（二）歸納通則

問思教學法第一步驟的重點工作在引起動機，建立概念；第二步驟則以歸納通則為努力目標。本階段強調訓練學生發展分析和歸納的思考能力，先由教師指導學生將蒐集所得資料，去蕪存菁整理出來，再分析、聯想以發現關係，進而歸納提出通則，形成假設。

1.蒐集並整理資料

本過程應是第二次上課，教師輔導學生將第一節課所探討資料及課後繼續蒐集補充的資料，填寫在資料儲備表中，如表 4-1、4-2 所示。

資料儲備表是以前一步驟所訂定的概念名稱為架構擬訂，因此與所欲探究發展的通則、概念和事實相配合。例如：前述「房屋隨著時代和居住環境的不同而改變」的通則中，包含了「居住環境」、「古代房屋」、「現代房屋」、「形式」、「建材」等概念，因此資料儲備表可設計如表 4-1 的形式（歐用生，1991：148）。空格是要兒童填入公寓、石屋、木屋、鋼筋、水泥、磚瓦……等所蒐集到的事實或基本概念。在探究「交通工具隨著時代需要而朝向動力愈大、速度更快方向發展」的通則中，包含了「空中交通」、

「陸地交通」、「水上交通」、「動力」、「速度」等高層概念，其資料儲備表可設計如表 4-2 的形式。空格是要學生填入馬車、牛車、帆船、竹筏、汽艇、滑翔機、螺旋機、噴射機……等所蒐集到的事實或基本概念。

表 4-1　資料儲備表（一）

概念	居住環境	古代的房屋		現代的房屋	
		形式	建材	形式	建材
事實					

表 4-2　資料儲備表（二）

工具特質 / 工具名稱	陸上交通		水上交通		空中交通	
	動力	速度	動力	速度	動力	速度
古代工具						
現代工具						

資料儲備表由各組分別討論後填寫為原則，並可酌情由個人填寫。各組完成後分別提出報告、分享經驗，並在教師指導下相互補充訂正，然後整理出一張全班共同使用的總表，以便下一步驟之應用。

2.分析資料以發現概念間關係

應用前一歷程整理出來的資料表，就上下、左右、前後概念間的關係加以推敲、分析，藉以發展通則。教師的發問技巧，在這個步驟中極為重要，

例如：有關房屋的單元，不妨問：古代的房屋有哪些形式？用哪些建材？現在哪裡可以看到？現代的房屋有哪些形式？用哪些建材？在哪裡可以看到？

古代的房屋和現代的房屋在形式上有哪些相同？有哪些不同？為什麼？在建材上有哪些相同？哪些不同？為什麼？

教師利用這些問題啟發學生思考，整理思維頭緒，探究事物間關係，進而歸納導引出通則。

3.歸納通則以形成假設

資料儲備表所載資料，經過分析、比較、討論之後，便可發現並釐清各事物（含概念）間的關係，最後歸納提出通則，例如：探討過房屋的形式、建材和時代、居住環境的關係後，兒童提出「房屋的形式和建材隨著時代和居住環境之不同而改變」作為通則。又如比較分析過交通工具的動力、速度和時代、使用地方的關係後，兒童可能提出通則如下：「交通工具的動力和速度，隨著時代的進步而愈來愈大、愈快。」

教師引導學生歸納通則的過程中，常須發問以助思考，例如：「你對上面所討論過的內容，包括各概念間的關係，能不能用一句話表達出來？」或問：「請你用一句話將房屋的形式、建材和時代及居住環境間的關係說出來。」

教師輔導學生歸納通則過程中，宜注意：

(1)盡量接受學生所提出的通則。

(2)鼓勵學生多用不同方式提出通則。

(3)兒童無法提出通則時，教師要診斷原因，並斟酌重複某些前列步驟，以助發展出通則。

學生初步歸納出來的通則，仍是主觀而尚未經過驗證的，所以稱作假設。換言之，本過程在歸納通則，亦即在構思假設。

（三）證明及應用

本步驟包含驗證假設和應用通則兩個過程。其主要目的是輔導學生應用演繹方法來證明通則的真確性，並且培養學生學以致用的能力。

1.驗證假設

本過程旨在輔導學生測驗、證明所發展出來的通則，是否能成為一個可被廣泛應用的預測工具，例如：兒童提出「交通工具的動力和速度隨時代進步而愈大、愈快」的通則（即假設），欲加驗證可以採取兩種途徑：一是回顧的驗證，一是前瞻的驗證。前者著重蒐集過去到現在既有的事實資料（交通工具），予以查核；後者藉著對未來發生的事實（新發明）之預測，是否與通則相符合加以考驗。假如從交通工具發展史上比較，及從當今人類交通工具最新發明品質上比較，均顯示動力愈來愈大，速度愈變愈快，則證明了此一通則（假設）的真確性。

2.應用通則

通則（即假設）經過考驗認為真確，即成為事理或道理。因此，如何有效應用或發揮到其他情境中去，成為本教學歷程的主要目標。應用通則的要領，概可分為兩個主要方向：一是學習遷移；二是據以創造發明。問思教學法由事實之了解開始，中經聚焦抽引訂出概念，發展出通則，最後目標希望能把通則應用到其他情境，包括生活的、課業的、工作的方面。除此遷移功能之外，更盼能發揮到創新發明的構思意念當中，以導引並促進研究創造的方向和潛力。

（四）價值判斷及選擇

本步驟重點工作在培養良好態度，建立正確價值體系，進而採取明智的行為表現。然而，良好態度和價值觀念的養成，係源自通則的啟示和整個教

學過程的特質。換言之,問思教學法所強調的嚴謹、客觀的探究歷程,以及由之而產生出來的通則,在在都是我們在生活上、工作上從事價值判斷、行為抉擇的重要參考指標。舉例而言:「父母最近計畫購買屬於自己的第一個房屋,你能提供什麼意見?」「外婆準備下個月從澎湖到我們家來,你會建議她搭乘什麼交通工具?」這些問題均可透過問思教學的探究歷程加以思考,並參酌習得的通則予以考慮,據而提出答案或意見。

總之,本步驟價值判斷和選擇,強調情意態度的培養和認知、思考能力的整體發揮,藉能內化為行為的特質。

三、單元設計範例

茲引介一則教學單元設計,備供參考(陳青青,1990)。

教學活動設計舉隅

教學單元	第四單元第一小單元大禹治水		設 計 者	蘇惠憫
教學年級	五年級		教學時間	一百二十分鐘
教材來源	國小社會課本第九冊		教學日期	

教學研究	1.教材分析	2.學生經驗分析	3.教學重點	4.教學準備
	(略)	(略)	(略)	(略)

	單元目標	行為目標
教學目標	從學習活動中歸納出「發明是為了滿足人們生活的需要」的概念,以達成下列目標: 1. 了解大禹的發明與貢獻。 2. 知道水利發明與工程對人民生活的重要性。	1-1 能說出大禹整治水患的方法。 1-2 能說出大禹蓄水灌溉的方法。 1-3 能說出大禹治水後人民所獲之益處。 1-4 能說出大禹治水的功業與人民生活的關係。 2-1 能說出水庫的建設與生活的關係。

126

教學目標	單元目標	行為目標
	3. 養成對發明應有的態度。	2-2 能說出水庫給人民帶來的益處。 3-1 能感謝前人的發明。 3-2 能善用發明物。 3-3 能建立人人都能發明的信念。

	教　　學　　過　　程			
具體目標	教學活動	教學資源	教學時間	評量方式
	一、引起動機及概念分析 （一）引起動機：以台北市受琳恩颱風侵襲所造成的水患為題，請兒童討論下列問題： 　1. 琳恩颱風侵襲台北市造成了哪些災害？ 　2. 這種災害可以防治嗎？怎樣防治？ 　3. 中國古代也有一位治水的工程師，是誰？ 　　（教師提出所要研討的主題，並板書題目） （二）列舉概念		10分 20分	觀察與問答 觀察與問答
1-1 能說出大禹整治水患的方法 1-2 能說出大禹蓄水灌溉的方法	1. 分組討論下列問題（討論時可請兒童參考課本第一課課文或自行蒐集之資料）： 　(1)大禹用什麼方法治水？結果如何？ 　(2)大禹治水前，人們的生活情形如何？ 　(3)大禹治水後，人們的生活情形如何？ 　(4)大禹治理哪幾條河水？之外又有哪些發明？ 　(5)大禹的其他發明對人們的生活有什麼影響？ 　(6)人們怎樣表現對大禹的崇拜？			

1-3 能說出大禹治水後人民所獲之益處	2. 各組推派代表一人報告結果，其他兒童可做補充，同時教師把報告重點摘要板書。 （三）分類 　1. 教師舉例說明分類的方法。 　2. 依據板書要點請兒童分類，類別相同的做同樣記號。 　3. 說明如此分類的理由。	5 分	觀察與問答
1-4 能說出大禹治水的功業與人民生活的關係	（四）定名 　1. 把區分的類別，賦予一個適當的名稱。 　2. 把賦予的名稱板書或標示。 　　　——第一節完—— 二、歸納通則 （一）整理資料 　1. 揭示資料儲備表，說明須填寫的資料及方法。 　2. 填寫資料儲備表： 　　此項活動可採個別填寫、小組填寫或全班共做，亦可作為家庭作業回家填寫，但最後教師應綜合各組不同的意見，彙整成一份完整的資料儲備表，提供下一步驟分析資料之用。	5 分 10 分	觀察與問答 觀察與問答

發明項目	發明前的生活	發明後生活

1-1 能說出大禹整治水患的方法	（二）資料分析 　1. 請兒童報告表中的各項內容。 　2. 討論： 　　(1)大禹有哪幾項發明？ 　　(2)大禹用什麼方法防治水患？ 　　(3)大禹又用什麼方法蓄水灌溉？ 　　(4)大禹還沒有治水前，人們常遭受哪些災害？	20 分	問答與測驗

1-2 能說出大禹蓄水灌溉的方法 1-3 能說出大禹治水後人民所獲之益處 1-4 能說出大禹治水的功業與人民生活的關係	(5)大禹治水後，人們的生活變得如何？ (6)治水以前和治水以後，人們的生活有什麼顯著的不同？為什麼？ (7)大禹又指導人民種植水稻，人民的生活又有了什麼改變？ (8)大禹制定賦稅制度後，人民的生活又有什麼改變？ (9)大禹還沒有發明這些方法以前，人民的生活情形怎麼樣？ (10)你認為人們比較滿意於發明前的生活情形，還是發明後的生活情形？為什麼？ 　3. 提出假設 　(1)大禹為什麼要從事這些發明？ 　(2)是什麼和大禹的各項發明產生了相互的關係？請你找出互有關係的概念來。 　(3)請你把這些有關係的概念，組成一句話，說說看！ 　　——第二節完——	10分	問答與測驗
2-1 能說出水庫的建設與生活的關係 2-2 能說出水庫給人民帶來的益處	三、證明及應用 　（一）證驗假設 　　1. 李冰父子為什麼要開鑿都江堰？ 　　2. 開了都江堰對人民的生活有什麼影響？ 　　3. 人民的生活獲得改善了嗎？ 　（二）應用通則 　　1. 台灣目前有哪些重要的水利工程？ 　　2. 這些水利工程有什麼好處？ 　　3. 這些建設對人民的生活有什麼影響？ 　　4. 這些建設會不會遇到困難？要如何克服？ 四、價值的判斷及選擇 　（一）你認為大禹治水的精神如何？ 　（二）有沒有其他防治水患的方法？請你說說看。	10分 10分 20分	問答 問答 觀察與問答

3-1 能感謝前人的發明 3-2 能善用發明物 3-3 能建立人人都能發明的信念	（三）你認為發明對人類都是有益的嗎？為什麼？ （四）你要如何利用已有的發明物？ （五）如果你是個發明家，你想發明些什麼？ ——本單元完——			

四、問思教學法的特質

1.綜合應用多種思考技巧，符合整全性教學要求

由蒐集資料起始，中經列舉事實、分類、形成概念、比較、分析、歸納通則、形成假設、驗證假設、應用、預測，直至判斷和選擇等，包羅了思考技巧的主要內容。

2.歸納思考和演繹思考並用

所謂歸納是從一些特定的事實或事例推論出一般的原則（即通則）；演繹是從一般的原則推演到一些特定的事例。問思教學過程首從蒐集、列舉事實開始，繼而形成概念，再導出通則，此即由下而上的（bottom up）歸納方法；通則建立之後，又須加以考驗，其真確性驗證可以成立之後，便要探討如何應用、遷移到其他情境，此即由上而下（top down）的演繹方法。兩種主要推理思考技巧同於一個教學過程中練習、應用，堪稱良好的教學策略。

3.利於培養學生客觀批判的處事態度

　　教學過程中強調依據事實做結論，通則須加驗證，同學要相互交換意見、說明理由、引證資料……等，均有益於客觀態度、科學方法之培養。

4.突破課本為限及教師本位的傳統教學觀念

　　問思教學法要求學生蒐集資料並應用所得通則和思考技巧等，均超越教科書教材範圍。教學活動則強調師生共同參與，教師偏重以輔導者的立場，引發興趣和導引探究；而探究、思考、整理、發表等重點工作，則由學生負責執行。

5.內容目標和過程目標兼重

　　內容目標重視知識的獲得和價值觀念的建立，過程目標強調探究技能的嫻熟和態度的培養。問思教學法強調避免由教師把知識或答案灌輸、遞交給學生，鼓勵由學生在教師指導下，去發現答案、增長知識。問思教學法引領學生思考些什麼（what to think），同時更強調如何思考（how to think）。總之，它揉合了內容目標和過程目標於一爐。

　　問思教學法又稱作探究教學法，頗具啟發思考、演練思考技巧的教學功能，目前漸成為國內社會科教學所倚重的方法，自然科教學也可斟酌採用。

第三節　價值澄清教學法

　　早期台灣實施道德教育，國小有生活與倫理課，國中有公民與道德課之教學，兩者一向偏重課文閱讀，教條傳授活動，採取由上而下、外鑠強制、灌輸填鴨方式進行。然而教學結果並未能讓價值與道德觀念在兒童心中生根、在行為上表現，因而受人質疑，引人詬病。

　　欲圖改進，國內學者如陳英豪、沈六、歐用生等，倡導應用價值澄清（value clarification）理念，推行價值與道德教學方法策略，並進行教學實施研究，獲得具體成果。因之，價值澄清法一詞，在國內中小學教育界頗不陌生，並日漸成為中、小學生活教育、品德教育的主要教學方法。

　　綜觀價值澄清法教學實施過程，頗具啟發、增進思考技能之功效，茲特介紹，以供參考。

一、理論基礎

　　價值澄清教學法，主要擷取了下列理念。

（一）雷斯等人的理念

　　雷斯等人（Raths, Harmin, & Simon, 1966: 27-28, 47）認為，個人的行為、態度、情感或信念要真正成為個人的價值，必須經過一定的歷程。個人價值的形成過程（valuing process），須經下列三個階段、七個步驟（歐用生，1991：191-193；Smith, 1977）。

1.選擇（choosing）

(1)自由選擇——強調兩點：一是自己選擇，不假手他人；二是不受干預下選擇。如同購衣，媽媽買的或指定我去買的，均不合乎自由選擇；但如媽媽鼓勵我自己去做決定或選擇，當較覺得有價值而銘感心坎。

(2)從多種選項中選擇——媽媽煮什麼菜，我就吃什麼，這是沒有選擇。煮兩道菜可以任選一樣，是有選擇但較薄弱；欲求形成個人價值，最好要有多種以上選項供備自由選擇才行。

(3)慎思熟慮之後才做選擇——強調兩點：不做衝動性的選擇和未經考量不選擇。惟當個人對各種選項的利弊得失，經過分析、預測、比較後所做理智的決定，才能成為個人內在的價值。

2.珍視（prizing）

(1)重視和珍惜所做的選擇——例如媽媽給我 100 元買鉛筆盒，自己上街挑了又挑、選了又選，買回一個心愛的鉛筆盒。對它當然要珍惜、愛護，而不輕易弄壞它或改變它。

(2)公開表示自己的選擇——既做選擇，個人便須以它為榮、為樂。因而要能不怕人家知道所做選擇，反須在適當時機向大家表白自己的選擇，亦即表明自己的價值觀念，例如：國人訂婚請吃喜糖，就具有珍惜自己的決定，公開表現珍視自己的選擇之意義。

3.行動（action）

(1)根據自己的選擇採取行動——行過文定之喜，接著就是要履行婚禮之約。這就表示自己的選擇是莊重的、正確的、有信心的。否則，訂了婚而猶豫不決，有些反悔，此即表示價值觀念未能確定。價值感能左右行動，個人認為具有價值的東西，當宜努力實踐，百折不撓，不達目的不干休。

(2)重複踐行——專注、堅持和恆常是價值觀念建立的表現。個人的某種信念、看法、態度或興趣等，若已達價值階段，成為其價值體系的一部分，常會再三的表現在行為上，出現於不同的生活空間與時間，例如：肯定慢跑價值的人，常會有慢跑行為；反之，光說不練或未能持之以恆的人，表示其對慢跑價值觀念尚未有效建立。

　　上述三階段七步驟是價值澄清教學法力圖依循的理念，期使學生有較多的自由選擇，尊重自己的決定，並以此踐行表達信念，有效建立自己的價值觀。

（二）郭耳堡的兩難困境理論

　　郭耳堡（L. Kohlberg）倡用兩難困境（dilemma）以激發認知衝突，達到

促進道德認知發展階段的目標。他強調個人對道德問題的解釋和思考，受其道德認知結構特質之左右。一般而言，認知結構的發展，無論哪一個兒童，或生長在哪一個文化環境下，都具有相當一致的發展階段，即依照下列三個層次六個階段，循序而上（單文經，1988）。

1.層次一：道德成規前期

兒童根據行為後果的苦樂感覺從事道德判斷，並且極端服從權威。本層次分為兩個階段：

(1)階段一：懲罰和服從導向──兒童根據行為結果，而非動機，來判斷行為的好壞、對錯。盡量避免受罰，凡是不受罰挨罵的就是好行為。同時，兒童也盲目信服權威，傾向認為凡有權力的人所作所為都是對的。

(2)階段二：功能相對性導向──兒童以物質條件交換的觀點來衡量人際關係，凡能滿足需要、追求快樂的，便是好的行為，所以又稱為唯樂主義導向。不過，此時已有粗淺的公平意識。

2.層次二：道德成規期

本發展層次的道德認知結構，傾向認為不損害家庭、社會及國家期望的行為便是好的；遵從團體成規，並忠於所隸屬的團體。計分兩個階段：

(1)階段三：人際和諧或乖男巧女導向──本期兒童想努力做個好孩子，傾向認為取悅他人或受別人讚美的行為就是好的。極為順從傳統習俗或成規，並附和大眾意見。判斷是非善惡，開始兼顧行為的動機。

(2)階段四：法律與秩序導向──兒童傾向認為好的行為，就是恪遵法令，服從法定權威和維護社會良好秩序。

3.層次三：道德成規後期

兒童傾向根據比較合理的道德原則，就事論事，而不盲從附和。又分兩階段：

(1)階段五：民約法理導向——尊重人權及社會契約所訂定的民主法典，但不抱殘守缺堅守規條，法規可做合理的應用與修正，一切依循社會契約合法的原則來行事。

(2)階段六：普效性道德原則導向——道德認知依據放諸四海而皆準的信念，例如正義、恕道、注重個人尊嚴等原則行事。不墨守道德誡條，而運用嚴謹的邏輯思考、良心的自律，以建立適切的道德原則。

郭耳堡強調學校最主要的功能，就是在促進兒童道德階段的發展，以分析、解釋社會現象和問題，並做有效的決定。故而促進道德認知發展的最佳方法，就是應用兩難困境教材進行討論。

兩難困境教材旨在引起認知衝突，使兒童經驗到解決問題的困境，而引發認知失衡現象，以刺激其向較高一層認知階段發展，求取平衡。兩難困境教材通常以故事題材呈現，茲舉二例如下：

1.兩難困境故事一

清平同學家庭貧窮，但是他好學不倦，對自然科特別有興趣，長久以來，一直希望能夠有錢買一套小科學家百科全書。一天，他在回家途中撿到 1,000 元鈔票，喜出望外，心想這是天賜良機助他買書。可是稍後想起師長常說要拾金不昧的話，忽又有一股義氣想將千元大鈔送交老師處理。

拾到千元，究竟應用來買書，或是送老師處理好呢？這困擾著清平。

2.兩難困境故事二

小惠和小倩是好朋友，一天她們同去購物中心逛街。小倩發現一個很可愛的小錢包，但是沒有足夠的錢買它，於是趁機拿了就離開。店員發現時，小倩已跑遠，沒有被逮到。可是，店員知道小惠跟小倩是一夥的，於是留住小惠，要她說出偷東西的小女孩是誰？住哪裡？讀哪個學校？此時，小惠左右為難，究竟應承認彼此認識並說出小倩的身分，還是要說假話表示不知道以保護小倩呢？

兩難困境教材之討論，有效地提供比較、分析和批判思考技巧習練的機會。

（三）卡索尼的價值分析法教學模式（歐用生，1990）

價值分析法（value analysis approach）又稱為理性分析法（rational analysis approach），強調利用邏輯思考和科學方法以決定價值問題，要求個人應為其價值立場提出合理的解釋和證據。

卡索尼（T. Kaltsounis）是社會科教學方法之專家，他認為發展兒童做決定及解決問題的能力，應為社會科重要教學目標。人的一生可以說是在不斷的做決定過程中度過，而做決定與選擇概可分成兩類：一為不具爭執性的決定，一為爭執性的決定，前者為瑣碎的，有固定答案和方向的問題，靠知識經驗就能解決；後者如升學、就業、婚姻等較複雜問題，僅賴知識經驗是不夠的，須靠知識和價值判斷的交互作用才能解決。茲將做決定或選擇的類型簡化如圖 4-1。

卡索尼倡導價值分析性教學模式，旨在透過對爭論性問題的探討，依循系列程序，應用多種思考技巧，最後做成決定、採取行動，以達到問題解決、個人價值觀念得以澄清與建立的目標。其過程如下：

1. 提出問題。
2. 蒐集並討論有關的資料和價值觀點。
3. 討論並評估所有可能解決問題的方法。
4. 從正反兩方面檢討每一個解決方式可能產生的後果。
5. 使學生有機會從各種可能的解決方案中做選擇，並證明其選擇為正確。
6. 準備行動。
7. 付諸行動。

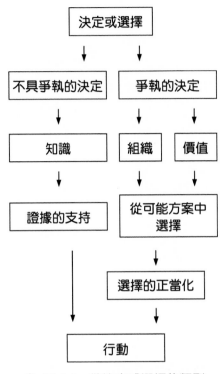

◗ 圖 4-1　做決定或選擇的類型

二、教學過程

　　價值澄清教學法之主要功能，在協助兒童察覺自己和他人的價值觀念或想法，經比較分析後，從而建立更健全的自我價值體系。為達此目的，在教學過程中，就必須提供兒童機會以表達自己的觀念、想法或價值觀，同時又要有機會去了解、參考他人的觀念、想法或價值觀，最後統整歸結出新的價值體系。

　　國立新竹教育大學前身省立新竹師專，於 1985 年發表國民小學價值教學實驗研究報告，提出價值澄清教學過程如下（歐用生，1991：204-205）：

　　1.引起動機。

2. 呈現教材或概覽課文。

3. 價值澄清活動。

4. 角色扮演。

5. 兩難式困境的討論（討論活動）。

6. 反省與實踐。

　　茲以「生活與倫理」科五年級上下學期「合作」、「知恥」德目的教學單元為例，將其活動設計舉例如後（黃讚坤，1989；黃建一，1991：11-13）。

例一：國小生活與倫理科價值教學單元活動設計

教學年級	五年級		教學單元	合作——同心報國
教學來源	國民小學「生活與倫理」第三冊（早期國定本）		教學時間	八十分鐘分為兩節
設 計 者	陳茂森		審 稿 者	黃讚坤
單元目標	1. 明白合作的意義和重要。 2. 培養合作的態度和習慣。 3. 了解合作才能團結自強，同心報國。	具體目標	1-1 能說出合作的具體事例一種。 1-2 能說出合作的益處。 2-1 能複述李、郭真誠合作、同心報國的大概。 2-2 能說出班級同學之間不合作的害處。 3-1 能表現出真誠、謙和的合作態度。 3-2 能做到任勞、負責的合作習慣。	

教學目標代　　號	活　　　　動　　　　過　　　　程	教學資源	時間分配	效果評量
1-1	**壹、引起動機** 就下列問題逐條讓學生發表： 一、兩個人做一件事，如果不同心合作，事情能做成嗎？ 二、一個家庭，遭遇到困難，如果一家人不同心合作，困難能解決嗎？	長條壁報紙條	10分	能用適當的語詞表達概念

1-2	三、一個國家，遭受到敵人的侵略，如果全國軍民彼此不能合作，能打敗敵人嗎？ 四、怎樣才是真正合作？ 五、同舟共濟是什麼意思？請舉例說明。			
2-1	**貳、概覽課文** 一、概覽課文：默讀課文一遍。 二、由二至三位學生敘述課文大意，教師補充說明。 三、安排下一節角色扮演人選。	課本	8分	能把握課文大意
	參、價值澄清活動 一、填寫表格：寫出喜歡和誰在什麼時間、什麼地點合作的事五項。 二、分組討論：報告自己的做法，並聽取別人的做法。 三、綜合討論：各組代表報告討論結果，教師歸納之。 ──第一節結束──	表格（如142頁）	22分	能認真填寫，能說出喜歡的原因
1-1	**肆、角色扮演** 一、表演活動：依課文內容編劇，由上一節所安排之人選演出。	簡單道具	10分	能大方地表演
1-2	二、經驗分享：教師展示下列問題，由學生自由發言： （一）對於郭子儀給李光弼安慰的一番話，你有什麼心得？	長牌	6分	能領悟合作的重要
2-1	（二）後來郭、李兩人為什麼能精誠合作？ （三）列舉郭子儀的優點。			
2-2	（四）說出團結自強的重要。			
	伍、兩難困境問題討論 一、分組討論		8分	
2-2	（一）如果你是李光弼，你會向郭子儀跪地哭訴嗎？			
3-2	（二）如果你是郭子儀，你會勸李光弼應以國事為重嗎？			
3-1	（三）如果你和意見不合的同學在一起，你願意面對面交談嗎？			

	二、綜合討論 （一）分組報告 （二）自由發言 （三）教師歸納		10分	
3-1 3-2	**陸、反省與實踐** 下面各項仔細反省，並加以實踐。 一、我有了過失，能接受別人的批評或勸 　　告嗎？ 二、我說話做事，能不固執自己的成見 　　嗎？ 三、我和別人共事，能盡量與人合作嗎？ 四、我有公而忘私的精神嗎？ 五、我和人共同做事，能合作到底嗎？	課本	6分	能確實填 寫

反省實踐記錄

填寫符號：完全做到「○」，部分做到「△」，尚未做到「×」。

記錄　　次別 項目	第一次	第二次	第三次	優良行為記錄
一、我有了過失，能接受別人的 　　批評或勸告嗎？				
二、我說話做事，能不固執自己 　　的成見嗎？				
三、我和別人共事，能盡量與人 　　合作嗎？				
四、我有公而忘私的精神嗎？				
五、我和人共同做事，能合作到 　　底嗎？				

定期評量參考試題：
1. 合作有什麼好處？請舉具體事件說明。
2. 「同舟共濟」是什麼意思，請簡單說明。

單元：合作　　　　　五上　　　　　　　姓名＿＿＿＿＿＿＿座號＿＿＿＿＿＿

價值澄清活動──填寫價值單

價值單

喜歡和別人合作做的事	人物	時間	地點
1.			
2.			
3.			
4.			
5.			

例二：國小生活與倫理科價值教學單元活動設計

教學單元	知恥——勾踐復國	教學年級	五年級		
教學來源	國小生活與倫理科（五下）教科書	教學時間	八十分鐘，分為兩節	設計者	黃建一

單元目標	1. 能理解「知恥」的含義。 2. 提高兒童「改過自新」的意願。 3. 提高兒童對「知恥」的認知層次。 4. 使兒童能做到「遷善改過」。	具體目標	1-1 能敘述改過自新或雪恥復國的故事。 1-2 能批判「勾踐復國」的故事。 1-3 能說明「知恥」的道德功能。 2-1 能欣賞或接納「改過自新」的人。 2-2 能檢討自己行為的善惡。 2-3 能改正自己不當的行為。 3-1 能傾聽他人的發言，並說出自己的看法。 3-2 能說出自己班級、學校、社會、國家的缺點，並提出改進辦法。 4-1 能勸朋友改過自新。 4-2 能為自己和團體爭取榮譽。 4-3 能訂定知恥改過的實踐信條。

教學目標代號	活　　動　　過　　程	教學資源	時間分配	效果評量
1-2 1-3	**壹、引起動機** 就下列四個問題逐條讓學生發表： 一、什麼叫作知恥？ 二、害羞和知恥是不是一樣？ 三、什麼叫作雪恥？ 四、改過自新和雪恥是不是一樣？	長條紙	10 分	能用適當的語詞表達概念
1-1	**貳、概覽課文** 一、概覽課文：全班默讀課文，了解課文內容。 二、由二至三名學生敘述課文大意。 三、安排下一節課的表演角色。 **參、價值澄清活動——公開訪問**	課本	12 分	能把握文章大意

1-3	一、目的：本活動讓學生有機會在公開場合表明他對各種問題的看法。 二、程序：教師首先徵求願意當眾說出自己的意見的自願者，這名自願者坐在教室的前方，教師則由教室後頭提出問題，由他作答。教師先說明規則，也就是指教師所問的關於價值判斷的問題，學生必須誠實回答，不過他也可以拒答某些問題。當這名自願者不想繼續「接受訪問」時，可說聲「謝謝你」。同時，他也可以反問教師問題。	問題卡片	18分	樂意接受訪問
4-3	三、示例： （一）你最看不起哪一種人？ （二）如果你是老師，你將如何勸導考試作弊的學生改過？ （三）如果你看到你的好友有可恥的行為，你要如何規勸他？ （四）你的行為有沒有需要改善的地方？ （五）你認為成人社會中，最可恥的行為是什麼？ （六）你認為在學校中，同學最可恥的行為是什麼？ （七）你曾經做過「自己認為很光榮」的事嗎？ （八）你曾經犯錯嗎？是不是現在已經改正了呢？ （九）你比較崇拜除三害的周處或是雪恥復國的勾踐？為什麼？ （十）你會說一個「知恥改過」的故事嗎？ （十一）你認為「愛吃零食」是令人害羞的事嗎？ （十二）你可曾做過使你的父母很生氣的事？ （十三）你曾被人嘲笑嗎？滋味如何？			能明確表達自己的看法

	（十四）你曾嘲笑別人嗎？別人被你嘲笑時，反應如何？			
	（十五）你對班上犯錯的同學，有什麼善意的忠告？			
	（十六）對於犯錯但已經改過的人，你還喜歡和他交朋友嗎？			
	（十七）你對自己的身高還滿意嗎？			
	（十八）班際拔河比賽，如果你的班級得最末一名，你感覺如何？你想不想向老師建議，怎樣才能在下次比賽中獲勝？			
	（十九）你以前是個聽話的乖小孩嗎？			
	（二十）你常常惹上麻煩嗎？			
	（二十一）你曾做過最差勁的事是什麼？			
	（二十二）如果有人故意在大家面前使你出醜，你會如何？			
	（二十三）你對自己的性別感到自豪嗎？			
	（二十四）你對自己的處事態度感到自豪嗎？			
	（二十五）最近你曾做過讓你感到後悔的事嗎？事後有沒有想辦法去補救？			
	（二十六）你比較拿手的事有哪些？			
	（二十七）你認為不用功，而成績退步是可恥嗎？			
	四、給教師的建議：教師可參考上列的問題，或是自己編列，最好是把問題抄在小卡片備用，重要的是教師必須對學生的答覆表示關心和注意。如果教師已經對這個活動極為熟悉，他可以不必使用備用的問題，而隨機提出有關的問題。 　　在學生反問教師這一步驟當中，也許被訪的學生一下子想不出什麼題目來反問老師，其他同學可以提示他；不過若是反提問題太多，可能會使學生的注意力集中在教師身上，所以可限制反問的題數。有時教師可以請學生頂替，代為回答。有時不一定非要教			

	師擔任訪員的工作，學生也可以擔任，當然擔任訪問的學生必須事先熟知這一活動的整個程序和目的才行。 五、教師結束訪問及講評 　　——第一節結束——			
2-1	**肆、角色扮演** 一、劇名：勾踐復國。 二、由上一節安排的角色，依照課文的內容表演。	表演道具	10 分	能大方地表演
	伍、討論活動 一、經驗分享：教師展示下列三個問題，由學生自由發言： （一）劇中你印象最深刻的是什麼？ （二）勾踐能夠復國的原因何在？	長牌	6 分	
3-2	（三）你希望扮演哪個角色？ 二、分組討論——兩難困境討論 （一）勾踐忍辱復國，夫差以身殉國，你對這二人的行為，要如何評價？ （二）閱讀下列故事，並回答所提問題：「安輝在班上，品學兼優，最近被選為全校的模範生，接受表揚。保弘是他的表弟，今天保弘帶了向哥哥借來的任天堂遊樂器到學校玩，安輝一直渴望擁有那件玩具，可是媽媽不允許，於是趁著大家去音樂教室上課時，溜回來偷了它，並藏在校園角落。保弘找不到心愛的玩具，著急得哭了，老師搜遍教室找不到，氣得罰全班站立，直到偷的人承認為止。」 問題： 1.安輝眼看表弟哭腫了眼睛，其他同學無辜被罰。如果你是安輝，你會怎麼做？ 2.是否有可以歸還而又不失面子的方法？		10 分	

	三、綜合討論		8分
	（一）分組報告：每組一人代表上台報告該組的討論重點或結論。		
	（二）自由發言，深入討論。		
	（三）教師歸納討論要點，並提出自己的看法或經驗。	長牌	能領悟知恥的要義
3-2	（四）結束討論。		
	陸、反省與實踐		
	教師展示下列問題，逐條詢問學生，並促使反省實踐。	題綱	6分
2-3	一、自己有了恥辱，能努力雪恥嗎？		
	二、我有為國家洗雪恥辱的決心嗎？		
	三、我能不私看別人的信件嗎？		
	四、我能不做投機取巧的事嗎？		
	五、我能不私開別人的書包或抽屜嗎？		
	六、如果我的品學不如別人，我能努力學		
4-1	業、修養品性，做一個品學兼優的好		
4-2	學生嗎？		

反省實踐記錄

記錄 ／ 次別 ／ 項目	第一次	第二次	第三次	優良行為記錄
一、自己有了恥辱，能努力雪恥嗎？				
二、我有為國家洗雪恥辱的決心嗎？				
三、我能不私看別人的信件嗎？				
四、我能不做投機取巧的事嗎？				
五、我能不私開別人的書包或抽屜嗎？				
六、如果我的品學不如別人，我能努力學業、修養品性，做一個品學兼優的好學生嗎？				

填寫符號：完全做到「○」，部分做到「△」，尚未做到「×」。

三、價值澄清活動設計

雷斯等人（Raths et al., 1966）最早提出二十餘種活動設計，開風氣之先。其後史密斯（Smith, 1977）設計了二十幾種活動，賽蒙等人（Simon et al., 1978）又設計了七十幾種之多，可謂內容豐富。茲擇要介紹如下，以供參考。

活動一：等級排列（rank ordering）

選定多種（通常三種以上）事物為對象，要學生按其重要性或價值性排出先後名次。事物對象可由老師課前備妥，亦可由學生共同商訂。進行方式宜先個人自行排列，繼而分組報告分享，每人說出如此排列的想法或理由；各組又共同研討商訂本組共同的等級排列，準備提出向全班報告，最後舉行各組代表報告後提出全班討論、分享。

等級排列法討論的事物對象，宜切合學生認知範圍，例如：

1. 國語、數學、自然、社會、體育等科，你認為哪個比較重要？
2. 和同學相處哪個因素比較重要（忠實、慷慨、服從、包容、隨和）？

活動二：生活大餅（the pie of life）

本活動設計主要功能是幫助個人對自己的生活安排做具體、客觀和系統的分析了解和反省檢討。實施的步驟是：老師在黑板上畫個大圓圈（如右圖），說：「這個圓代表你們一天二十四小時的時間，換句話說，這個圓是一天的時間大餅。現在請各位想想你怎麼分配、使用自己的時間。讓我幫你列舉九個項目，請各位估計一下，你在這九項所占用的時間各多

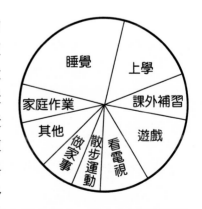

少，然後換算成比例把你的大餅加以分割，畫在個人紙上。這九個項目是(1)

睡覺；(2)上學；(3)課外補習；(4)家庭作業；(5)遊戲（含打電腦）；(6)看電視；(7)做家事；(8)散步與運動；(9)其他。」

　　學生完成生活大餅分割後，老師不妨提出一些問題讓他們討論，例如：

　　1. 你對自己目前使用時間的情形滿意嗎？

　　2. 如果不滿意，請你另畫一個大餅，把你理想中的時間分配分割出來。

　　3. 你有沒有勇氣採取行動改善你的時間大餅分配情形，使它更接近理想呢？

　　生活大餅式的價值澄清活動設計，可以運用到其他生活層面，例如：金錢、精力等。

活動三：我的最愛（value love list）

　　本活動須備妥一張紙（如下），用以表達個人認為一生中最想做或最有價值的事物。清單內容分三部分，第一部分用以表達自己認為一生中所要追求的事物或理想（請列舉十個）；第二部分要學生列舉出為達成這個目標可能要付出的代價，包括時間、金錢、知識技能、辛苦努力等；第三部分要學生填列達成後的好處或功能，例如：幸福、愉快、財富、利益、公益、道德、孝順、愛國、仁愛等特質。

「我的最愛」清單

請列出十件你認為一生中最有意義、最值得去做的事或目標。

	十件事或目標	完成條件	完成後的效果
1.	_____	_____	_____
2.	_____	_____	_____
3.	_____	_____	_____
4.	_____	_____	_____
5.	_____	_____	_____

---

6. ＿＿＿＿＿＿　＿＿＿＿＿＿　＿＿＿＿＿＿
7. ＿＿＿＿＿＿　＿＿＿＿＿＿　＿＿＿＿＿＿
8. ＿＿＿＿＿＿　＿＿＿＿＿＿　＿＿＿＿＿＿
9. ＿＿＿＿＿＿　＿＿＿＿＿＿　＿＿＿＿＿＿
10. ＿＿＿＿＿＿　＿＿＿＿＿＿　＿＿＿＿＿＿

我的最愛活動也可採取下列題型（Smith, 1977: 36-37）：

例一：我希望人家認為我是個強健的人。

　　　我希望人家認為我是個熱心的人。

　　　我希望人家認為我是個聰明的人。

　　　我希望人家認為我是個＿＿＿＿的人。

例二：你最喜歡哪一個季節？（請打√）

　　　＿＿春；＿＿夏；＿＿秋；＿＿冬。

例三：假如我給你 500 元，你要用來做什麼？（請打√）

　　　＿＿存起來；＿＿捐給慈善機構；＿＿買自己需要的東西。

活動四：價值連線（values continuum）（Simon et al., 1978: 116）

　　價值問題往往不是非白即黑，或不右即左的兩極化。本活動先由老師提出爭論性的問題，譬如體罰學生、能力分班等，把兩極端的主張分別寫在左、右端（如例題），中間利用冒號（：）連接起來，表示這個問題不是截然分立，而是有相通之處。請學生思考推敲，想想自己的主張或意見傾向落在這一條線的哪一個部分，是最左或最右，或是中間偏左，中間偏右等。每人選定（適當地方打√）後可予分組，各組成員彼此交換意見，並選出一個代表，準備參加全班經驗分享，向大家報告自己的決定及說明所持的理由。

　　例題如下：

例一：你希望享有多少的個人自由？（在家或在校可分別考慮）

全由師長｜ ．．．．．．．．．．．．．｜全由自己
決　　定｜　　　　　　　　　　　 ｜決　　定

例二：你贊同騎機車戴安全帽嗎？

上車就｜ ．．．．．．．．．．．．．｜完全不
要　戴｜　　　　　　　　　　　 ｜必　戴

例三：你認為學生時代需要交一些朋友嗎？

有機會就｜ ．．．．．．．．．．．．．｜不需要
交　朋　友｜　　　　　　　　　　　 ｜交朋友

活動五：意見分歧（spread of opinion）

　　本價值澄清活動設計功能與活動四相同。活動進行先由教師備妥數個（配合組數）爭論性主題（一個也可以），將學生分組（每組五人為宜），每組選用一個主題（或共同一個）作為討論焦點。各小組每一成員就討論主題的論點，從最保守到最開放間選擇一個立場，作為自己辯論的依據。舉例而言，若以「學生可不可以抽菸」為主題，意見可能有下列五種：

　　　　最保守的看法（絕不可以）
　　　　最開放的看法（自由隨意）
　　　　居中的看法（無所謂）
　　　　居中偏保守的看法（特殊情況可考慮）
　　　　居中偏開放的看法（適度允許）

　　每小組成員各就上述五個意見選擇一個，然後為自己的立場或觀點申論，把意見寫在紙上。

　　完成之後，各組成員分別報告，相互討論，並且各自加強整理自己的意見內容，準備在全班分享經驗時有更精彩的表現。本項活動設計，如係全班只討論一個主題，則可先請二、三組報告，然後全班共同歸納提出一個總結報告或意見表。

活動六：親疏有別（privacy circles）（Simon et al., 1978: 183-188）

價值澄清教學強調把自己的看法、意見公開出來，但有時不易做到，甚至於不知道自己有多封閉。本活動設計旨在提供學生自省機會，宛如一面鏡子讓自己瞧瞧，我有多保守或多開放。

活動進行先由教師備妥並發下一張「鏡中自我分析圖」（如圖 4-2 所示），用以分析說明每一個人對自己的「私事」有些非常留意，不輕易向別人訴說或被發現，但有些又很大方樂為人知，例如自己的名字可以向陌生人說，每月收入則非至親好友不透露，讀什麼學校可以向認識的人說。

◯ 圖 4-2　鏡中自我分析圖

圓圖中最外圈表示陌生人，次外圈是點頭之交的人，第三圈是朋友，內二圈是親人，內圈是自己，圓心表示連自己也不很清楚、不敢承認或面對的部分。

第一個澄清活動是請同學在每一層（圈）內寫出二項（件）你認為可以

讓他人知道或分享的事情。但請注意，如果你在「朋友」這一圈寫上「偷抽菸」，表示可讓朋友知道，也表示可以讓親人知道。

第二個活動是由老師列舉（口述）出一些事項，學生聽後逐一考慮此事可以開放到何等程度，如果認為可以向他人公開，就用關鍵字寫在適當圈內，例如老師說：

1. 你口袋裡有多少錢（關鍵字為錢）。
2. 段考成績（關鍵字為考）。
3. 未經同意擅自拿父母親的錢 100 元（關鍵字為拿）。
4. 看了不該看的書或影片（關鍵字為看）。

活動七：對話策略（dialogue strategy）

本策略強調師長對學生所說、所為、所思、所會等即時提出反應，以激發他們進一步思考探討，澄清價值。所以又稱為澄清式反應（clarifying response）。

學生課中發言，課間閒聊，作業內容，乃至一般言行等，都是師長採取對話策略提供澄清式反應的對象，可用口說，也可用筆述，例如：某生口說（或筆述）：

　　我相信人人生而平等。

師長聽（或看）見了，可能有三種反應：一是沒反應；二是回應說：對或可接受；三是回問說：你能不能更具體的說明你剛才說的那一句話？

所謂澄清式反應，就是類似上述第三種模式，它可用來引發學生對某些觀念、看法做進一步思考探究。

雷斯等人列舉了三十種澄清式反應的詰問句，大體符合本節前述價值形成七步驟的內涵，可供師長參考應用。茲列述如下：

1. 這就是你所珍惜、重視、認為重要的嗎？

2. 你這樣做（說）感到高興嗎？

3. 事情變成這樣，你內心感受如何？

4. 你曾考慮過其他不同途徑或方案嗎？

5. 你持這種看法（意見）有多久了？

6. 這是你自己的選擇（決定）嗎？

7. 你必須這樣做嗎？那是自己的決定嗎？

8. 那種觀念想法在你生活中有什麼影響嗎？

9. 能否請舉個例子說明你的意見。

10. 可否請你清楚界定剛才所說____的意義？

11. 能否告訴我，如果照你的意見去做會產生什麼後果？

12. 你真的要認真去做，還是說說而已？

13. 你是說____，我沒聽錯罷？

14. 你前面不是曾說過（甲），為什麼現在又說（乙）呢？

15. 你這樣說（做），可曾認真、審慎考慮過？

16. 這麼想（或做）的優點、好處是什麼？

17. 事情如果那樣處理（發展），那麼我們是否須有哪些假定（基本條件）為基礎？

18. 你這樣的說法，可與____的道理相符合嗎？

19. 有沒有其他可能性（途徑）？

20. 這是你個人的偏愛（好），還是你認為大家均應如此想（做）法？

21. 你的構想與計畫，有沒有我可以幫忙之處？

22. 你這麼做（說）可有明確的目的？

23. 這件事對你來說很重要嗎？

24. 你常這樣做嗎？

25. 你願意把你的構想、意見向別人說嗎？

26. 你這麼說（做）可有什麼理由、依據？

27. 有機會的話，你會再這樣做嗎？

28. 你怎麼知道那麼做是好、是對？

29. 你認為這麼說（做）有價值嗎？

30. 你認為古今中外的人都這樣認為嗎？

活動八：書寫策略（writing strategy）

　　本策略之實施方法，以紙筆書寫完成價值單（value sheet）為主。所謂價值單，是教師備妥的一張作業紙上面印有短文或故事一則，下附一些啟發性題目，用以澄清觀念或價值。教學時發給每生一張，俟閱讀完畢開始回答題目，進而分組研討，分享彼此看法，並可酌情從事全班討論，請各組代表報告、分享。

　　茲舉一例如下：

【主　　題】違法行為。

【說　　明】請回答下列題目，隨後將分組相互討論所做答案。假如你
　　　　　　不願意公開自己的答案，也無妨。

【故事內容】美國某些高速公路收費站每當紅燈轉為綠燈時，收費口就
　　　　　　會打出「謝謝你」的字樣，但事實上情況並不那麼樂觀，
　　　　　　值得它常說謝謝。因為有些時候駕駛投錢不足，誤投洗衣
　　　　　　機用銅板或外國銅板，不合規定而不被自動收費機所接受。
　　　　　　警察單位報告指出，經過兩週的獵捕行動，已經抓到一百
　　　　　　五十個違規駕駛。他們被法院開出罰單每人250元（初犯）
　　　　　　到 2,500 元（累犯）不等。
　　　　　　報導指出，違規者當中，包括醫生、牙醫、核子科學家、
　　　　　　律師、職員及許多工程師、推銷員等。警察局長指出，那
　　　　　　麼多人勇於違規，可能與他們不知道裝有一種特殊設備有
　　　　　　關。那就是每個收費站裝的玻璃窗是單面鏡，偵察人員可
　　　　　　以看到駕駛的動作，但駕駛看不到他們。
　　　　　　局長補充說：每當駕駛投出的錢幣（銅板）不被接受時，
　　　　　　他的車牌號碼隨即被記錄下來，所以容易查對。

【題　目】 1. 你在什麼情況下，才會嘗試違規投幣闖過收費口？請選
　　　　　　答一個待選答案（打√）。

　　　　　　＿＿當我能確定絕不會被發現時。

　　　　　　＿＿假如我覺得我機會好，不會被發覺時。

　　　　　　＿＿任何情況下，我絕不違規。

　　　　　　＿＿當我急需用錢，例如養家有困難時。

　　　　　　＿＿其他（請寫出你認為更好的時機）：＿＿＿＿＿＿

　　　　 2. 被捕的一百五十人中，醫生、牙醫、核子科學家、律師
　　　　　　及職員均各只有一人，你認為從事這些行業的人，比當
　　　　　　工程師、推銷員的人要誠實、守規矩嗎？請討論。

　　　　 3. 你認為這種違規行為嚴重嗎？你認為那些占小便宜被抓
　　　　　　的人，在其他事情上有可能不誠實而犯更大的錯誤嗎？
　　　　　　請討論。

　　　　 4. 如果你使用公共電話時，電話機多退了 1 塊錢給你，你
　　　　　　會據為己有嗎？（請參考第 1.題的五個待答方案作
　　　　　　答。）

　　　　 5. 請仔細回頭看看 1 至 4 題的答案有沒有立場不同的地
　　　　　　方，如果有，為什麼？

　　　　 6. 現在你明白自己對不法行為的看法了嗎？

✐ 四、討論式道德教學模式

　　國內道德教育學者陳英豪、沈六等，依據郭耳堡的道德認知發展理論，
研發提出適合我國教學需要的討論式教學模式，其教學過程如下（歐用生，
1991：214-215）：

　　1. 引起動機：本過程約三至五分鐘。

　　2. 呈現教材：教師應用口述或書面資料，播放 DVD 或 CD，呈現兩難困
　　　境式故事給學生；教材呈現後，教師應以問答方式，幫助學生澄清故

事情節。本過程以不超過五分鐘為宜。

3. 提出主張：學生了解故事情節及兩難問題之後，教師要求他們提出自己的主張或解決困難的方法，並對自己的主張、解決方法所持的理由或依據，說明清楚。本過程約七分鐘。

4. 分組討論：教師斟酌依據學生能力及所持主張的異同，將他們分組，進行經驗分享與小組討論。藉此交互作用機會，腦力激盪促進思考，並考驗個人為自己的主張或意見辯護的能力，最後須研提一份共同意見，準備向全班報告。本過程約十五至二十分鐘。

5. 全班討論：先請各小組代表報告他們的主張及所持的理由，教師可鼓勵學生向不同組所持主張及理由，提出詰難，並虛心傾聽他人對本組的質問與建議。本過程約十到十五分鐘。

6. 結束討論：本過程旨在使學生重組自己的主張或理由，並將之印證於日常生活之中。教師可鼓勵學生思考相反主張的理由，或將各種理由加以等級排列，據以反省觀察自己的主張或理由是否產生改變，並記下改變的內容。本過程約五分鐘。

　　個人的思考深受其價值認定的影響，事實上，價值與思考密切連結而不可分，二者相輔相成，共榮共茂。因此，價值教育的各種途徑、策略，亦即在訓練學生對自己的價值觀念從事思考。

　　價值澄清教育旨在促進兒童自行去選擇認為有價值的東西，或自己去做決定，以期養成獨立自主的成長和變化氣質，一改傳統的被動性成長和成熟。

　　思考即是探究與做決定的歷程。每當有所決定，就必有價值判斷存在；每當有所探究，必有其目的，而目的則常存有價值的指標。因此，探究、做決定與價值認定和思考間難以區隔。

第四節 問題解決教學策略

　　人的一生可以說是不斷力求解決問題的歷程。個人或團體，無論在日常生活中，或工作、學業上，擺在眼前的盡是有待解決的任務或困難，如何加以克服、突破，成了人們重要的挑戰。因此，問題解決策略或思考技巧的研究與教學，日益受到廣泛的重視。

一、問題解決的一般歷程

　　面對困難，如何解決？杜威於 1933 年出版的《如何思考》一書中，提出問題解決的五個主要步驟：

　　　　發現問題或困難→確定問題的性質→提出可能的解決方案（假設）→選擇合理的解決方案→驗證而成立結論。

　　這一早期的論點，開啟了日後探討的大門，並被視為基本的參考模式。當今美國學者史坦伯格加以闡揚，提出思考環（the thinking cycle）的概念，他認為學校行政人員也好，老師或學生也好，如有困難、問題，可循下列思考環去突破（Keefe & Walberg, 1992: 111）：

❖ 認知有問題或困難存在。

❖ 界定問題性質。

❖ 決定或明白有多少可資應用之資源。

❖ 擬訂解決問題計畫。

❖ 執行解決計畫。

❖ 檢視計畫之執行。

❖ 修正計畫。

❖ 認知今天問題的解決正是明天問題的開始。

此外，葛林費德（Greenfield, 1979: 232-233）曾歸納介紹另四則歷程如下。

（一）魯賓斯坦的觀點

魯賓斯坦（M. F. Rubenstein）提出問題解決的一般規則，包括：全盤了解狀況、暫不下判斷、應用思考模式或策略、改變表徵系統（改變解釋、呈現方式）、提出妥切問題和抱持懷疑等。他更進一步建議，產生解決方案之途徑或要領，有：

1. 由果溯因來推敲。

2. 普遍化（概化）或特殊化、具體化。

3. 勇於探索解決方案。

4. 將解決歷程具體化、按部就班。

5. 要有信心。

（二）吳斯的觀點

吳斯（Woods, 1982）建議問題解決的策略宜有下列步驟：

1. 界定問題：明確了解並把握問題所在。

2. 構思：先要分析問題的特質，推敲需要哪些方面的知識；進行蒐集資料，應用圖示分析解決的流程。

3. 計畫：構思各種解決方案。

4. 執行計畫：嘗試解決。

5. 檢討：包括查看是否合理、是否達到標準及合乎規定、研究相關問題、了解應用範圍與可能、重溫習得的問題解決技術、傳播表達工作成果等。

（三）史東瓦特的觀點

史東瓦特（J. K. Stonewater）提出問題解決歷程分為準備階段和執行階段，共有八個策略。

　　1. 準備階段：

　　　(1)區辨有關與無關的資訊或資料，視覺想像問題內容，細部分析問題解決的環節。

　　　(2)作圖分析問題。

　　　(3)組織歸納手邊資料。

　　2. 執行階段：

　　　(1)下游問題策略——即找出與問題解決有關、須先了解的事項，並排出順序（此即下游問題）。

　　　(2)克服下游問題——發展出一套方法，先行解決上述的下游問題。

　　　(3)對立策略——提出與求證相反的假定，據以考驗已知內涵之真確性。

　　　(4)推論——由已知推向未知。

　　　(5)倒果為因或由果溯因——即由問題欲獲解決所需條件之了解推敲，而不由有限的已知做起。

　　另有學者提出分析性教學推理，顯示應用圖示及將問題細推分解是有效的方法。例如：

【題　　目】明天的後兩天是禮拜四，那麼昨天的前一天是禮拜幾？

【解　　法】依據已知列表圖示如下，以幫助推敲。

週六	週日	週一	週二	週三	週四
昨天的前一天	昨天	今天	明天	明天的後一天	明天的後二天
答案	推知	推知	（細推）	（細推）	已知

費瑟（Fisher, 1990: 98）認為，解決問題（problem solving）是應用性的思考，而與批判思考、創造思考三者並立。批判思考屬於分析性的，創造思考偏重擴散歧異性的，二者均為探究性質的思考（investigative thinking），為完成問題解決所必需。茲圖示如下：

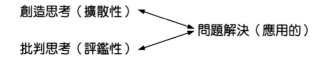

問題或困難人人都有，而且經常面對。所指問題或困難，或可以下列簡圖表示：

已知（既有）條件 ⟶ 障礙 ⟶ 目標
（問題或困難所在）

由上圖可知，問題存在於我們所追求的目標或目的物與我們所具備的條件（知識、技能、金錢、資訊……等）之間。當我們想知道自己有無問題存在，不妨自問：

我想要做什麼（追求什麼）？
有障礙阻擋我去做（追求）嗎？

舉例：元富今晚忙著趕做明天要交的美勞作業，已經晚上十點多了才發現少了兩張色紙，文具店已打烊，工作無法繼續完成，非常懊惱。元富的問題或困難是什麼？
(1)他想要做什麼？　答：完成美勞作業。
(2)有障礙阻擋他嗎？　答：少了兩張色紙。
問題：元富無法完成美勞作業，因為少了兩張色紙，而且附近文具店已關門打烊了。

　　問題確定並加以了解之後，欲求解決則須有計畫。不妨自問：「我要怎麼辦呢？」

　　答案可能很多。以元富的困難為例，解決方案可能包括：向同學借、請爸爸帶他到遠處買、明天買了再做、改做其他作品……等等。

　　問題解決的第三步驟是：選擇解決方案。即從各種方案中衡量利弊得失，選出最佳途徑。再以元富的問題來說，他選擇向同學借用。

　　第四個步驟是：執行。即依選擇方案努力以赴，認真去做，企能達成目標。但為求執行成功，仍須擬妥執行計畫，例如：元富準備向同學借。行動之前至少須考慮：

　　(1)先向哪一位同學借？再向哪一位同學借？

　　(2)哪些同學比較有可能借得到？為什麼？

　　(3)借二張還是多借幾張以防萬一？

　　(4)什麼時候還？

　　(5)打電話借？還是到同學家借？

　　(6)自己去，還是請父母陪著去？

　　第五個步驟是：反省檢討。問題解決之後，對於整個事件處理經過和成果做個反省檢討，以激勵將來。

　　綜合而言，問題解決的過程，主要有五：

　　(1)問題是什麼？困難在哪裡？宜先界定清楚。

　　(2)我能怎麼辦？即構思各種解決方案。

　　(3)哪一個比較可取？即決定解決方案。

　　(4)如何執行？擬妥執行計畫並努力以赴。

　　(5)成果如何？即檢討反省。

　　問題解決策略與歷程的研究，也被應用到各科教學上，例如：薄雅（Gyorgy Polya）於 1945 年提出數學的解題模式，主要步驟有四：了解問題→擬定計畫→執行計畫→檢查解題結果。

　　薄雅並且提出啟發思考教學策略（heuristics，又稱捷思策略）一詞，意指一組尋求發現或發明的方法或原則，用以導引解決問題。藉此策略與解題

模式配合，而形成一套頗值參考的教學歷程如下（劉錫麒，1992）：

▌數學解題的階段及相關的捷思策略

解題階段	相關的捷思策略
了解問題	1. 辨認未知、已知或條件 2. 畫圖 3. 使用符號
擬定計畫	1. 考慮相關問題 2. 列表 3. 尋找規律 4. 簡化問題 5. 逆向思考
執行計畫	
回顧	

（四）史昌費的觀點

史昌費（Alan H. Schoenfeld）對數學解題技巧，提出分析→探索→驗證三階段的思考過程。其中前兩歷程的內涵為（Beyer, 1988: 156-158）：

1. 分析：

　　(1)根據已知畫出圖示。

　　(2)檢視特殊的例子或題目，藉以化生疏為熟悉。

　　(3)嘗試簡化該題目。

2. 探索：

　　(1)思索性質相近或類同的題目。

　　　①應用類似題目替換其情境去思考。

　　　②將題目的已知要件做各種不同或新的組合。

　　　③引入輔助因素，如輔助線。

　　　④重新了解題意。

　　(2)把題目細分或分解後，分段去思考。

(3)把題目的變項簡化後，做較簡略的思考。

有關社會科和自然科領域的問題解決策略，則有如下步驟可供參考：界定問題→提出假設→測試假設→評鑑假設→暫時的結論→查核→總結。

1. 界定問題——歷程包括(1)覺知問題的存在；(2)了解、分析問題的意義；(3)掌握問題的關鍵。

2. 提出假設——歷程有(1)審閱、記錄和回憶有關資料；(2)探尋關係並做邏輯推理；(3)寫出假設。

3. 測試假設——歷程包括(1)蒐集資料；(2)處理資料；(3)分析資料。

4. 評鑑假設——確定標準並據以考驗之。

5. 查核——包括解決歷程的效率和效能，以及解決方法的合理性和準確性。

二、配對式問題解決教學法

配對式問題解決教學法（pair problem solving）由美國麻州大學教授洛奇（Lochhead, 1985）倡導，旨在增進學生思考技巧和解決問題的能力。

（一）理論基礎

1979 年溫必（A. Whimbey）和洛奇在合著的《問題解決和理解》（*Problem Solving and Comprehension*）一書中指出，當今教育忽略一件重要任務，即思考訓練。因此，本書提供一套增進學生從事分析性閱讀和推理技巧的訓練課程和教材。1985 年洛奇發表專文：〈經由配對式問題解決以實施分析性推理技巧教學〉（Teaching Analytical Reasoning Skills Through Pair Problem Solving），引用上述合著書籍之理念和教材教法，首用「配對式問題解決」一詞稱之。

首先，他們認為思考是許多技巧的複合體，並做了下列六項分析（Bransford, Arbitman-Smith, Stein, & Vye, 1985: 133-206; Lochhead, 1985: 109-131）：

1.分析複雜資料和解決問題所需的心智技巧

思考，類同於打高爾夫球或開車等技巧，均可學習。

2.新技巧的教學有兩項重點工作

一是學生需要觀摩示範以助學習，二是學生需加練習並得到回饋。

3.思考技巧之教學比較困難

因為思考的歷程比較隱藏，不若打球、開車容易觀察得到操作技巧。

4.思考的學習需要時間

打高爾夫球，花二十五小時大概也只學會基本動作，要求球技高明，則有賴自己勤加練習並得到指導。準此以論，基本思考技巧之學習，預計至少需花十至四十小時，欲求精進則更待努力練習。

5.配對教學策略安排學生輪流扮演二種角色

解題者和觀聽者兩種角色交互輪替。如此安排，有助於培養他們具備自我修正（self-correcting）的能力，此亦合乎杜威所說的反省思考（reflective thought）。常人對習慣行為多半不求甚解，例如：小孩爬行動作為何，很少人能描述清楚。但是如果要你口述清楚，則須推敲一番，認真探討。

內心進行的思考益加隱秘，則往往只知結果而不知其所以然。反之，若能要求思考者把認知行為逐步口述清楚，則必更加用心費神推敲，掌握更為嚴謹。總之，內心所想因要口述而提升覺知，增強觀察，進而方便了解、分析和重組，所以有助改進。

6.同化與調適

依據皮亞傑同化與調適之理論，教科書和教師講述所呈現的教材內容，其概念須與兒童內心既存概念相契合者才易被吸收、保留——即同化。同化只是量的增加，而無質的變化。而配對教學策略強調觀聽者的檢視、提醒，

容易激起解題者產生調適的作用，使得概念結構有新的變化。兩人捉對溝通，切磋琢磨，容易促進概念的發展。

（二）教學過程

溫必和洛奇所著《問題解決和理解》一書，事實上是一套訓練分析性推理（analytical reasoning）能力的課程與教材，其教學歷程有三個重點（Bransford et al., 1985: 142-143）：

1.研讀專家解題範例

本教材列舉例題及專家解題的過程，以供研習。藉此期能協助學生了解(1)專家解題的特色；(2)應用口述思考以助解題的過程；(3)熟悉本教材呈現的方式。

2.應用口述思考方法進行解題練習

兩人一組，一人解題，另一人當觀聽者，但須輪流交換扮演，務使每人都熟練解題者和觀聽者之角色。

觀聽者的功能有二：(1)查核解題者每一步驟正確與否，必要時可要求解題者放慢步調，俾便查對，力求正確而不講速度；(2)促使解題者說出解題的每一步驟，如發現錯誤須及時發問提醒，以待修正。

3.依照研習教材之題目自行設計題目

藉以增進學生了解題目各變項間關係，和解題技巧的內涵，具有類比思考之功能。

觀聽者可以思考自己的解題方法，但不用來告訴解題者；如果兩人解題方法不同，彼此應相互討論求取一致的共識，解題才算完成。

本研習課程之教材，主要分成四類：語文推理問題、類比譬喻問題、趨勢與型態分析問題，和數學問題。

其中口述思考（thinking aloud）是配對式問題解決教學法特色之一。思考進行中，邊想邊把所想內容說出聲來，讓他人也可聽見、了解思考者內心所想，此即口述思考，或可稱為有聲思考。它的功能包括：

1.口述思考提高了形成性（歷程）評量的可能性，與總結（結果）性評量相輔相成

例如五年級學生解答下列題目：

蜜蜂：蜂蜜——乳牛：____

幾乎都會答對：牛乳。但是他們想出答案的方法，可能有兩類：一是直接聯想法，即蜜蜂——蜂蜜，那麼乳牛就配牛乳。一是了解題意後用類比方式推想，答案都一樣，但如何取得卻不易察覺。因此，若經過口述把所思考過程大聲說出，老師、同學就能了解其運作，發現其對錯。

2.口述思考可以協助思考者反省檢討，並修正偏差的想法

一般人常有行而不覺，習焉不察的習性，在解決問題的思考過程中，並不真正清楚自己運作的步驟。如果有人從旁提醒，易於及時發現偏差，而加以修正，例如：

溫度計和溫度，好比____和____的關係？（請∨選）
甲□望遠鏡和天文學的關係　　乙□鐘錶和分鐘的關係
丙□體重計和體重的關係　　丁□顯微鏡和生物學家的關係

部分學生選擇乙，自以為是。然若鼓勵他們應用口述思考方法，重新解題，可能在步步為營的推敲中悟其道理，而改選丙（分鐘是單位，不若體重接近溫度）。如其不然，亦可借助師長、同學的詰問、提醒而領悟。

3.口述思考有益於提升自明認知功能及認知能力

口述思考具有提供自明（或稱後設）認知（metacognition）的功能之外，復又提供(1)選用表徵符號（representation），如語言、文字以呈現思考內涵的練習機會；(2)分析問題並將之分解為細節、簡化之問題，以利推敲解決之練習機會。凡此種種，均為重要認知能力之基礎。

問題解決和理解思考研習課程，適用於中等學校以上學生，有助於考試得分、學校功課和工作績效之提升。

（三）教材範例（取材自 Lochead, 1985: 117-119）

● 例一：類比思考

【題　目】馬與動物的關係，相當於____與____的關係？
　　　　　□牛與奶的關係　　□農場與豬的關係
　　　　　□橡樹與樹林的關係　　□馬鞍與馬的關係
解題者的反應：
邊想邊說下列話語：
1. 馬與動物的關係，相當於____與____的關係？
2. 馬是一種動物，是動物的一種。
3. 牛與牛奶的關係，牛不是牛奶的一種，而是牛生產牛奶。
4. 農場與豬的關係，農場不是豬的一種，不合用。
5. 橡樹與樹林的關係，橡樹是樹林的一種，所以構成類比條件。
6. 馬鞍與馬的關係，馬鞍不是馬的一種，不合用。
7. 答案是(3)。即馬與動物的關係，相當於橡樹與樹林的關係。

例二：填答數字

【題　　目】請填出下列式子中空白處的適當數字。

2　7　4　9　6　11　8　13　□　□　□

解題者的反應：

1. 手拿筆指向數字，邊想邊說：2 7 4 9 6，這些數字好像是忽大忽小。讓我看看其他三個數字 11、8、13。它們也是忽大忽小。

2. 我要注意這些數字間的差異，看看是否有一定的型態或走勢。2～7 是多 5。7～4 是少 3。4～9 是多 5。9～6 是少 3。6～11 是多 5。

3. 寫出這些數字之間的差如下：

　　＋5 －3 ＋5 －3 ＋5 －3 ＋5 －3 ＋5

　　2、7、4、9、6、11、8、13、10、15、＿、＿、＿

　　似乎是＋5 －3 為模式，讓我驗證一下其他的。

　　11～8 是減 3，8～13 是加 5。沒錯。

4. 我要依據＋5 －3 模式完成題目中空格。最後一對數字 8～13 是＋5，所以下一個應是－3，即 13－3＝10。即第一個空格填 10。寫上去 2 7 4 9 6 11 8 13 <u>10</u> <u>　</u> <u>　</u>。

5. 下一對數字之關係應是＋5，即 10＋5＝15。所以填入空格如下：2 7 4 9 6 11 8 13 <u>10</u> <u>15</u> <u>　</u>。

6. 下一對數字之關係應是－3，即 15－3＝12。所以填入空格如下：2 7 4 9 6 11 8 13 <u>10</u> <u>15</u> <u>12</u>。

7. 作答完成。

　　配對式的問題解決數學過程中，強調口述（或有聲）思考的重要性。然而有關此一歷程的特色如何，國內殊少介紹，茲簡介如下以供參考。

　　有聲思考教學設計（Think Aloud Program）的主要特色，是教導學生解決問題或從事工作時，邊問邊想解決方法和步驟的教學活動。自我導引發問的內容主要有四：

　　1. 我的問題或工作是什麼？或：我被要求去做什麼事？

　　2. 我如何做？或：我計畫怎麼做？

　　3. 我依據原先計畫或構想去做了嗎？

　　4. 我做得怎樣？

　　學生邊問自己上述問題，邊進行工作以解決問題；問答前兩個問題後才著手做或執行工作。茲舉例如下：

🎧 有聲思考教學範例

【單元名稱】圖形著色

【教學材料】四張圖畫分別提示四個自問題目（如附圖 A）、圖形著色工作單（如附圖 B）、色筆、夾板。

【教學過程】

教師：（拿出圓形圖給學生看）各位小朋友看看這張圖，大家都很能幹，一定可以把右邊這個圓，用色筆塗成跟左邊這個圓一樣（指出胖圓）。我們的工作是將右邊圓形塗上顏色，什麼顏色都可以，但不可以塗出圓外。我再說一遍，你的問題（工作）是把瘦圓塗成胖圓，但不可塗到圓外。請問：老師要你們做的工作是什麼？（教師指示圖 B）

教師：（發下工作單，自留一份）好！現在大家都有一張圓形圖是嗎？我們要做的工作（或要解決的問題）是把最右邊的圓塗上顏色，現在請選用色筆一枝，我也選用一枝，大家一起來。

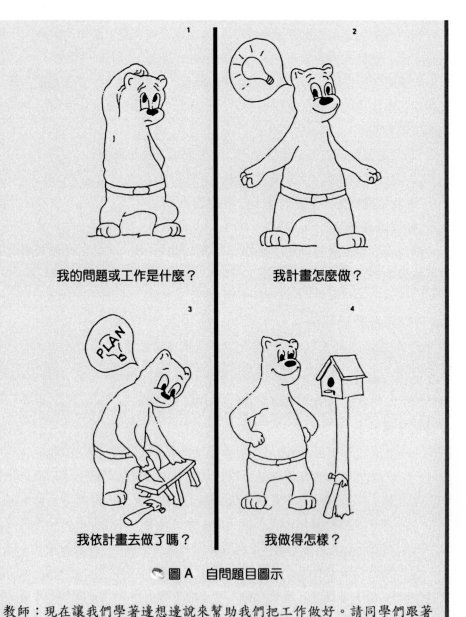

我的問題或工作是什麼？

我計畫怎麼做？

我依計畫去做了嗎？

我做得怎樣？

🔊 圖 A　自問題目圖示

教師：現在讓我們學著邊想邊說來幫助我們把工作做好。請同學們跟著
　　　我說，跟著我做。預備！

教師：（手持色筆準備示範塗色）

問題一：我的工作（問題）是什麼？

🌀 圖 B　著色工作單

答案：我要把圓塗上顏色，但不能塗出圓外。

問題二：我要怎麼辦呢？

答案：我要慢慢來。我必須小心，我要先把外圍畫好，然後再畫中間那
　　　就快了。看啊！我就動手畫了。（開始著色）

（教師隨時提醒學生跟著老師說）

教師：問：我有沒有照計畫（所說的）去做呀？

答：是的，我小心地從外圍先畫，慢慢的，不急。外圍容易塗出圓外的
　　部分畫好了，現在可以畫快點了。（故意一筆出圓外）哦，糟了！
　　我畫得太快，畫出圓外了。我看我還得小心，慢慢地畫圓心部分。
　　（繼續畫）行了，我完成了。

問：我畫得怎樣？

答：我很努力畫，我慢慢地畫。我經常能在圓內畫而不塗到圓外，我覺
　　得很不錯。

教師：很好（巡視之後），你們都畫得很好。不過，老師想問一個問題：
　　　畫得很快好嗎？

學生：（回答）

教師：（斟酌再示範帶領畫另一種圖形，或請學生扮演小老師帶小朋友
　　　畫另一圖形）

171

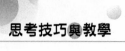

Chapter 5

推理思考及其教學

　　思考技巧之內容繁多，類別難有定論，前已述及。然為提供讀者方便教學參考應用，本書試從思考技巧歸納表（載於第二章第三節）中，選取推理思考、批判思考和創造思考三種，做進一步分析與探討，分述於第五、六、七章。

第一節　推理思考之內涵

　　推理思考（reasoning thinking skills）介乎認知記憶和高層思考技巧之間，具有承上啟下的中介作用。其內涵可分三點敘述如下。

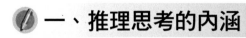 一、推理思考的內涵

推理思考以布隆所述六項認知性教育目標中的理解、應用、分析等三項能力為主要內涵。

1948 年布隆擔任美國大學入學考試命題委員任內，深感出題欠缺標準，造成彼此溝通不易，考試難求客觀公正。因此，他試圖擬訂一套系統，希望藉以導引學校教育努力的方向，並且作為測驗命題之依據，此套標準計將認知性教育目標分為下列六項（Bloom et al., 1956; Sanders, 1966；黃光雄，1988）。

（一）知識（knowledge）

強調對見解觀念（ideas）、材料（包括教材）或現象等，經由認知或回想過程所做的記憶：包括對個別事實和共同事實的記憶、方法和過程的記憶、型態或背景的記憶等。細目如下：

1.個別或特定事物的知識

記憶個別和獨立片斷的資料，強調具體事物的符號。這類資料抽象層次很低，可視為建立較複雜抽象知識的要素。下分二項：

(1)術語的知識：認識了解文字或非文字符號的意義。

(2)個別事實的知識：有關事件、人物、時間、地點、資訊來源等方面的知識。

2.處理個別事物的途徑和手段的知識

針對某一見解及現象，知道如何予以組織、研究、判斷及批判的知識，它居於抽象作用的中介，一邊是個別的事實，另一邊是共同的事物。下分五項：

(1)慣例的知識：知道運用規定格式去處理或呈現見解現象，以符合要求的能力。

(2)趨勢和順序的知識：對事物現象發展的原因、歷程、方向及影響等之
　　了解。

(3)分門別類的知識：對事物是否可予分門別類的了解，包括方法、原則
　　及其功能等方面的分類。

(4)規準的知識：認識用以檢驗和評判各種事實、原則、意見或行為所依
　　據的標準。

(5)方法論的知識：了解特殊學科領域，或調查特定問題或現象時所應用
　　的探究方法、技術和程序。

3.某一領域普遍和抽象的知識

認識組織各種現象和觀念的主要方法體系和形式，它們是支配某一學科
領域，或時常用來研究現象或解決問題的結構、理論或原則，最為抽象、複
雜。下分二項：

(1)原理、原則的知識。

(2)理論與結構的知識。

（二）理解（comprehension）

這是了解的第一步，從而知道溝通的內容，並善用溝通的材料或觀念。
細目如下：

1.轉譯（translation）

這是理解的證明，但須以相關知識為基礎。依據仔細和精確兩項標準，
改用他種表達方式溝通某觀念，或將一種語言轉換成另一種語言，但均以保
持原義不變為要。

2.解釋（interpretation）

係指對某項資訊（包括字、詞、圖、表）內容，能摘取要素、洞悉彼此
關係、歸納結論、舉列事證，或將之重新整理、編排的歷程。

3.推論（extrapolation）

了解現有資料之後，依據其趨勢傾向或條件從事歸納結論、推測後果及預斷其發展等之歷程。

（三）應用（application）

應用抽象知識於特殊和具體事物或情境之能力，抽象知識的形式可能是一般觀念、程序法則或一般方法等；也可能是必須加以記憶和應用的專門原理、觀念和理論等。它包含應用、解決、實驗和演示等技能。

（四）分析（analysis）

了解訊息溝通內容，分析其組成要素或成分，使觀念更加清楚；並且更有效地把握觀念與觀念間的關係；分析的目的在釐清溝通訊息內容，並指明其構成方式或原則等。細目如下：

1.要素的分析

說明訊息溝通的內涵，區辨事實及假定、假定及意見、結論與支持性論點、有關材料與無關材料等之不同。

2.關係的分析

了解訊息資料構成要素間、部分與主題間的連結或交互作用關係，又如因果關係、邏輯錯誤的發現等能力。

3.組織原則的分析

這是有關訊息溝通組織、系統和結構的分析，例如藝術作品之構思、作者之中心概念、宣傳廣告所用技巧等之解析。

（五）綜合（synthesis）

　　強調組合各要素和各部分以形成一個整體的能力，包括多方搜索並整理片段、部分或要素之歷程，以及採用新法或新形式加以安排和結合這些片段，以構成一種新奇、獨特之成品的歷程。細目如下：

1.獨特的訊息溝通或表達能力

　　寫作者或說話者設計出獨特的溝通方式，藉以傳達其觀念、情感及經驗給他人，例如：巧於寫作（編故事、作文、詠詩）、演說或作曲等。

2.提出計畫或方案的能力

　　針對工作要求或問題特徵，提出工作計畫、解決策略或設計實施方案的能力，例如：列舉驗證假設的方法，設計解決交通壅塞問題的方案等。

3.抽象關係的衍生

　　發展一套抽象關係，用以分類或說明特定資料或現象；或根據一套基本命題或符號表徵，演繹各種命題和關係，例如：形成假設，發現定理的能力。

（六）評鑑（evaluation）

　　意指根據特定目的，對見解觀念、作品、方法和材料等，從事價值判斷；或對於材料和方法依其滿足規準的程度，給予質和量的評價。包括解析、判斷、批判和抉擇等技能。細目如下：

1.依內在證據而判斷

　　根據邏輯的精確性、一致性和其他內在規準為證據，以評鑑訊息溝通的精確性。

2.依外在規準而判斷

參照所選用的或所記憶的規準，以評鑑訊息材料或其他。

以上六項認知性教育目標中，知識類及理解類的轉譯作用，本書將之歸為認知記憶性思考；而解析、推論、應用及分析之部分歷程等，則歸屬於推理性思考。

二、推理思考與基爾福「智能結構論」中的聚斂性運作歷程近似

有關基爾福所提智能結構論的內涵，請參見第七章第一節所做介紹。其中聚斂性（convergent）運作歷程，近似於推理性思考。

三、推理思考以理解為基礎，兼容垂直思考和水平思考

理解（comprehension）一詞，依《韋氏英文字典》解釋，至少具有下列要義：(1)用心把捉的行動；(2)了解觀念（ideas）、事實……等之能力（Neu-feldt, Sparks, & Andrew, 1988: 286）。從閱讀理解的角度看，它包括了對文章中心思想的把握和重要內容的記誦。

理解是高層思考的基礎，學生欲圖學得好，思考得巧，須先備有充實穩健的理解技巧。

泰德（Tiedt, 1989: 192）指出，理解思考能力主要包括把握要點、中心思想、因果關係，和推論、排序、比較、預測、歸納結論等。若就推論（infer-ence）而言，至少包含下列主要技巧（p. 195）：

1. 推知未明講的細節，綜納結論。

2. 知悉彼此間關係，包括部分與全體、因與果、普遍與特殊等關係，也包括順序、空間、時間、大小之關係。

3. 類化作用。

4. 解讀數字資料。

5. 認明人物特質、行為動機和反應等。

6. 推測故事的可能發展。

7. 提出假設。

8. 預測故事發展結果。

9. 推估故事情節若做改變後可能引發的結果。

10. 應用構想並用與過去經驗統整。

　　泰德強調，各科教學中每位任課教師對於學生理解能力之增進均可助一臂之力。為了方便參考應用，他特地將理解技巧分為五大類別二十七小項如下（Tiedt, 1989: 196-198）：

1.理解技巧（一）：分類思考

(1)把觀念主張分類。

(2)區分事實與幻想。

(3)辨別真實的與非真實的。

(4)分辨事實和意見。

(5)鑑別有關與無關的資料（訊）。

(6)統整新、舊資訊。

(7)選擇正確而實用的意義。

2.理解技巧（二）：演繹性推理

(1)認清哪些是支持性的資訊或細節內容。

(2)推論指出未明述的細節。

(3)分析結論。

(4)舉例說明。

(5)應用所獲資訊於新情境。

(6)產生心智圖像幫助了解與記憶。

3.理解技巧（三）：歸納性推理

(1)類化作用。

(2)認明人物特質和行為動機。

(3)解析作者的風格、偏見、態度和目的。

(4)把握中心思想、核心理念。

(5)解析數字意義和成語。

4.理解技巧（四）：預測的思考

(1)推斷下一個行動。

(2)提出假設。

(3)預測結果。

(4)明白伏筆提示、預警的用途。

(5)猜測。

5.理解技巧（五）：預測結果的意義

(1)預測因果關係。

(2)推斷故事中人物行為的後果。

(3)推測故事情節如做改變後的演變。

(4)預測自然事變（不可料事變）帶來的影響。

推理思考又可從兩方面推敲：一是正式的，二是非正式的推理歷程。

（一）正式推理（formal reasoning）

這是思考的主要工具，誤用了，往往導致錯誤或虛妄。它分為兩大類別
（Tiedt, 1989: 98-112）：

1.歸納推理

即蒐集事實，依據事實去找出共通可信的事項或概化原則。下分事證（evidence）的蒐集和假設的驗證兩大技巧，前者強調資料的有效取得和篩選；至於假設的驗證，則須由研究者綜合歸納現有資訊，包括理論的和實證的，對某一事物的現象提出新的了解或暫時的答案，然後實地去查證、去測試，以檢驗其真確性。

下列是一些假設的句子或有待驗證的題目：

❖ 寒帶地方生產的蛋黃比熱帶地方產的要大些。

❖ 大豆種在壤土上，比種在砂土長得快。

❖ 吃素的老鼠比吃葷的老鼠長得慢。

❖ 每天日報裡用得最多的形容詞是什麼？（請列出前十二個）

❖ 吃半斤米飯比吃半斤麵條容易餓。

2.演繹推理

由概化的原則或真實解析應用到某一具體事項上去，最普遍使用的當屬三段論法。茲舉例如下：

例一：大前提：所有職業棒球隊員都不滿四十歲。

　　　小前提：大華是個棒球隊員。

　　　結　論：大華的年齡未到四十歲。

例二：大前提：北方人都喜歡吃麵。

　　　小前提：小明是北方人。

　　　結　論：小明喜歡吃麵。

三段論法有時會被誤用，尤以大前提不夠準確，大小前提內涵未能一致相容時，則結論往往錯誤，例如：上述例二的大前提就有以偏概全、不夠精準之虞。

例三：大前提：每當雨下得特別多，本地就會鬧水災。

　　　小前提：今天雨下得特別多。

結　論：我們又要鬧水災了。

例四：大前提：有些喜歡游泳的人在冬天也游泳。

　　　小前提：大年是喜歡游泳的人。

　　　結　論：大年在冬天裡也游泳。

上述二例的結論就不很可靠了，因為大前提不夠明確（如特別多、有些等詞語），大小前提無法扣得很緊密。

（二）非正式推理（informal reasoning）

例如水平思考、做閱讀摘要及寫讀書心得等皆是（Tiedt, 1989: 120-122）。

水平思考相對稱於垂直思考，茲舉一例如下：

假如你面對著一百多人，想挑出最高的兩人，你可能叫他們站起來，一個一個比；你也可能問身高 200 公分的請站起來，然後再比較，這些方法都屬垂直式邏輯思考。應用「水平思考」則比較不合邏輯，比較取巧，例如：你可以要求自認為身材最高的人主動站起來，然後問出高度，再向大家說，自認為身高比這位先生高的人請站起來。這種方法快速可行。

荻傍諾（de Bono, 1992: 85-87）提出水平思考與垂直思考的不同，前者是啟發性的，偏向右腦功能的，斷續性的；後者則較屬邏輯性、傳統性，偏重左腦功能的，分析性的。他強調水平思考的重要，用以彌補過去偏重垂直思考的缺失，惟發展水平思考，應同時兼重技巧和態度的培養。

左右腦功能有別之研究，早在 1834 年法國醫生馬克・戴克斯（Marc Dax）即已發現，左腦受傷嚴重而影響語言功能的病例。二十年之後，另一法國人皮爾・波卡（Pierre P. Boca）蒐集到一些病例，顯示左腦傷害與語言功能失常有關。1864 年英國腦神經學家賈克遜（J. H. Jackson）總結指出，左腦當是「表達工廠」（factory of expression）位置之所在。此後有關左、右腦功能不同之觀念，逐漸建立（Tiedt, 1989: 129）。

腦科醫生史波里（Reger W. Sperry）從事腦部手術，證實左腦工於資訊的分析、排序和推論，右腦則偏重概念性、直覺性的思考。他在這方面的成就，

使他獲得 1981 年的諾貝爾獎。

　　一般教育活動偏重左腦功能的發展，而忽略了右腦功能的開拓。因此，如何兼籌並顧，使左、右腦獲得充分發揮，實乃當今教育工作者不可輕忽的課題。傳統的成績優異學生，往往在語文字彙、數學計算等方面表現良好，也就是左腦功能比較發揮的結果。然而，若其右半腦仍屬未開發，至為可惜。

　　總之，大腦分左、右半葉，左腦傾向系統的、分析的、語文的思考能力；右腦偏向概念的、統整的、直覺的、視覺與空間的思考能力。惟賴左、右兩葉協調配合，充分發揮，才能達到人腦的最高功能。為此，教育工作宜關注此一現象，留意開拓學生左、右腦潛能，善用各種教學方法策略，從事「全腦」（whole brain）的開發工作。

第二節　推理思考教學之策略

　　思考啟發教學宜採用內主外輔、多元並進原則，前已述及。茲介紹數則策略如下，以供參考。

一、心智圖策略

　　心智圖策略（mind mapping）愈來愈普遍被應用及改進，早期華人倡用「九宮格」法、曼陀羅法，後有藤蔓法、心智概念圖法等均是。

　　一般而言，心智圖策略之實施，首先須提出一個合乎學生經驗的主題，要求他們自由聯想出與它有關的事項，去蕪存菁，然後組成一幅脈絡清楚的思考成果圖，例如：以學校為主題，可能想出下列網狀圖（Tiedt, 1989: 21）（見圖 5-1）。

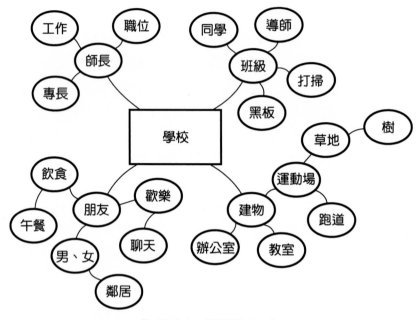

🔵 圖 5-1　網狀圖（一）

🖊 二、教師發問的策略

　　課堂上經由教師配合教材內容，提出具有啟發性的推理題目，是另一種有效的策略。茲綜合提出十項編擬推理性題目的指標如下，以供參考。

（一）摘取要義

即歸納指出段落或全文大義，或把握文義要點。

例：提示學生下列文章：

　　打從高一開始，大年努力以赴的目標便是勤練三級跳遠，期能將來參加奧林匹克世運會。他是如此沉迷於此項目標的達成，致使無心從事任何與三級跳遠無關的工作。他每天勤練數小時，包括體

能訓練、練跑，並且注重營養吃得很好，同時每晚要睡足八小時。
如是直到大學畢業離校後，他仍堅定不移繼續努力，不允許任何人
或事打擾他或阻撓他完成參加世運會的心願。

問題一：本文大意是什麼？請用一句話說出來。
問題二：大年努力準備參加世運的時間已有多久？
問題三：大年終於達成心願了嗎？

（二）歸類事物

洞悉事物特質與彼此間關係，進而予以分類。
例一：上文所述大年為完成參加世運會心願，他從哪幾個方面努力求進？
　　　（體力、技巧、毅力等方面。）
例二：請把下列食物歸類：蘋果、李子、番茄、米、麥、黃瓜、玉米、
　　　花生、絲瓜、核桃、梨子、杏仁。

（三）撰寫綱要

例：請寫出下列文章之綱要：

美國社區學院開設三種主要課程。第一種是終結性課程，主要
功能在培訓學生一技之長以便就業，或提供高中後的博雅教育；第
二種是中介性課程，主要目的是開設大學前二年的必修課程，俾以
紓解四年制大學因容納有限所造成的過分競爭與擁擠；第三種是社
區服務性課程，目的有二：提供社區成人教育機會，及配合當地工
商企業需要，提供特殊技能訓練課程。

（四）比較異同

就事實狀況或所述內容進行比較，指出彼此間異同之處。

例一：鄉村生活和都市生活在飲食方面有什麼相同、不同？

例二：水稻和小麥的生長習性有何異同？

例三：菱形、長方形、梯形，哪些與平形四邊形面積的求法接近？

（五）找出因果

區辨事物因果，或洞悉因果關係。

例一：某工人應老闆要求加班，深夜二點鐘才駕車回家，途中因打瞌睡撞上路樹。請問車禍原因是什麼？

例二：「床前明月光，疑是地上霜；舉頭望明月，低頭思故鄉。」李白寫這首詩的地點是在北方或南方？為什麼明月引起他思鄉？

（六）事例舉證

找出事例以支持論點。

例一：「暴政必亡」，中國歷史上有哪些實例？

例二：「吃虧就是占便宜」，請舉例說明？

例三：「熱脹冷縮」現象，有哪些實例？

（七）據情推衍

根據已知事項與脈絡，衍生出新關係或事項。

假如文章如下：

經濟學的比較利益理論指出，為發展經濟，任何國家均宜出口自己能廉價生產的物品，而進口自己生產成本偏高的物品。換言之，

買進自己不易生產的商品，賣出自己能廉價生產的產品，如是各國
彼此互惠，大家蒙利，消費者也同受其益。

　　例一：根據上述比較利益原則，可能導致各國自己生產的商品種類減少
但數量增多嗎？
　　例二：根據上述比較利益原則，可能造成各國間更加相互依賴嗎？
　　例三：根據上述原則，可能有利於工業國家而不利於農業國家嗎？

（八）活用事理

　　提示某價值觀念、技巧或定義後，進而據以辨認或舉出實際應用的例子。
　　例一：「沉默是金」，因此參加開會最好一言不發，是嗎？
　　例二：討論過木瓜生長的習性，那麼台灣本島有哪些地方適宜種植呢？
　　　　　（請在地圖上指出。）
　　例三：物體常呈「熱脹冷縮」現象，所以剛出籠的熱饅頭比較大嗎？

（九）類推比喻

　　例一：球員與球隊的關係，相當於學生與_____的關係。解答此一問
題，可採下列六步驟：
　　1. 想像「球員」的樣子和角色。
　　2. 想像「球隊」的樣子和角色。
　　3. 在腦海中比較「球員」和「球隊」的異同，把握二者間的關係。
　　4. 選定二者間的關係。一般而言，有三種可能關係：
　　　(1)意義相似的關係。
　　　(2)意義相反的關係。
　　　(3)部分與全體的關係。
　　5. 想像「學生」的樣子和角色。
　　6. 參考第 4 步驟所得答案──部分與全體關係，想像「學生」應與

「？」的關係最為妥當。答案可能有班級、年級、學校等，最後選定「班級」最為切題。因此得到下列答案：「球員」與「球隊」的關係，相當於「學生」與「班級」的關係。

例二：「鞋子」與「腳」的關係好比什麼與「手」的關係？

「秤」與「重量」的關係好比「鏡」與什麼的關係？

「牧師」與「教堂」的關係好比「醫師」與什麼的關係？

例三：太陽像什麼？星星像什麼？瀑布像什麼？

（十）解析數據

由統計數字中歸納提出重點事實或趨勢。

例一：下表中顯示哪些社區青少年犯罪問題特別嚴重？

例二：青少年犯罪率可能與哪些因素有關？

例三：教育程度高低與收入、出生率有什麼關係嗎？

	平均	甲社區	乙社區	丙社區
青少年犯罪率	4.24%	18.1%	1.3%	4.1%
平均每月家庭收入	24,000 元	16,800 元	40,000 元	28,800 元
出生率	15.5%	16.7%	10.1%	15.4%
家長教育程度	9 年	6 年	12 年	8 年
寺廟、教堂數目	10	10	5	15

此外，美國學者柯林茲（Collins, 1985: 579-586）所提出的七項策略，亦具參考價值。

（一）發問以提示學生形成假設

例如教師提問：「緯度高低與氣溫有什麼關係」後，又問：「同一緯度但離海洋遠近不同都市的氣溫會有差別嗎？」進而引發學生歸結出一個假設：

氣溫高低與緯度及離海洋遠近兩因素有關。

（二）發問以提示學生驗證假設

例如針對「緯度相同，離海洋愈遠地方其氣溫愈低」之假設，教師可提問學生比較一些緯度同但離海洋遠近不同城市氣溫之差異，進而驗證假設成立與否。

（三）發問以提示學生從事預測

例如自然科進行種子發芽實驗，教師可發問要學生預測芽生長的速度（如1公分長、2公分長各需幾天）。或分組比較綠豆芽、花生芽哪一種長得快等。

（四）發問以提示學生依據已知條件去預測他種可能性

例如學生歸納出結論指出，水稻適合於多雨、高溫的地方種植。那麼，老師可提問：小麥是否也適合在那種地方種植？或多雨、高溫的地方可能適合哪些作物生長呢？

（五）發問以提示學生發現自己的誤解或錯誤推論

例如學生提出意見說：南台灣氣候較熱，所以高屏地區水稻可以收成兩次。那麼，老師便可順勢提問：凡是天氣比較炎熱地方，都可以一年種植水稻二次嗎？

（六）發問以提示學生提出各種不同假設

例如學生歸納指出「離海洋較遠的地方平均氣溫會比近海地方為低」之假設，教師可以發問：「想想看，有沒有不同的看法或假設？」

（七）鼓勵學生對權威質疑

一般學生傾向從課本或教師獲取答案，而不願自行探究或提出質疑。為增進學生思考能力，教師宜鼓勵他們自提假設或預測，並蒐集資料從事驗證。

三、單元活動設計策略

本策略可配合正課進行，亦可作為外加性的獨立教學單元實施。下列例子可供參考。

（一）事證蒐集以從事歸納思考的教學單元範例

範例一

【單元名稱】發生什麼事？

【年　　級】九至十二。

【教學目標】加強學生分析、綜合能力；把握重點，找出關係，形成整體，由因究果的能力。

【教材大綱】教師摘述故事內容重點，散發學生閱讀，要求學生從中領悟故事內容，推測故事結局，並請說（寫）出如此推斷的理由。

【教學過程】1. 引起動機：提出一則兒童熟悉的影片或故事，請學生說出內容大要及結局。強調故事結局的重要及其可預測性，並請學生發言，列舉可幫助我們預測結局的情節或線索。最後師生共同歸納寫出主要的結論。

　　　　　　2. 中心活動：散發事先備妥的故事內容摘要，請學生仔細閱讀，把握前後關聯，推敲故事情節發展，寫出可能的

最後結局。並將自己所以這樣下判斷的理由說（寫）出。

3. 發展活動：將學生分組（可兩人一組），報告分享個人作品，並選出一則較佳者代表小組向全班報告。隨後全班各組代表上台報告、分享，最後老師念（說）出原故事結局並對同學的表現講評。

4. 評鑑活動：收齊學生作品加以評閱，尤其注意所列判斷依據的理由，審查其思考能力，但宜褒不宜貶。（Tiedt, 1989: 101-102）

範例二

【單元名稱】下一個是什麼？

【年　　級】四至十。

【教學目標】透過下列活動以增進學生推理歸納能力：

　　　　　　1. 從序列資訊中推想出下一個演變或要素。

　　　　　　2. 說明這樣推想所依據的理由。

　　　　　　3. 創作三則序列資訊題目。

【教材大綱】教師備妥序列資訊練習題，發下讓學生應用歸納推理想出最後一格（如下圖）的答案，並說（寫）出如此推斷的理由。另規定學生研擬創作三則類似題目。

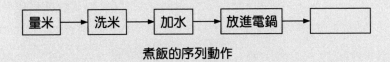

煮飯的序列動作

【教學過程】1. 引起動機：應用視聽器材打出下列圖形，逐一跟學生探討答案應是什麼？你如何知道？並做最後總結、提示。

　　　　　　2. 中心活動：散發備妥的作業單，要學生逐一完成。隨後

請學生上台報告所得答案,並說明歸納所依據的道理。
同一題可有不同答案,應請說明報告並做比較。

3. 發展活動:要學生各自想出三個類似性質之題目,藉以
訓練其思考。隨後,兩人一組交換填作題目答案,並相
互討論答案及所持理由。如時間允許,可讓部分學生帶
作品上台向全班報告,分享大家;或張貼布告欄供同學
參考。

4. 評鑑活動:學生作業收齊評閱,表現好的多鼓勵,差的
要了解,並進一步個別輔導。(Tiedt, 1989: 103-104)

(二)假設驗證性的推理思考教學單元範例

🔵 範例一

【單元名稱】無聲辯論。

【年　　級】四至十二。

【教學目標】對當今民眾關心的爭論問題表示自己的看法,也藉此了解
他人不同於己的意見,以增進思考。

【教材大綱】師生共同提出一些時下國人關心與爭論的問題,蒐集了解
正、反兩面的主張見解。然後每兩人一組,共同選擇一個
主題,各自站在一方,用筆辯論,寫出自己的意見。完成
之後,交換所寫,閱讀對方所述內容後並用筆摘述對方所
持重點意見。

【教學過程】1. 引起動機:教師與同學腦力激盪方式,就時下大家關心
且富爭論的問題,一一列在黑板上。請二至三位同學就
其中任何一項發表意見,然後教師就此三人所談論主
題,個別請有不同看法的同學發言。見發言踴躍,趁勢
打住。告訴他們現在兩人一組,相互辯論,但須不發出

聲音。

2. 中心活動：學生分組，兩人一隊，各自取用一張白紙，從黑板上所列題目共同選定一個，並且決定正、反兩方人選。選定之後便開始把自己的主張寫在紙上，約三分鐘後雙方交換，了解對方所寫內容，據以繼續申辯。進行到一面紙張寫完可矣！每次交換所寫內容後，原則上只宜針對對方申論重點反駁，寫出二至三句話。

3. 發展活動：每人再發紙一張，要他們回憶對方所寫內容，摘述列舉重點主張。然後，借閱對方原稿，了解全部內容與自己描述內容相符情形。

4. 評鑑活動：蒐集原稿及摘要稿，分別給予評閱。並於發還之前，擇優向全班介紹內容，以分享大家。（Tiedt, 1989: 203-204）

範例二

【單元名稱】跟作者溝通。

【年　　級】四至十二。

【教學目標】提升閱讀及思考能力，並培養勇於發表態度及關心社會現實問題之習慣。

【教材大綱】選用時論文章一段或一短篇，請學生各自針對文中每一句話提出自己看法（或反對或贊成並加註意見）。隨後，學生分組並提示每人作品相互觀摩，大家共同討論商定一篇代表作，準備向全班同學發表。

【教學過程】1. 引起動機：從報章雜誌選一篇大家關心又有爭論性的文章，放映出來讓學生閱讀。然後要求每人針對每一句話發表個人意見，說明贊同或不贊同作者意見並說明理由。告訴學生，這就叫作跟作者溝通。

2. 中心活動：教師將事先備妥的文章展示出來，要學生自由挑選其中之一。針對每一句話，把自己的看法意見逐一反應，書寫在紙上（原文逐句抄寫在前）。指導學生必須切實把握作者原意，並表達自己贊同與否之態度，也可提供補充資料。

3. 發展活動：學生分組，分享他人作品並推出代表作一篇，準備向全班宣讀。每位學生並將自己在這項學習活動的感想，寫在作業紙的背面。

4. 評鑑活動：蒐集學生作業，分別就跟作者溝通及心得感想兩部分評分。（Tiedt, 1989: 205-206）

（三）邏輯推理思考之教學單元範例

為加強學生把握部分與整體之間的邏輯關係，下列練習可斟酌參考應用。

例一：大前提：打過狂犬病疫苗的狗才可以進公園。

　　　小前提：（請學生想出來）

　　　結　論：吳先生的狗不可以進公園。

例二：大前提：（請學生想出來）

　　　小前提：他昨天在一家湖南館子吃牛肉麵。

　　　結　論：他吃了一碗很辣的牛肉麵。

下列是演繹思考教學單元範例（Tiedt, 1989: 116-120）。

範例一

【單元名稱】理想的設計。

【年　　級】三至十二。

【教學目標】觀察商品的包裝設計後領悟出其設計原則，進而自行設計一至二種作品，並說明構思的理念，藉此訓練其歸納、演

繹的推理能力。

【教材大綱】教師準備多種商品包裝設計，上課時供學生觀賞、推敲，從中領悟出包裝設計的邏輯道理，了解其型態和功能。據此，自行設計一至二個包裝設計圖，並說明功能、理念。同學作品相互鑑賞之後，選出優秀作品展示，並說明優點所在。

【教學過程】1. 引起動機：教師帶來許多商品包裝設計，展示參觀後，同學逐一探討包裝設計的理念、功能、優缺點，並請同學想想有無更好的方法或改進的意見。

2. 中心活動：觀賞並討論到相當程度之後，便要求同學自行研究一項包裝設計，實作練習。下列是一些可設計的商品：防火防撞的汽車、鉛筆盒、方便運送的裝狗箱子、裝燒餅油條的包裝盒等。

3. 發展活動：每人完成一項作品後，分組相互欣賞並檢討，就功能、限制、價格、設計原理等加以推敲。每組可選出最佳作品，安排時間向全班展示報告，並陳列教室內供大家欣賞。

4. 評鑑活動：教師蒐集學生作品，一一加以評量，鼓勵優點，建議缺點之改進途徑。

📖 範例二

【單元名稱】智者之言。

【年　　級】九至十二。

【教學目標】從格言、名句之體會中，分析其中蘊藏的邏輯，進而寫出其三段論法以檢視其適切性，藉此訓練學生的推理思考。

【教材大綱】教師呈現五句左右的格言名句（用投影片、揭示板或講義），選出一句做分析，示範就其內涵寫成三段論法，以

觀其妥切性。隨後要求學生任選一句進行分析，寫出三段論法陳述；適當時機將學生分組，各自報告作品，相互欣賞討論，檢視所述格言名句的邏輯性。

【教學過程】 1. 引起動機：揭示一句名句或格言，師生共同討論其潛藏的邏輯，推論依此格言將有什麼行為產生，據而寫出三段論法的陳述。

2. 中心活動：教師揭示備妥的格言名句，要學生從中選擇一句，並參考前述例子分析它，再寫出三段論法之陳述。稍後分組，學生輪流報告自己的作品，相互欣賞討論，並決議各句名言之邏輯性妥切情形。

3. 發展活動：全班同學共同評鑑每句格言的邏輯妥切性，採用三等級或五等級量表，每人針對每句格言評量。評量之前須先聽聽同學對它所做三段論法的評述，評量完畢，統計結果，揭示各句格言的得分排序，以供大家參考。

4. 評鑑活動：收齊學生作業，逐一給予評註。

（四）促進左、右腦發展的教學策略

促進右腦發展的教學策略很多，茲介紹數則如下：

1.圖像視覺的思考（visual thinking）

一般學習從投入、轉化、到產出三大過程中，多半應用語言文字和數字為媒介。本策略旨在修正過於偏左（左腦）路線，而增加使用右腦的機會。換言之，多應用眼睛去觀察物體、實像及圖形，以補語言文字、數字之不足。泰德（Tiedt, 1989: 134）認為：

(1)觀察與繪製是圖像視覺思考的重要技巧與過程。無論是數學、自然或社會科教學，除閱讀、聽講之外，宜增加實物、模型、圖畫之觀察體

會。觀察之後,進一步要求學生用圖、表繪製記錄起來,這是右腦開發的途徑之一。

(2)圖示(mapping)是另一重要圖像視覺思考技巧。茲舉一例如圖 5-2 所示:

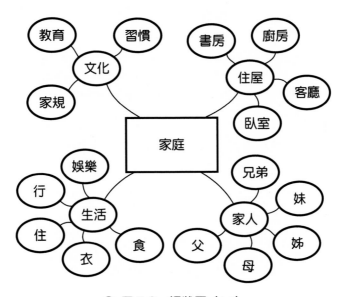

圖 5-2　網狀圖（二）
資料來源：取材自 Tiedt（1989: 134）。

2.類比明喻的思考

　　試將兩個表象不同的事物找出潛在的相同之處,藉以發現彼此間之關係,謂之類比明喻。譬如「足球賽」和「學校」明看兩不相干,但仔細推敲則會發掘二者有相通之處,例如都有成員、有領導、有規則、有競爭……等等。此種思考方法可以用在新學習(或新問題)與舊經驗(知識)之間,藉著彼此相異、相同點的推敲,幫助了解、把握與解決。本項思考方法,重點在激發學生找出事物之間的關聯性,包括外形的、結構的、功能的相似性。

有人問：「0和1哪一個重？」「藍和綠哪一個比較高？」「白雲像綿羊嗎？」這些問題似不合邏輯，但卻是可以激發右腦功能的教材。

下面是一則單元活動設計，轉述以供參考。

【單元名稱】生活的類比。

【年　　級】三至十二。

【教學目標】1. 比較兩種不同的概念。

2. 綜納提出一個定義。

3. 組合成一個更完美的類比譬喻。

【教材大綱】學生各自選個動物作為自己的譬喻、替身，並說明選擇牠的理由。鼓勵學生從文學作品中欣賞類比譬喻的筆法，進而回家書寫一篇以動物譬喻自己的報告。

【教學過程】1. 引起動機：教師問：「你喜歡什麼顏色？」學生各有不同答案。教師趁機指名再問：「為什麼你要選擇綠色？小明請回答。」答說：「我喜歡綠色，因為我認為綠色表示重新開始，或開始進行一件事情，並與過去劃清界限。」

繼續請幾位學生回答後，要求他們各自寫在紙上，盡量想出選擇的理由，最後找幾位學生報告所寫內容和大家分享。

2. 中心活動：告訴學生每人選擇一種動物，作為自己認同的對象，然後問說：「你是哪一種動物哇？」隨後指導學生把動物名稱寫在作業紙的中央，並想出選擇此一動物的原因或牠的可愛處，一一寫成網狀圖形。

構思完成後，要求學生就在網狀圖下方或作業紙的反面，用文字描述出來。第一句話須為：我是一隻……。然後把網狀圖上所列優點、特色列舉進去。寫作當中如有新的想法也可以加入。

　　3. 發展活動：學生四人一組，彼此宣讀分享自己所寫內
　　　　容。每一組又選出一篇作品，準備向全班同學宣讀。全
　　　　班一起宣讀、分享各組代表作後，可以提出討論，列舉
　　　　有趣的描述、優美的詞彙、對比的技巧等，以作為寫作
　　　　的參考。最後教師做總結，並告訴學生兩種不同事物或
　　　　動物之比較對照，就叫作類比明喻（metaphor）。
　　4. 評鑑活動：規定學生回家以另一種事物，如岩石、房
　　　　子、教堂、汽車等代替動物，畫出特質網狀圖，寫出認
　　　　同事物之特色。所做作業可參考發展活動最後總結出來
　　　　的優良特質，加以考評。（Tiedt, 1989: 14-17）

3.實作經驗（體驗）的學習過程（experiential learning）

　　透過實地訪查、實驗操作、模擬、角色扮演等方式學習，往往可以促進思考，尤以右腦功能得以發揮。

　　至於如何促進全腦（左右腦）發展，茲舉兩例教學單元設計如下（Tiedt, 1989: 136-138）：

🔘 範例一

【單元名稱】思考的藝術。

【年　　級】一至十二。

【教學目標】透過塗鴉繪畫以促進觀察力、想像力和創造力。

【教材大綱】藉著一筆成形、落筆成文的演練，培養兒童的信心，增進
　　　　　　其想像力和繪畫能力。

【教學過程】1. 引起動機：教師發下紙一張，告訴兒童有五分鐘時間在
　　　　　　　　紙上隨便畫，想畫什麼就畫什麼。有些兒童可能如同作
　　　　　　　　文課一樣，呆在那裡不知從何著手，此時教師不妨問：
　　　　　　　　「你不知道畫什麼好嗎？」接著說：「其實不難，很容

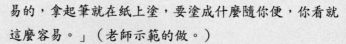

易的,拿起筆就在紙上塗,要塗成什麼隨你便,你看就這麼容易。」(老師示範的做。)

2. 中心活動:教師指導學生把紙翻到另一面,準備進行「一筆成圖」活動。告訴學生,下面是自由想像畫時間,但須遵守兩個規定:一是當手持筆開始畫第一筆時就得畫到好才停止,中間手不能停住;二是筆尖不能離開紙張。換句話說,圖是一筆成形的,連著畫不能中斷,不過筆可以來來往往、向前又向後自由的畫。現在開始畫,你有兩分鐘時間。

第二個一筆成圖是比較有變化性,教師再發紙一張,告訴學生依據第一個活動自由畫,但畫到中途老師突然叫停,並規定現在改畫老師規定的東西,例如馬等。此時學生必須中斷原先所畫,立即改筆畫馬。不過,允許學生改在同一張紙的另一地方起筆,當然也可以在原來停筆的地方開始畫馬。

本活動宜從簡單的東西,如籃球、球拍、茶杯、貓、狗、鳥、魚等做起。

3. 發展活動:學生分組相互欣賞作品,鼓勵報告說明自己作畫過程、構想及困難。教師酌情將同學作品展示在教室,供大家相互觀摩。

4. 評鑑活動:收齊學生作品,欣賞學生作畫的構思、幽默、投入和大膽,必要時可要求學生說明所畫,並讓學生知道敢畫就是好,允許差錯存在。

範例二

【單元名稱】視像記憶術。

【年　　級】四至十二。

【教學目標】知道如何應用畫像協助記憶。

【教材大綱】鼓勵學生創造視覺圖像以幫助記憶，包括各科目教材中的
　　　　　　字詞、數字或其他資訊。

【教學過程】　1. 引起動機：教師揭示十二個字請學生在二分鐘內記住，
　　　　　　　　　隨後要學生回憶寫出那十二個字。檢討校對後，請他們
　　　　　　　　　發表如何記住這些字的方法或訣竅。

　　　　　　　2. 中心活動：教師舉例說明記住 5315 這個數字的方法之
　　　　　　　　　一，可以應用十二生肖的鼠代表 1，虎代表 3，龍代表
　　　　　　　　　5，因此 5315 變成：龍─虎─鼠─龍，再把它們想像成
　　　　　　　　　一幅圖畫，以一句話如「雙龍戲虎鼠」來形容。因此腦
　　　　　　　　　中浮現這張圖就會記住這個數字。這就是視像記憶術。
　　　　　　　　　提示學生自己可以自創各種符號或圖形，以幫助記住課
　　　　　　　　　本內容或任何資訊。

　　　　　　　3. 發展活動：規定學生回家選擇一則科目教材內容重點，
　　　　　　　　　應用圖像幫助記憶，並將圖像、文字記錄下來，下次上
　　　　　　　　　課繳交並做口頭報告。

　　　　　　　4. 評鑑活動：收齊作業，多予肯定。並可利用全班經驗分
　　　　　　　　　享過程，鼓勵欣賞他人作品，並思索有無第二種視像可
　　　　　　　　　資應用。

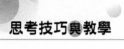

Chapter 6

批判思考及其教學

　　民主法治社會的建立，有賴國民具備良好的判斷能力；欲期國民能夠從事客觀、正確的判斷，則必須從小實施批判思考之教學。

　　近二十年來，先進國家教育當局日漸重視這種能力的培育，例如：美國加州、康乃狄克州、賓州和密西根州均要求州內各中、小學，須對學生實施批判思考能力的教學與評鑑，加州大學各校區並規定，「批判思考」列為大學部必修課程之一（Ennis, 1987）。

　　反觀國內，有關這方面的研究與報導並不多見，學校教學猶未給予重視，殊屬一大缺憾，故特為介紹推廣。

第一節　批判思考的意義與重要性

　　批判思考一詞，與英文 critical thinking 相近。據考 critical 一字，源自字

根「skeri」和希臘字 kriterion 而來。skeri 意指切割、分離或分析的意思，kriterion 則指判斷的標準。是以當吾人從事批判思考時，意味著我們並非毫不思索地全盤接受某一事物或陳述，而係應用思考力量把該事物或陳述加以分解、分析，並設定標準據以判斷（Paul & Adamson, 1990）。

另據《牛津英文字典》的解釋，批判一詞具有吹毛求疵（censorious）或發現錯誤（fault-finding）的意思。

論者指出，美國杜威於 1933 年出版《如何思考》一書，提出問題困難解決的五個歷程，乃是批判思考探討的開始（Carroll, 1981）。嗣後有關批判思考之含義及其行為特質的研究，陸續有人探究介紹。

什麼是批判思考（critical thinking）？美國當代在這方面研究著述頗多的學者安尼斯（Ennis, 1985）曾下定義說：

> 批判思考是理性的深思，著眼於判斷何者可信，何者可為（Critical thinking is reasonable, reflective thinking that is focused on deciding what to believe or do.）。

茲簡述故事兩則，說明分析如下：

故事一：青出於藍

> 一天，明智的媽媽得意地向丁老師說：「明智參加潛能開發訓練班真有效，上腦力激盪課時，他把『青出於藍』的意思解釋為『青菜長在籃子上』，指導老師誇讚他很有創意。」丁老師聽後呵呵作聲，不知如何回應才好。

【說　　明】故事一至少呈現了三個可信或不可信的關鍵點：一是指導老師對明智的誇讚；二是媽媽對老師的誇讚的認同；三是丁老師對

家長態度的接受程度。此三者，構成故事一的批判思考內涵。

故事二：樹的醫生

　　威廉在美國讀完小學二年級，回國後參加國語科輔導課，上完「樹的醫生」課文，舉手發問說：「老師，啄木鳥怎麼會是醫生呢？牠停在黃葉枯枝上找蟲，並不知道樹有病，吃蟲只因肚子餓了，牠並沒有替樹治病的意思和了解呀！」老師說：「這是擬人化的故事，只是作者的想法罷了。」

【說　　明】故事二也至少呈現了兩個可信或不可信的批判思考關鍵點：一是學生對啄木鳥是醫生的抗辯；二是老師對學生看法的接受與解析。

　　歸納而言，批判思考的要義及其重要性，概可分從下列三點敘述之。

一、批判思考屬於高層認知能力

　　批判思考是個人對事物關係和價值從事判斷的歷程，屬於高層認知能力之一。

　　安尼斯（Ennis, 1962）曾簡要地定義說：批判思考是個人對言論主張、文章陳述內容等，從事正確評判的過程。

　　羅素（Russell）說：批判思考是依據客觀證據檢視資料，依憑規範、常模或標準去比較事物或言論內容，從而提出總結的能力（Allen & Rott, 1969）。

　　諾瓦克（Novack）則謂：它是思考之一種，表現於謹慎歸納結論，排除迷信和權威，接納因果關係，及認知結論應隨新證據之獲得而修正等之能力

（Allen & Rott, 1969）。

歐尼爾（O'Neill）認為：批判思考乃謹慎從事判斷，務求言論有據，並對輿論從事正確評析的能力（Skinner, 1976）。

拜爾（Beyer, 1988: 61）指出：批判思考並非消極的批評或挑毛病，本質上，它具有評鑑功能：即針對主張訴求、資訊來源或信仰信念等，從事準確、持續和客觀的分析，從而判斷其精確性、妥當性或價值性。

上述五人的定義內容，包括了檢視、比較、判斷、歸納、選擇等思考過程，符合基爾福所述智力結構（structure of intellect）理論中的聚斂性（convergent）和評鑑性（evaluation）運作型態，兼容了布隆等所編教育目標分類認知領域中的分析、評鑑性目標，均屬高層次認知能力，所以可以明確的說，批判思考是高層次認知能力之一，並以從事精確的評估與判斷為要旨。

二、批判思考與創造思考相輔相成，共生共榮

批判思考接近基爾福的聚斂性和評鑑性運作型態，創造思考則相近於其擴散性運作型態。柯福曼（Kurfman, 1967）認為，兩者相輔相成，共生共榮，合而成為「有效的思考」（effective thinking）。他指出，好奇並想像提出問題，形成假設乃探究行為及意見主張或構思之源，這是創造思考的作用。針對問題及其答案或意見主張不斷地分析探討，進而得以澄清或測試、驗證，此乃批判思考之作用。兩種思考交互作用，而生有效思考。

另一學者艾斯納（Eisner, 1965）認為，批判思考實乃兼容了創造思考，至少包含四個主要認知行為：

（一）探詢（questing）

表現出對知識追求的熱愛，主動提出問題或對可疑、新奇的事物從事探討，例如：為什麼公車司機要選擇春節時罷駛？罷駛不就賺不到錢嗎？提出類似問題的學生，顯示具有探詢的意向。

（二）沉思（speculating）

意指運用想像和創新方法去尋求問題的答案或解決途徑。人的心智能力，除可經由與外物交相作用而獲得知能外，亦可經由內在想像、思考能力，超越現實環境或條件而形成概念，構思出各種可能途徑以解析現象或解決問題，此即沉思的行為。

（三）鑑賞（evaluation）

例如依據邏輯原則對言論主張從事評審的歷程便是。艾斯納進一步指出，鑑賞作用有三個主要層面：第一、利用邏輯原則從事檢視；第二、由事例舉證內容的妥適與否來衡量；第三、其他品質的鑑定，如用字遣詞是否得當、典雅等。

（四）建構（constructing）

認知不同事物間關係的歷程，包括部分與全體間、個別事物彼此間等關係之了解。

歸納而言，批判思考與創造思考均屬高層認知行為，後者好比油門，前者宛如煞車，二者各有所司，互為因果，並可相輔相成。雙方協調配合，則有良好的思考；否則，便難有成。

三、批判思考是民主人格及人才培育的重要一環

國內學者溫明麗教授（1998）提出下列的定義：

批判思考是一位具有自主性自律者，其心靈所從事的辯證性活

動。此辯證活動包括質疑、反省、解放與重建的心靈運作，此心靈
活動的主要目的，旨在使人類的生活更具合理性。

　　筆者在〈高層思考教學與資優教育〉一文中（張玉成，1988）指出，智、
仁、勇三達德兼備人才的培育，有賴創造思考、批判思考和自明認知思考的
加強實施。自明認知（metacognition）思考教學，側重培育學生對自我的了解
和掌握（包括注意力、態度、使命感），以及對自己思考過程的了解和掌握。
創造思考教學，強調在教學過程中，除了應對既有知識（舊學）吸收外，並
須具有「無中生有」或「有中生新」的創新作為。而批判思考教學，則重視
培養學生慎思明辨，善做決定的能力。自明認知與創造思考均佳者，可能是
先知先覺的大智人才；自明認知和批判思考均優者，可以是賢良方正的大仁
人才；批判思考和創造思考兼優者，可以是經世致用的大勇人才（如圖6-1所
示）。
　　民主運動自民國初年倡導迄今已近百年，只可惜國民的社會行為似仍停
留在學步階段，素質偏低，效果不彰。尤以解嚴之後，自力救濟、街頭暴力、

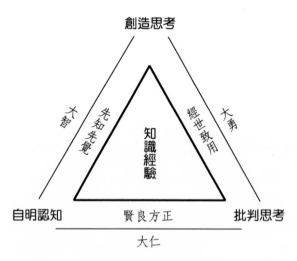

圖 6-1　三向思考

罷工、罷駛、圍堵工廠等非理性的脫序、解組現象，更是令人擔憂。百姓法
治觀念缺乏，自治能力不足，暴露了「何者可信，何者可為」的教育訓練不
夠。換言之，批判思考能力的陶冶有待加強。

第二節　批判思考的內涵

什麼是批判思考？言人人殊，難有一致看法已如前述。惟筆者認為：

　　當個體對訊息資料（包括言論、問題或事物）內容進行了解與
評析，進而明智地從事接受或拒絕之抉擇以為行動之準據時，即在
運用批判思考。

至於批判思考的本質與內涵如何呢？茲介紹六種論點如下：

一、美國進步教育協會的看法

美國進步教育協會（The Progressive Education Association）所屬的學校與
學院關係委員會（Commission on the Relation of School and College），於 1933
年開始從事為期八年的中學生批判性思考之研究，報告中列舉了四項學生行
為特質作為批判思考的操作定義（Allen & Rott, 1969）。

（一）解析資料的能力（interpretation of data）

包括對資料正確性與合宜性之判斷、資料與資料間關係的感知、資料應
用價值的認識，以及利用資料以形成假設等能力。對中學生而言，下列兩項

解析能力格外重要：

　　1. 了解資料間關係的能力，包括比較發現相異點之外，並洞識相同點（共有要素）及認識共同趨勢的能力。

　　2. 認知資料之有限性的能力，例如對於現有資料是否可以構成假設，或具判斷能力。

（二）應用科學原則的能力（application of principles of science）

　　即應用在學校所學到的知識，以解決日常生活中所遭遇到的困難問題之能力。主要行為特質如：

　　1. 應用原理原則對一件事情的發展，從事臆測或推斷其結果、演變或予以解釋等。

　　2. 對上述所做的臆測或解釋進行批判。

（三）應用邏輯推理原則的能力（application of principles of logical reasoning）

　　此項能力的行為特質包括：

　　1. 能對言論內容的邏輯結構從事檢視。

　　2. 結論是否合乎邏輯或欠缺有力支持，具有區辨能力。

　　3. 捕捉言論重點的能力。

　　4. 具有應用邏輯原則以解釋何以如此做結論的能力。

（四）切實把握證據的能力（the nature of proof）

　　主要行為特質包括：

　　1. 客觀分析證據的能力。

　　2. 認清假設，及假設與結論間關係的能力。

3. 對證據不足的覺察能力。

4. 對假設是否可能獲得事證支持的判斷能力。

5. 問題可否進一步探究及其探究方法為何的洞察力。

6. 具有暫時接受或不接受假設的胸襟，及親自從事考驗工作的態度。

7. 樂於尋找新證據以加強結論正確性的態度。

上述四項計十五樣行為特質，被認為是中學生應備的批判性思考內涵。

二、伊利諾批判性思考研究計畫之觀點

本研究計畫始自 1954 年，由伊利諾大學所屬的「伊利諾課程發展計畫委員會」主持，計畫內容對批判性思考之定義為（Ennis, 1962）：

> 批判性思考係依據邏輯原則及既有法則，以對事物進行正確判斷和推論的能力。

本研究更進一步具體指出，批判性思考的探討宜具兩項特性：一是可觀察的行為特質；二是可把捉的個別事實或行為。基於此一觀點，本研究列舉出十六項行為特質，作為中等學校學生批判性思考應予注意發展的目標：

1. 對名詞定義妥當與否的區辨能力。

2. 能指出誤用語言文字的能力。

3. 具有區分事實描述與意見主張之不同的能力。

4. 辨識哪些問題有價值，哪些沒有價值的能力。

5. 了解從事實中歸納結論時常犯的錯誤。

6. 對結論的提出是否有充分的事例支持的審辨能力。

7. 具有提出並驗證假設的能力。

8. 辨識假設內容是否得當的能力。

9. 檢視實驗變項是否有效予以控制的能力。

10. 哪些變項有關，哪些變項無關的辨別能力。

11. 充分條件與必要條件的辨認能力。

12. 具有評鑑資訊（消息）可靠性的能力。

13. 認清所做演繹推理是否正確的能力。

14. 能辨認並評鑑各種不同解析方式，並懂得何者適合某情境，何者較合適另一情境的能力。

15. 能確切找出假定的能力。

16. 認知價值判斷有關的敘述，並知適時做判斷。

三、康乃爾批判性思考研究計畫之觀點

此項研究計畫始於 1962 年，共計列舉了下列十二項主要行為特質，作為批判性思考研究發展之指標。

1. 摘取要義：對任何言論的了解，能把握(1)哪些事例或證據是支持的，哪些是相反的；(2)該論點引用了哪些原理原則，它又可引伸到其他什麼狀況或事物；(3)有哪些論點恰與此論點相反。

2. 對某一推論是否曖昧不清的辨識能力。任何論點須具證據與應用價值二項特質，才稱得上明確。

3. 辨識論點是否前後有矛盾之處的能力。

4. 結論是否正確的評鑑能力。

5. 言論是否敘述得足夠詳盡周延的判斷力，例如：有人說：「教育已從學校裡消失了。」這句話中所謂的「教育」一詞便顯得含義模糊，不夠明確。

6. 所述內容與其所引用之原理原則，二者間是否切合的判斷能力。

7. 對觀察記錄資料內容可靠性的判斷能力。

8. 對歸納法所得到的結論，判斷其是否得當的能力。

9. 確定問題癥結所在的能力。包括對他人的需求與目的之了解，以及對宜採取的方法、堅守的原則等之掌握。

10. 辨認何者為假定的能力。

11. 對定義是否合宜的判斷能力。

12. 對出自權威者的言論、意見、主張,能客觀評鑑其可接受性的能力。

四、安尼斯的觀點

安尼斯(Ennis, 1987)於 "A Taxonomy of Critical Thinking Dispositions and Abilities" 一文中指出,批判性思考的內涵除包含了幾乎所有高層思考的技術(skills)或能力(abilities)外,還應包括思考的意向。能力和意向構成批判思考的兩大環節,其中前者有十二項,區分為四個基本領域:確切明白(clarity)、堅實的基礎(basis)、推論(inference)和交互作用(interaction);後者計有十四項(詳後)。其結構如圖 6-2 所示。

(一)批判性思考的心理意向

心理意向係思考技術運作前的準備,它是思考的基礎,沒有它,則無從產生有效的思考。其內涵共有十四項:

1. 對問題、假設等力求清楚的陳述或了解。

2. 尋求理由、原因。

3. 試圖獲得充分資訊或消息靈通。

4. 採用並引述可靠的資源。

5. 整體考慮而不做片斷解釋。

6. 隨時留意不偏離主題。

7. 隨時惦記原本的目標或基本考慮要素。

8. 尋求更多的可行方案或可能策略。

9. 開闊的心胸:

(1)認真考量他人的意見或觀念。

(2)能對不同於己的論點、看法,從事客觀的推理。

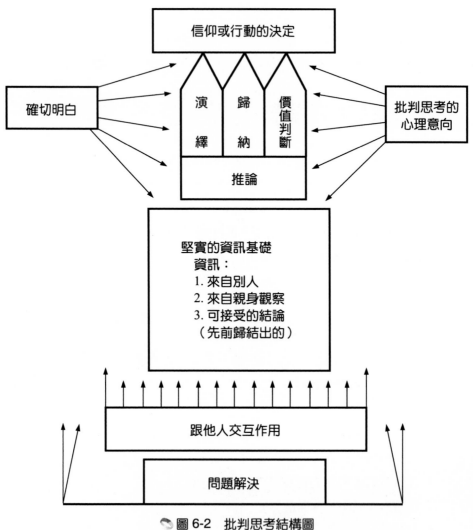

● 圖 6-2 批判思考結構圖
資料來源：取材自 Ennis（1987）。

(3)若無充分的證據和理由，不輕下判斷。

10. 依據（接納）證據和理由站穩（改變）立場。

11. 力求精確可靠。

12. 面對複雜情境，能有條不紊依序處理。

13. 肯應用個人既有的批判思考能力。

14. 敏於認知別人的心情、知識水平和世故程度。

（二）批判性思考的能力

四個領域共計十二項能力，茲列舉部分要項如下：

1.第一個領域是確切明白

意指對事實狀況務須清楚了解，其所包括的能力多樣，依難易程度區分為基本組群和進階組群。基本組群的能力有：

(1)把握問題的重點（focusing on a question）──即明確認定或了解問題、假設或命題要點的能力。當我們面對一項假設時，便問自己：這個假設可以接受嗎？這是本綱目能力的表現方式之一。其細目有三：①確定或明白說出問題所在。②確定或明白說出用來評判答案優劣的指標。③隨時把問題記掛在心。

(2)分析爭論點的能力──本項能力包含下列細目：①指出結論；②提出已述及的理由；③指出未述及的理由；④發現異同點；⑤指出並掌握不相關部分；⑥明白爭論雙方所持論點的架構；⑦總結摘要。

(3)發問並回答具有澄清或挑戰性問題的能力──下列是一些參考性的題目：①為什麼？②你的主要論點是什麼？③你所謂的「　」是什麼意思？④能不能舉個例子說明？⑤能不能舉個近似而不同的例子？⑥甲案能應用到乙案嗎？⑦甲、乙兩案有何不同？⑧事實是如何呢？⑨這就是你所謂的「　」嗎？⑩你能對這（那）件事情多說明一些嗎？

2.第二個領域是堅實的基礎

意指推論依憑堅實的支持或資料。其來源有三：源自他人、源自親身觀察、源自個人先前所做的推論。本領域的能力有二：

(1)判斷資訊來源可信度的能力──由於我們賴以信任的資訊大部分來自他人，所以培養判斷真偽或可信度的能力至為重要，例如：身為法官，

在聽了被告辯白說：「是被害者首先起意要殺害我，基於自衛，所以我殺害了他」，以及看完警察局所做的筆錄內容等之後，必須小心求證其所言所述是否真實可靠，而不可輕信。

(2)客觀觀察及判斷觀察報告可靠性的能力——主要標準如：①少做主觀推論；②盡量縮短觀察與報告記錄時間；③觀察者自己記錄為佳；④要確切；⑤盡可能借助科技工具觀察。

3.第三個領域是推論

本領域的主要能力有三：

(1)從事演繹思考及判斷是否為演繹思考的能力。

(2)從事歸納思考及判斷是否為歸納思考的能力。

(3)從事價值判斷的能力。

4.第四個領域是交互作用

意指在與他人討論事情、辯論或做報告時，需要運用一些互動技巧。本領域的主要能力為有效與他人溝通、交往，譬如別人運用訴諸權威宣傳手法時，不受哄編。

五、拜爾的看法

拜爾（Beyer, 1988: 171-172）歸納指出：批判思考並非單一思考技巧，而是眾多技巧的組合體。主要內容如下：

1.區分事實陳述和價值訴求的不同。

2.辨別有關與無關的事物——包括資訊、主張或理由。

3.確定陳述（或某一說法）的真實性。

4.對文書資料的可信度做判斷。

5.指出主張或論點的曖昧不明之處。

6.指出未加明述的假定。

7. 查出偏見。

8. 指出邏輯上的錯誤。

9. 找出推理上的不連貫之處。

10. 說出主張或論點的獨到、可取之處。

六、保羅的觀點

美國加州索諾馬州立大學（Sonoma State University）設有「批判思考和道德判斷研究中心」，中心主任保羅曾列舉批判思考的特質（Paul, 1990）：

1. 批判思考是對自己思考活動再思考的藝術，企求促使自己的思考更為清楚、準確、精準、妥切、一致和公正。

2. 批判思考是建設性懷疑的藝術。

3. 批判思考是認清並拋棄偏見、誤解和以偏概全的藝術。

4. 批判思考是自我導引，有深度、理性學習的藝術。

5. 批判思考是理智地掌握已知、未知的思考過程。

綜合上述特質，他提出如下定義：

批判思考是紀律嚴用，自我導引的思考。它對思考本身、知識或事物的某一層面或型態提出完美的例證。具兩種形式：

弱勢批判思考：思考時只規範到有利於特定個人或團體之觀點，而排斥相關他人或團體之意見。

強勢批判思考：當思考時，能兼容並納不同立場他人或團體的意見和利益。

總結上述，我們不難看出，學者們對於批判性思考一詞之解釋有所不同，內含廣狹有別，其中有將創造性思考予以納入者，有將「評鑑性思考」併同「推理性思考」合併稱為批判性思考者。筆者前曾歸納提出下列行為特質，作為本文對批判性思考的操作型定義：

　　當個體對任何訊息資料（如言論、問題或事物）內容進行評析，進而從事接受或拒絕之抉擇時，即在運用批判性思考。

　　基於此一觀點，批判性思考之內涵可概分為兩大範疇：第一、事物關係方面的評估與判斷；第二、事物價值方面的評估與判斷。就前者而言，主要包括下列各項行為特質（張玉成，1984）：

　1. 妥切把握事物間關係（包括異同、因果、主屬等關係）。

　2. 洞悉問題的關鍵。

　3. 區辨主要與次要因素之別。

　4. 了解作者之動機目的、哲學觀點及表達技巧。

　5. 鑑別所下定義是否得當。

　6. 找出結論或主旨，並指出已述及的理由、未述及的理由，最後評析內容有無離題。

　7. 檢視所述內容有無矛盾、不妥之處。

　8. 客觀審查資訊的可靠性，包括來自權威者或單位的主張或資訊。

　9. 明辨事實、意見及宣傳之不同。

10. 敏於感知別人的心情、知識水平和世故程度。

11. 重視言論主張有無適當事例佐證。

12. 嚴格區分事例價值：支持？反對？或與假設無關。

13. 檢視是否依據前提推論。

14. 辨認結論是否周延貫達，抑或以偏概全。

15. 明確區分有關與無關資料或因子。

16. 有效掌握自變項和依變項。

17. 發現文中假定內容。

至於事物價值方面的評估與判斷，下列行為特質亟須重視：

18. 考慮時間因素，包括過去、現在與未來可能的變化。

19. 思量空間因素，留意近山靠海兒童、城鄉農工子弟可能有不同的感

受。

20. 注意身分因素，士農工商在價值觀念上的落差。

21. 正確設定評判標準或條件以為依據。

22. 對言行對錯的評判，兼顧法、理、情三元素。

23. 對意見偏好的選擇，很理性、冷靜而不情緒化。

24. 對事物愛惡的鑑賞，發自內在核心價值的肯定而不盲目。

25. 說出所述主張、論點的獨特、可取之處。

以上二十五項特質可歸納為七類別，茲列如下表：

行為類別	行為特質項目
1.把捉重點	一至四項
2.條理貫達	五至七項
3.態度謹嚴	八至十項
4.事證舉例	十一、十二項
5.正確推理	十三、十四項
6.掌握變項	十五至二十項
7.價值判斷	二十一至二十五項

第三節　批判思考教學之策略

　　批判思考教學並非一套新的、具有取代性的教學方法，它只是強調在傳統教學過程中，留意運用技巧或變化策略以啟發學生的批判思考，彌補現有缺失。

　　批判思考教學的目標，旨在培養學生具有良好的評估和判斷能力，使能在事物關係和事物價值兩方面的處理上，有更明智、確切的判斷。如將前述二十五項行為特質，作為教學計畫擬訂的指標，並參考下述教學原則，配合

正課教學實施策略及課外補充教材實施策略認真執行，當可收到一定的成果。至於實施的方法，可參考：

一、掌握批判思考的教學原則

美國學者保羅（Paul, 1990）指出，傳統的教學偏重灌輸、餵食性質，強調單一邏輯思考（monological thinking），缺乏提供學生從事批判思考的機會。換言之，傳統灌輸式教學（didactic instruction）以講授為主，教師直接告訴學生去相信什麼，學生則以記住老師所教的內容為要務。批判思考教學則強調對話性思考（dialogical thinking）和辯證性思考（dialectical thinking）。所謂對話性思考，係指面對問題或事物時，能包容他人不同意見、觀點或參照架構，彼此對談溝通，交換意見和辯白，而不堅持己見。當你面對兩個或兩個以上不同爭論觀點時，能客觀的各為它們找出有利或不利的，支持或不支持的證據，進而考驗、測試、評鑑它們各自的優點、弱點，謂之辯證性思考。

對話性思考和辯證性思考，均採多元邏輯思考（multilogical thinking），共同構成批判思考教學的要項。

保羅更進一步分析，傳統教學和批判思考教學的基本觀點和原則，有如下的差別。

（一）對學生基本需求的看法

傳統教學觀點：認為學生的基本需求是直接教給他「思考些什麼」（what to think），而不是「如何思考」。因為學生只要腦中知道需要「思考些什麼」，自然而然就懂得「如何思考」。

批判性教學觀點：認為學生基本需求是教給他「如何思考」，教材內容固須重視，但有賴善問以激發學生去蒐集、分析和評鑑那些內容，才算大功告成。

（二）智識的本質

傳統教學觀點：認為知識與思考各自分立，後者旨在滋生、組織和應用前者。

批判性教學觀點：認為知識內容是經由思考而滋生，或經由組織、應用、分析，或經由綜納和評鑑而得。學而不思則罔、思而不學（無內容）則殆。

（三）對受過教育的看法

傳統教學觀點：認為受良好教育有教養的人，基本上宛如百科全書或資料庫，能貯存大量的知識內容，用它來應付所面對的問題。讀書就是追求學問，貴能學富五車。

批判性教學觀點：認為受良好教育有教養的人，宛如策略、原則、概念和洞識的倉庫，這些東西潛存在思考的過程中，而不寄生在瑣碎的個別事物（facts）上。經由批判思考分析、組織的經驗，使人凸顯出他的教養。他們所知的內涵是自己建構，而不是預鑄房屋似的，來自現成。他們是真理的追尋者、質疑者，而不是信仰不疑的人。

（四）知識的傳遞

傳統教學觀點：認為知識、學問、真理可經由講述、教條式教學，由甲傳遞給乙。

批判性教學觀點：知識、學問、真理很難只靠甲的口述教學傳遞給乙，洞識能力（insight）則幾乎無此可能；教學難能可貴在甲使乙自己去探索學習。

（五）聽課的本質

傳統教學觀點：認為學生不需學習傾聽的技巧，只需學會集中注意力，

就能向老師學習。集中注意力是個人意志力的表現，但有賴老師的要求、指導。

批判性教學觀點：認為學生需要學習批判性聽的能力。會聽人講話的常提問、測試其所言內容的真偽，進而或公或私的跟發言人溝通、對話，此需批判思考能力。

（六）基本技能和思考技能

傳統教學觀點：認為讀寫基本技巧的教學，不必特別強調高層的批判思考能力。

批判性教學觀點：讀寫等基本技巧是推理性的思考，須賴批判能力。未具批判思考能力者，往往不是良好的讀者和作者。因為從事批判性的閱讀或寫作，須具推理過程，俾能提出或回答批判性的問題。

例如：

1. 基本的問題是什麼？
2. 哪些理由、證據跟此問題有關？
3. 這些資訊或證據來源或權威可靠嗎？
4. 這些理由合理嗎？
5. 這個證據精確、充分嗎？
6. 彼此矛盾衝突嗎？
7. 結論周延嗎？

（七）發問的意義

傳統教學觀點：認為沒有發問的學生是好學生，發問的學生表示他在學習上碰到困難，質疑與發問表示缺乏信心。

批判性教學觀點：認為不發問的學生表示學不入味，頻提問題的學生，表示他正在學習，質疑和發問能加深了解，所以加強信心，基礎益穩。

（八）理想的教室環境

傳統教學觀點：認為教室上課安靜無聲表示學生用心學習，如果學生課中多言，則表示學習不專心，教學效果差。

批判性教學觀點：認為上課時學生鴉雀無聲表示教學效果差，假如學生熱烈討論實際問題，表示學習狀況良好，因為他們互相討論，並從事推理思考。

（九）知識的觀點

傳統教學觀點：認為知識、真理若加以細分成構成要素再呈現，教學效果會更好，因為知識是累積的。

批判性教學觀點：認為真理絕大部分是系統性的、整全性的，惟賴綜合的探討，部分與整體間不斷地探究，先全體概覽再部分細究，由部分窺探全體等過程，才能有效教學。

（十）價值的重要性

傳統教學觀點：認為學習不必自我探尋或價值澄清，所以教育工作毋須為學生從事價值轉化的歷程。

批判性教學觀點：認為學生經由自己探尋和認為有價值的知識經驗，才能真確習得。否則，其他學習活動均是表面的、短暫的。良好有效的教育，須能將有教養人的價值觀轉化傳遞給學生，使其成為有理性且終身不斷學習的人。

（十一）了解學習過程的重要性

傳統教學觀點：認為欲學好學校的課程與教材，學生並不需要了解其心智及其作用過程——何者為健，何者為病等，除非是那些有不利條件的人。

批判性教學觀點：認為了解、掌握心智及其作用，並知何以為健，何以為病等，乃是學習不可或缺的過程，如欲學好學校課程教材，學生需具有某種程度的領悟，知道我們如何處理學習那些教材。

（十二）錯誤概念的本質

傳統教學觀點：認為無智、不知只是空白待填、缺漏待補。偏見、傲慢、觀念偏差或無知等，只要有人教導傳授，不難修正或充實。

批判性教學觀點：認為偏見、傲慢、觀念偏差等係個人經由經驗中推論建立而成，如欲破除改進，仍須藉由類同的過程才成——經由邏輯思考與對談過程。因此，學生在課堂上，要有充分的機會去表達他們的意見，並備有安全自由、不受威脅的心理環境，讓他們安心地為自己的偏差觀念、偏見與傲慢辯論。

（十三）期望了解的程度

傳統教學觀點：認為學生對吸收學習的教材內容之深層邏輯或理論基礎，並不需要了解，隨著廣泛、淺顯的學習之後，自可予以加深。

批判性教學觀點：認為理念上的認同或贊同，係有效學習的必要因素，而對基本觀念及原則的深切了解，乃係產生理念上認同或贊同的要素。因此，基本概念與原則的深切了解，被視為學習各科教材內容的契機與樞紐。

（十四）深度與廣度

傳統教學觀點：認為學得廣博比學得精深重要。

批判性教學觀點：認為學得精深徹底，比廣博膚淺有效。

（十五）師生角色

傳統教學觀點：認為師生角色各有不同，宜予區分而不可模糊。

批判性教學觀點：認為把自己所知所曉，教或講解給別人聽，往往使自己學得更真確。所以學生需要有機會把自己所知傳授給別人，從不同途徑建構自己的了解，並對來自不同求教者所提形形色色問題做出反應，此即所謂教學相長，亦師亦生。

（十六）對無知的看法

傳統教學觀點：認為為師者在傳道、授業、解惑，以補正學生的無知和不懂。

批判性教學觀點：認為學生應學會區分何者已知，何者未知，是故對所習內容貴能自我導向去了解、掌握其所不知者何在。

（十七）學習的責任

傳統教學觀點：認為老師對學生的學習成果，負主要責任。

批判性教學觀點：認為學生對自己學習成果好壞的責任，應逐漸加重，但須建基於他們有「為自己學習」的感知，並投身於學習的過程中。

（十八）學習遷移

傳統教學觀點：認為學生從教誨式課堂習得的知識，自當自動地遷移到有關的真實生活情境中。

批判性教學觀點：認為學生從教誨式課堂習得的知識，大部分不是忘記，便是顯得呆滯無行動力。欲求最大的遷移作用，須基於徹底的學通，而且教材須對學生具有實質意義，並能直接導向應用與遷移。

（十九）個人經驗的重要性

傳統教學觀點：認為學生個人的經驗，在教育過程中不足輕重。

批判性教學觀點：認為學生個人的經驗，對各年級各科目的教學而言，

扮演重要角色。對教材內容進行應用、分析、綜合及評鑑是重要的學習歷程。

（二十）學習結果的評量

傳統教學觀點：認為學生於考試時若能正確地回答問題，提出定義，應用公式解題等，即表示他已學會，了解了這些知識或教材。

批判性教學觀點：認為學生於考試時，能正確地回答問題，提出定義，應用公式等，並不真正表示他已學會、了解。真正的了解或知識，展示在：學生能用自己的話語或舉例來解釋、說明知識的意義與特質，以及為何如此；並於適當時機主動地回憶並使用它。

（二十一）知識的定位

傳統教學觀點：知識是單一邏輯性的，評鑑學生的學習結果、對錯，所依據的是權威的答案——往往是老師預存的答案。

批判性教學觀點：認為學習是多元的、公開的或對話式的，評鑑學生學習結果的基本標準不應是權威的「答案」，而應是權威的「指標」。

二、配合正課實施批判思考教學的策略

國內中、小學教育，課本校定，進度統一，教師難有空間與時間做彈性應用。因此，有關批判思考的教學，當以配合正課進行為宜為重。關於努力的方向，建議：

（一）重視言論語詞意義的釐清和推論偏失的避免

為確切掌握課文及發言所敘述內容的對錯或真假，須先指導學生對每一敘述句中的用詞定義釐清範圍，把握清楚。例如，有人說：台北市交通一團糟。其中「交通」一詞就不夠明確，故讀者聽眾就須先對交通一詞加以界定，

究竟是指空中交通、鐵道交通，還是市內公路交通。

範圍、定義確定後，對於任何敘述便須進一步探究，它是真？是假？還是不明確？

任何言論或文章的敘述或訴求，常會激發讀者或聽眾的情緒作用。一般而言，善用煽動語詞者常被認為言之有物，鏗鏘有力。因此，陶冶學生面對情緒性字詞須以冷靜態度處理，至為重要。

推論偏失（fallacy）是另一頗值重視的批判思考焦點。所謂偏失係指在推論上有錯誤的論點，它卻又常具說服性或徵信力。常見者如下：

1.以偏概全

以少數事例推論全部事實。

例一：(1)有一隻狗是白色的。

　　　(2)又有另一隻狗是白色的。

　　　(3)所以所有的狗都是白色的。

例二：(1)有個禿頭先生很聰明。

　　　(2)又有另一禿頭先生也很聰明。

　　　(3)所以所有的禿頭的人都是聰明人。

2.找錯原因

只因先後出現，便說是因果關係。

例一：(1)甲事發生在乙事之前。

　　　(2)所以甲事是因，乙事是果。

例二：(1)他打個噴嚏，顧客隨之走出店門。

　　　(2)所以噴嚏趕走了顧客。

3.輕信權威

只因消息是來自專家、權威、知名人士，所以便相信為真。

例一：(1)甲是環保專家。

(2)甲說吃西瓜可以減肥。

(3)所以我要吃西瓜減肥。

例二：(1)李先生是諾貝爾獎得主。

(2)他說維他命 C 可治好癌症。

(3)所以癌症患者要多服維他命 C。

4.對人不對事

因人廢言或昧於事理而攻擊他人。

例一：(1)甲說他花 2,000 元買了一件衣服。

(2)甲曾有說謊的記錄。

(3)所以他花 2,000 元買一件衣服是不實在的。

例二：(1)林立法委員建議我國需要加強青少年犯罪預防工作。

(2)林委員有許多個人問題仍未解決。

(3)所以他所提的建議並不可取。

5.非白即黑

不正確的二元化觀點，非左即右。

例一：(1)這件事不是他幹的就是你做的。

(2)據了解不是他做的事。

(3)所以是你做的事。

例二：(1)年屆四十，若不是百萬富翁，便是潦倒無成。

(2)你已年過四十，且家財未達百萬。

(3)所以你是一個失敗者。

6.感情訴求

激動對方情緒，使不能理性地思辨。

例一：(1)俗語說：無三不成禮。

(2)你已幫忙兩次了，我很感激。

(3)這是第三次向你借錢周轉，務必請成全。

（二）提供學生表現的機會

灌輸性教育之所以為人所詬病，主要因為它徒重施教者單方面的輸送、給予，而忽視了受教者應有的消化、回應與表達。關於思考教學，學生若無傳達、表現機會，則如汽車缺輪、飛鳥斷羽，空有動力而上不了路，飛不上天。因此，實施批判思考教學，首重提供學生表現機會。其要領有：

1.讓學生有發表意見的機會

國內小學生常是心中無疑──不思索問題，老師也往往熱心過度，不待學生發問便主動告知他們答案。每上一堂課，常是老師高唱獨腳戲，學生靜聽而少有置喙餘地；縱使有講話機會，也大都限於複誦教材或答案，而少能發表自己的意見或看法。批判思考教學強調學生要有表現的機會，例如甲班上課，老師採用討論或發問策略，鼓勵學生發言；而乙班上課，老師講，學生聽並猛做筆記，而無發言機會；兩相比較可以明顯看出，乙班學生上課宛如觀看電視或電影，只進（吸收）不出（反應），靜受全程；而甲班學生上課則好比參加舞會，樂聲傳來，觸動情懷而不止於靜聽，還須評估、判斷節拍，並選擇適當時機步入舞池，邁開舞步，表現一番，其作用之大自不是乙班教學所可比擬了。

2.讓學生有與他人對話，聽納不同意見的機會

今日國內學校教育，傾向於鼓勵學生相信：道理只有一個，問題的答案也只有一個。糟糕的是，他們心中的唯一答案或道理，若不是來自權威（如課本、老師），則是出自自己的主觀看法，而少有經過謹慎思辨所得的結果。習慣既成，性格難以改變，學生們便不想接觸、了解其他看法或不同的論點，反而趨向視不合我意者為異端、為仇敵。這種習性乃是批判思考發展的大敵。

所謂對話，意指彼此相互尊重對方的言論權，我發表我的主張、意見，你提你的看法、構想，雙向溝通、探討，而不盲目地排斥、獨斷。常見學生遇有他人提出跟自己不同的看法或意見時，便就沉不住氣地抗辯，或不究事

理的氣憤、排斥，這正是欠缺批判思考能力的表徵。

批判思考教學，強調提供學生發表意見的機會，重視培養學生接納不同觀點，發表不同言論的態度，使能樂與他人溝通、對談，而不故步自封，剛愎自用。

3.讓學生有自己做決定、下判斷的機會

有人調侃地說，華人子弟喜歡吃「便當」，比較不慣於吃西餐，因為後者常要做決定、下判斷，太費心思。正因為吃西餐點菜是各選各的，服務人員問個不停：如丁骨牛排還是菲力牛排？幾分熟？要咖啡還是紅茶？冰的還是熱的？……等，顧客須頻下判斷、做決定，所以這是很好的批判思考「臨餐」教學。

我們的學生比較怕事，不願多做主張，臨事便問師長：「是不是？」「好不好？」「對不對？」「可不可以？」這類問題，因而減少了動腦筋、去思考、下決定、做判斷的機會。拙於做決定，可能跟師長們平日對學生有太多的指示、規定和命令有關。越俎代庖的結果，剝奪了他們從事獨立判斷和自我抉擇的訓練機會，阻窒了批判思考能力的發展。

（三）善用發問、作業規定及考試命題技巧

發問、考試、規定作業是教師常有的教學行為，三者形異而實同。題目口述，並用口答，是謂發問；題目口述或筆述，學生在規定時間內筆答，則為作業或考試。批判思考教學，可經由此三種策略推展之。

1991 年筆者從事「國小語文科實施批判思考教學之實驗研究」，發現接受實驗的學生，其批判思考能力和態度均優於控制組。

本研究所稱批判思考教學，係指教師以發問為策略，配合國語科正課教學，於課堂上提出具有批判思考啟發特質的題目，鼓勵學生探索並回答，必要時可規定帶回家完成，而成為紙筆回答的作業。

批判思考性的發問題目之編擬，可分從用字遣詞和課文內容兩方面著手。

茲將本研究依據文獻資料並配合四年級國語教材，歸納提出的出題指引列舉
如下：

甲、用字遣詞部分

指引一：指出相似的字詞（在形、音、義方面）

　　例：愁，有哪些字跟它相似？（形、音、義）

　　例：靈巧，有哪些詞跟它在意義上相似？

指引二：列舉不同字詞，請指出共同的特質或屬性

　　例：蔣、方、場、搶等字有何相同屬性？（答：尢韻）

　　例：草、芭、薪、花等字有何相同屬性？（答：艸部）

　　例：音樂、跳繩、心臟等有何相同屬性？（答：節奏）

　　例：鑼鼓、鐵釘、電腦等有何相同屬性？（答：敲打）

指引三：比較生字新詞的適當應用與誤用

　　例：溫柔、溫暖的應用不同：

　　　　她的個性很溫柔。　　　　}　兩者互換則不適合
　　　　今天的天氣很溫暖。

　　例：他中了獎，高興得五體投地。（誤用）

　　　　他技藝高超，令人佩服得五體投地。（適用）

指引四：提出相反字詞

　　例：正—反　上—下　寒冷—炎熱　大方—小氣　踏實—虛浮

　　　　緊實—鬆弛

指引五：提出課文中用詞欠當的句子

　　例：請就本課文中找出不當或欠妥的用詞。

指引六：字詞關係聯想（含相似性、對立性、連接性）

　　例：磅秤←→重量的關係。

　　例：鐘錶←→時間的關係。

　　例：中東←→石油的關係。

指引七：關係類比的聯想

例：磅秤—重量的關係好比鐘錶與＿＿的關係。

例：鵝—群的關係好比香蕉與＿＿的關係。

指引八：有效掌握關鍵性詞彙

例：從文章標題（如雙手和大腦）能推想出哪些主要內容？

例：木蘭從軍課文中，哪些字詞可以說明她在軍中過得愉快？木蘭的父親年紀多大？

乙、課文內容部分

指引一：辨明課文標題與文章內容的一致性。

指引二：洞識作者寫這篇文章的動機。

指引三：找出課文中屬於結論的句子，並指出支持這些結論的事證或理由。

指引四：發現課文中情緒性用詞或句子。

指引五：指出課文中以偏概全的結論或敘述。

指引六：請說出課文的重點。哪些是事實？哪些是意見？

指引七：區分出課文中哪些是重點，哪些是次重點？哪些是多餘可不要的內容？有無漏失什麼？

指引八：請學生指出課文中主要的人、地、時、事、物。

指引九：指出課文中權威性的句子或敘述。

指引十：請列舉出課文中所述情節發生的假定或先備條件。

指引十一：請挑出課文中價值判斷的句子。

指引十二：請找出課文中誇張的句子。

指引十三：請列出作者從事價值判斷的指標。

指引十四：請說出自己的看法。

指引十五：請找出課文中自己不贊同的句子。

指引十六：比較不同、相同點。

指引十七：比較優劣，並說出所依據的標準或特質。

指引十八：舉例說明近似而不相同的例子。

指引十九：評論文中所述行為（這樣做）之好壞，並說明理由。

指引二十：找出兩個（或三個）事物（人物）間的關係。

茲就台灣早期國定小學國語第四冊第三課為例，試擬與課文內容有關的發問題目，以供參考。

樹的醫生

啄木鳥飛到樹林裡，停在一棵樹上。牠看見這棵樹的樹葉，有些變得又黃又乾。啄木鳥想，這棵樹也許有病了，牠要給樹治一治病。

啄木鳥先用爪子抓住樹幹，再用長嘴在樹幹上敲一敲。牠的樣子就像醫生給人看病。牠敲到一個地方，發現聲音不同，知道裡面有蟲子。牠就把樹幹啄一個洞，從樹洞裡拉出蟲子來吃。

啄木鳥把蟲子吃了以後，沒過多久，這棵樹就長出新的葉子來。啄木鳥真是樹的好醫生啊！

批判思考性題目舉例如下：

1. 本篇文章的題目「樹的醫生」如果改為「啄木鳥」妥不妥當？為什麼？

2. 啄木鳥發現這棵樹的葉子又黃又乾，便知道它有病了，這是事實還是意見？

3. 啄木鳥吃樹蟲是真替樹治病嗎？還是為填飽自己的肚子？

4. 樹生病了，只要請到啄木鳥來啄洞吃蟲，就能治好各種樹病嗎？

5. 「啄木鳥把蟲子吃了，沒過多久，這棵樹就長出新的葉子來」這句話的假定是什麼？

6. 啄木鳥真是樹的好醫生嗎？

（四）保羅的批判思考教學策略

　　美國加州索諾馬州立大學教授保羅等人合著的《批判思考手冊：幼兒園到三年級》（*Critical Thinking Handbook*〔*K-3*〕, Paul, Weil, & Binker, 1986）一書中，強調批判思考教學宜從情意態度陶冶和認知能力發展兩方面並進，並且提出二十七項指標，作為配合正課教學融入批判思考啟發的策略。茲摘選列述二十一個指標如下：

1.情意態度陶冶方面的策略

　　(1)讓學生多加獨立思考，自做決定。

【說　　明】人幼小時須賴大人照顧、指導，因此一些思想觀念和行為習性是承接而來，而缺乏理性的分析和自我的選擇。欲發展其批判思考能力，宜指導學生：

　　①對自己不了解的事物、信念，不輕易接受視為真，也不輕易抗拒而指為錯。

　　②提供思考空間，鼓勵學生自主地去探索、分析、評鑑而自做判斷。

　　③師長與其給學生方法、指標，不如讓他自己去尋求方法、發展指標。

【應用舉例】例一：與其問：愚公移山的精神為什麼可佩？

　　　　　　　　　　不如問：愚公移山的精神可佩嗎？為什麼？

　　　　　　例二：與其問：這隻貓爬上樹是因為想抓樹上的鳥嗎？

　　　　　　　　　　不如問：這隻貓為什麼爬上樹？最後的結果又是怎樣？

　　(2)輔導學生避免自我中心，剛愎自用。

【說　　明】人性本護己，容易忽視不利自己的看法、意見或資料，並扭曲、曲解他人的意見或話語。發展批判思考，教師宜鼓勵學生具有包容心性，培養納人如納己，正反兩合宜的態度。對事物、意

見不持百分之百對或錯的兩極看法，就事論事，設身處地的推斷，勇於認錯，樂於讚美。

【應用舉例】例一：請學生指出文中強辯的語句——即自我中心的情緒化論調。

例二：請學生指出別具用心而歪曲事實或推論偏失的錯誤。

(3)培養學生尊重他人意見，欣賞不同看法的雅量。

【說　　明】鼓勵學生表現包容、尊重態度，對他人意見或看法，能虛心審度其優、缺點，不因跟自己意見相左而抗拒。更須避免因意見不同而做人身攻擊，或有不友好情事發生。進一步可培養學生體認到人各有志，某些事可有不同觀念或偏好，不必強求一致。

【應用舉例】例一：請說出甲的看法跟你的看法有何異同？你欣賞那不同的論點嗎？為什麼？

例二：大年說：花木蘭代父從軍是一種違法的行為，你同意嗎？為什麼？

例三：小華搬家後感到難過，你會因搬家感到難過嗎？為什麼有些人喜歡搬家，有些人不喜歡搬家？

(4)指導學生了解情緒性言論或行為的內因。

【說　　明】批判思考貴能自知——知道自己有無情緒性行為，為什麼會發生等。若要增進這種自知能力，在課堂上可指導學生對事情探討清楚，指出哪些敘述是情緒性反應，辨明事實真相有無被誇大或被扭曲。

【應用舉例】例一：「愛山水」課文中有哪些句子是情緒性的敘述？

例二：為什麼作者會有這種敘述？

(5)延緩判斷。

【說　　明】知之為知之，不知為不知，不以假知亂真知；對無把握者，有勇氣不輕率做判斷或輕率允諾。批判能力未成熟者，常難分辨何者已知，何者未知。所以，經常在證據不足或情況不明時，

輕下判斷而沒有說「我不知道」的勇氣。

【應用舉例】例一：花木蘭很像男孩子，她是原住民嗎？

例二：花木蘭的父親已經年老，快七十歲了嗎？

(6)慎防思考刻板化。

【說　　明】防止學生對人、事、物產生先入為主、刻板不變的印象，避免扭曲或排斥與刻板印象不符的事證或事實與意見。陶冶學生就事論事，接受變遷的心態，以及虛心推敲各種事物、資訊或意見的涵養。

【應用舉例】例一：「愛山水」一文中說：「我們中國人也都成為愛山水的人了。」你同意嗎？

例二：這課課文把人分成懂得欣賞和不懂得欣賞兩種，你同意嗎？

例三：請挑出這課課文言過其實、以偏概全的句子。

2.認知能力增進方面的策略

(1)探究內在動機或目的。

【說　　明】人類行為常具動機目的。任何制度的建立，法規的訂頒，或活動的舉辦，都有其背後隱藏的目的或原因。具有批判性獨立思考的人，並不盲目的、輕易的接受它們，而常思了解、探索它們存在的意義、功能或目的所在。

【應用舉例】例一：當學生討論某項規則、制度或活動之存廢時，老師宜提示它們存在的意義、功能等，以濟探討。

例二：學校舉辦「交通安全壁報比賽」，你認為有必要嗎？為什麼？（宜從正、反兩面來討論。）

(2)把握分類所依據的標準或要素。

【說　　明】把眾多的事物歸類，具有執簡馭繁的功效；想出分類的方法或標準，又是思考的運作結果。教學時，宜提供分類的活動，並且不宜一味承襲前人所定分類方法或指標，有時須鼓勵依個人

的特殊目的或想法，從事分類。

【應用舉例】例一：高速公路上走動的車子有哪些類別？

例二：為什麼你要如此分類？

例三：這樣分類在怎樣的時機或情況下最管用？

例四：請列舉出跟「市場」有關的事物，並加以分類。

(3)區分事實與理想。

【說　　明】輔導學生明辨事實（現實）與理想（意見）之不同，並努力拉近二者間的距離。課文中常會把事實與理想混在一起談論，老師宜適當提問何者為事實，何者為意見。

【應用舉例】例一：我們有雙手，耕種又紡織，吃穿不用愁。這句話是事實還是理想？

例二：勤勞能幫助農人，使他收穫豐富。這句話是事實還是意見？

例三：第十一課課文中屬於事實的句子有哪些？屬於意見的句子有哪些？

(4)有效統整關鍵性詞彙。

【說　　明】關鍵性詞彙常具起、承、轉、合的功能，供做分析、統整思考的媒介，掌握妥切，有助對人對己的思考更加了解清楚。這類詞彙包括假設、推論、結論、標準、相關、對立、證據等性質的字詞。

【應用舉例】例一：這課課文中哪些字詞是關鍵字？

例二：木蘭從軍這課課文中，從哪些話中知道木蘭過得愉快？木蘭的父親年紀多大？

例三：從「雙手和大腦」這個標題，我們能推想出什麼內容或道理？

(5)澄清問題所在。

【說　　明】找出困境或問題關鍵所在，是解決問題的第一步。同理，預期

某一現象的達成或呈現，也須先釐清必備的條件，然後努力一一追求。不如此推敲，則往往陷入空有理想、抱負，卻不得要領而徒呼奈何。

【應用舉例】例一：欲求「吃穿不用愁」，只要人肯耕種又紡織就能達成嗎？

例二：花木蘭當年代父從軍能不被人識破，現在還有可能發生類似事情嗎？為什麼？

例三：詹天佑領導建築從北平到張家口的鐵路工程，因有哪些條件才獲成功？

(6)澄清概念。

【說　明】協助學生有清晰的概念，明確知悉何種事例可以支持它，何種事例不適合。教師於介紹新概念時，可借用舊概念與之比較、連結；可用類比方法化新奇為熟悉；可鼓勵學生舉出合乎概念的例子或相反的例子。

【應用舉例】例一：介紹「市長」一詞，可借用「班長」、「隊長」等名詞來譬喻，幫助學生理解。

例二：解釋「機器醫生」時，可借用「獸醫」、「樹的醫生」等概念幫助了解。

例三：分析「渺小」一詞，可請學生列舉「渺小」的事物，以及渺小的相反詞或不渺小的事物。

(7)區辨同字詞不同意義的用法。

【說　明】說（作）者不同，可能因為文化、習慣的差異，或因目的、動機有別，雖使用相同的語言文字，卻表達不同的意義。因此，當一個字詞在文章中或討論中，被用來敘述不盡相同的意義時，老師宜鼓勵學生提出說明它們的差別，以及為何會被這樣使用。

【應用舉例】例：課文中如討論「工作」一詞時，老師可伺機提問：

❖ 工作與做工有不同嗎？

❖ 他喜歡工作，和他沒有工作，這兩句話中的「工作」意義相

同嗎？

❖ 年輕人需要工作以服務，老年人需要工作以保健。這兩句話中的「工作」意義相同嗎？

(8)**明確了解「假定」內容。**

【說　明】人常對自己的言行和推理，說不出假定的條件。教師宜指導學生避免出於自以為是的信念而任意發言，鼓勵學生盡可能使自己的言論、思考和推論，建立在明確的假定上。

【應用舉例】例一：從事證←→結論敘述中尋找假定內容。

事證：小明昨天上午不在家，也不在校。

結論：小明昨天上午逃學了。

假定：

（參考答案：昨天上午小明應該在校或在家。）

例二：小華因為不知道用功，所以書念不好。這句話的假定是什麼？

（參考答案：他不笨；他有時間讀書。）

(9)**發展出評鑑的指標。**

【說　明】評鑑之前須先確立原則，原則要建基於評鑑的目標和功能。指標常指事物的功能期望，評鑑時宜從各種不同角度、立場去從事。老師可問：評鑑什麼？為什麼評鑑？評鑑的標準是什麼？

【應用舉例】例一：當從事教室布置評鑑時，老師可以提問：為什麼要評鑑？標準是什麼？

例二：爸爸上班途中車子爆胎，怎麼辦？學生提出三個方法，老師便可問：我們用什麼或哪些標準來判斷哪一個方法最好？

(10)**區分有關、無關事實。**

【說　明】討論問題、事情，下結論或謀求解決之道時，一般人常傾向於將所有的資訊、事實都用上。其實是宜加篩選，約束自己把論

點集中或歸結到相關的事實，而捨棄那無關的部分。

【應用舉例】例一：老師問：「你喜歡什麼玩具？」「請說出三個你喜歡的
理由。」「請父母親對你的理由講評。」

例二：下列哪些事物跟出外旅遊有關？

車票、錢、相機、成績單、原子筆、眼鏡。

(11)**推論。**

【說　明】培養學生根據觀察所得或資訊內容，客觀從事結論的推理，避
免將自己的興趣、喜好、期望等主觀因素攙入其中。指導學生
推論採多元途徑，例如可從故事（或課文）的標題去推論，由
圖片內容推論或由人物言行推論。

【應用舉例】例一：看圖推論——呈現一幅海濱人潮洶湧的圖片，看後請學
生去推論出一些事實。

例二：依據上圖，老師提問：你認為那是一個大熱天或陰雨天？
為什麼？

(12)**由事證歸納結論。**

【說　明】指導學生做結論，須依據良好的事證去推論，而不依憑個人的
奇想或方便就遽下結論。教師宜要求學生說出理由，提問：你
為何會這麼想？你有什麼事證支持？還有其他證據嗎？你怎麼
斷定你舉的事證是真的呢？

【應用舉例】例一：「治笨的良藥就是一個勤字。」這句話有哪些事證支持
它？（國定本國語第八冊第十四課）

例二：書讀不好的學生，一定是因為不用功嗎？

(13)**須評鑑資訊來源的可信度。**

【說　明】資訊來自四面八方，何者可信，何者不可信，須加審慎評選，
而不可來者不拒，全盤皆收。來自不同立場、利益團體的資訊，
吾人也應客觀了解，不以人廢言。

【應用舉例】例：針對某人所提供之消息，老師可以提示學生：

❖ 他的身分適合提供此類消息嗎？

❖ 他如何得到這些資訊？

❖ 他過去的表現，信賴度夠嗎？

(14)認識對立矛盾之處。

【說　　明】指導學生辨識矛盾、衝突之所在，盡量減除自己內心不一致的
觀念、想法和態度，並避免用雙重標準去衡量事物。

【應用舉例】例一：老師提問學生：甲說什麼？乙說什麼？他倆看法一致嗎？
還是相對立呢？他倆的說詞可能都對嗎？為什麼？

　　　　　　例二：①這一課作者主要在討論什麼？

　　　　　　　　　 ②懂得欣賞的人和不懂得欣賞的人，對山有何不同的看
法？

　　　　　　例三：大年到跳蚤市場買回二件東西，自認為是古董。但他爸
爸看後說，那是垃圾，二人起爭執。

　　　　　　　　　 請問：大年和他的爸爸爭論什麼？各人所堅持的論點是
什麼？

(15)探索因果、主從關係。

【說　　明】由甲事衍生乙事的連結，可能是因果、主從的關係。教導孩子
敏於認知、掌握類此「一事導致另一事」的現象，是批判思考
之一種。

【應用舉例】例一：提示學生：「故事中某一人物或時地變更，則可能引發
故事內容哪些變化？」

　　　　　　例二：花木蘭代父從軍，如果發生在現代，會不會被發現是女
的？為什麼？

(16)評鑑假定的正誤。

【說　　明】假定是衡情酌理的基礎，幹斜則枝歪，不得不慎。教師宜鼓勵
學生勇於探究假定之正誤，培養不輕信他人所提假定的態度，
以避免誤信，並鼓勵思索其他可能的假定。

【應用舉例】例一：當學生討論一個假定時，老師可伺機提問：

你怎麼會想出這麼一個假定？請說出所憑依的理由。你相信事情總是這樣還是偶爾這樣？

例二：銅罐和瓦罐漂浮在水面，這一事實必須建立在哪些假定（先決條件）上？

(17)評鑑爭論兩方的優劣。

【說　　明】對爭論的事情，宜謹慎地考量兩方的優劣點。對自己不同意的論點尤須特別慎重檢討，是否有人為的或故意的忽視、簡化、扭曲或省略。老師宜鼓勵學生站在對方立場或觀點去思考問題，擷取優點以修正自己的論點。

【應用舉例】例一：你的反對者提出哪些看法？

例二：那些論點中哪個最強有力？為什麼？

(18)評鑑解決方案的優劣。

【說　　明】對問題的解決方案，宜做比較性的評鑑。首先要列舉出評鑑的指標或條件，找尋各種不同解決方案，進而分析比較優劣點。

【應用舉例】例一：有哪些解決方案？各有何優、劣？

甲、乙兩案哪個較優？為何？

例二：木蘭代父從軍有何可嘉、可議之處？

(19)評鑑行為（動）的優劣。

【說　　明】對自己及對別人的行為，依據一定標準予以評鑑，並能說出所用的標準為何。對與錯、是與非各有其條理，而且深切掌握在心。

【應用舉例】例一：你認為木蘭代父從軍的行為正當嗎？為什麼？

例二：太原五百完人的英勇行為可佩嗎？為什麼？別人會不會有不同的看法？

(20)態度中肯而不極端。

【說　　明】論事避免非白即黑兩極化，推理須以證據為依，有多少分說多少分，不誇張、不欺騙。有說「我不敢確定」、「我並不清楚」

的勇氣。

【應用舉例】例一：鼓勵學生對不確定的事情，不要恥於多用「我認為有可能是……」、「我懷疑是……」、「我猜是……」。

例二：「不懂得欣賞的人，看到一座山，<u>會認為那</u>……」宜改為「不懂……，<u>可能會認為那</u>……」。

(21)**批判課文。**

【說　　明】盡信書不如無書。課文也是人寫的，作者可能有偏、有限，更或由於篇幅限制，文理受到束縛而事理敘述不全。沒有一本書是完美無缺的，因此，指導學生針對課本內容檢討、批判是必要的。

【應用舉例】例：當課文有交代不清或誤導時，老師可提問：

❖ 這段（句）話主要在傳達什麼訊息？

❖ 這段（句）話敘述清楚嗎？如不，要怎麼改？

❖ 這段（句）話所述有無跟你所經驗的事不合？

❖ 這段（句）話有無遺漏什麼？

❖ 作者為什麼要這樣敘述？

　　保羅等人（Paul, Binker, Jensen, & Kreklau, 1987）又推出《批判思考手冊：四年級到六年級》（*Critical Thinking Handbook*〔*4th-6th*〕）一書，臚列三十一項批判思考教學策略，以資配合各科教學實施。內容與前述二十七項類同，惟增加下列幾個要項：

1. 避免過於簡單化——即對人、事、物的了解，不宜採兩極化觀點。譬如非白即黑，不是好人就是壞人等。

2. 建立自己的觀點——即不盲從附和，人云亦云。有批判能力的人，常能依據自己的經驗，參酌他人的看法，合理的發展出自己的觀點。

3. 參與蘇格拉底式討論——即不堅持己見，也不人云亦云，能誠心的聽取他人不同意見，發問請教何以有此想法；針對自己的觀點，也虛心探究有無偏失，並勇於修正或堅持。

根據上述策略可將課本內容稍加修改，而使較具啟發性，例如：在三年級教材中有關「空氣有重量嗎？」單元中，教科書介紹做兩個實驗來證實：一是天平上放著兩個充滿空氣的氣球，然後其中一個放氣，以觀測結果；一是測量兩個籃球，一個充氣，一個不充氣，比較差異。應用保羅等人的教學手冊修正後的教學歷程是：教師先提問「空氣有重量嗎？」供兒童發言討論。然後再問：「我們如何去發現或證明空氣有重量？」鼓勵兒童獨立思考想出各種方法，當然可以包含書中介紹的兩種方法。隨後分組或個別做實驗去探究所想真確與否。做完實驗，教師發問：「你觀察到什麼現象？」（重歷程的了解）、「你得到什麼結論或結果？」（重成果）

修正後的教學歷程，不但引導學生學到了原教科書中的實驗內容，更拓展至其他的方法；在邊提問、邊操作的交互作用中，兒童更能清楚把握實驗步驟的意義、科學方法和思考的要領；從學習動機而言，兒童不再全是被動行事，至少亦有主動參與的機會和空間。

三、課外補充教材的實施策略

批判思考之教學，除配合正課實施外，也可斟酌採取課外教材或活動設計補充之，例如：

（一）使用課外閱讀材料的實施方式

選取課外讀物或文章，提供學生閱讀，並依據本章第二節所述二十五項行為特質提出問題，以引導學生去思考、作答。

例一：文章內容如下：

小明說：人生而平等，聖賢才智、平庸愚劣均應給予受教育機會；因此，每一個年輕人都應上大學。大華說：人既有聖賢平庸之

別，可見生而並不平等，更何況有些人沒有興趣或能力讀大學，所以年輕人不一定都要上大學。

問題一：誰的意見比較客觀？

問題二：人生而平等或不平等，小明與大華的意見不同，誰提出比較有力的事例來支持？

問題三：人生而平等是強調機會均等，但不是人人成就必須相等。對嗎？

例二：文章內容如下：

1990 年 6 月中旬，我們第二隊全體隊員在新近發現的星球——尼古拉上登陸。兩年前首次登陸此一星球的第一隊隊員，迄今仍舊杳無信息，我們是奉命來此進行調查並準備向地球基地提出報告。此行的首要任務是要了解第一隊全體隊員十五人究竟發生了什麼事，是否還活著？終於我們發現了第一隊隊員們所建造的茅屋，從外表上看，這些茅屋仍很不錯。當地豔陽高照，天氣炎熱，花草樹木，鳥獸昆蟲及岩石土壤等情景，均與我國南部風光相近。

我和一位同來的衛生官員首先來到這些茅屋，我對著屋裡大聲喊叫，但沒有人回答。衛生官員開口說：「也許他們全都沒命了，你進去看一看罷！」當我走進探望，並未發現任何人，但卻看到家具上面都已蒙上一層灰土，在火爐旁邊發現了一個開罐器，並在第三間茅屋旁找到他們乘坐的太空船。

問題一：尼古拉星球上沒有氧氣，所以易生危險？

問題二：第二隊隊員包含多種不同專長人才嗎？為什麼？

問題三：第二隊隊員也將與第一隊隊員遭遇同樣命運嗎？為什麼？

問題四：上述哪些事實支持衛生官員的話——他們都沒命了。

問題五：上述哪些事實反駁了衛生官員的話？

問題六：上述哪些事實支持說明第一隊隊員未離開尼古拉星球？

例三：文章內容如下：

假如這些動物是來自地球，則牠們會歡迎我們。牠們的確是來自地球。

問題一：這些動物會攻擊我們嗎？
問題二：假如所有地球上的動物都會說話，那麼牠們會說話嗎？
問題三：這些動物是仁慈和藹的嗎？

例四：文章內容如下：

我們為節省時間並及時趕到那裡，所以最好是搭乘飛機前往。

問題一：所能利用的時間已經不多了嗎？
問題二：當地備有航空旅運服務，至少可完成部分旅程是嗎？
問題三：搭飛機比搭火車舒適，所以他們要搭飛機前往，對嗎？

例五：下列各句話所述內容是意見還是事實？
(1)我喜歡玩球。
(2)打棒球很好玩。
(3)數學是一門很難的科目。
(4)我的妹妹長得很漂亮。
(5)學會開車是很必要的。
(6)蛋糕比麵包好吃。
(7)生物是一門科學。
(8)太陽是一顆星球。
（註：以上(1)(7)(8)為事實，其餘均係意見。）

例六：文章內容如下：

　　我出身都市貧民窟的家庭，從小就跟鄰近社區小孩混雜一塊，經常在一條小街上與大約三百名小孩玩耍。五歲時我開始找些苦差事做，以賺些零用錢，六歲入學，但我討厭上學，每天恨不得趕快放學回家。九歲時幾乎做過各類能做的工作，十六歲便不再上學了，而在一間餐館工作，二十歲入伍服役海軍。服完兵役再也不願回去故鄉，同時明白到我必須接受某種技藝訓練才能立足，於是進入一所理髮學校習藝，二十五歲時畢業，三十歲時經過五年的理髮工作經驗，我開設了另一家理髮店，再二年又開設另一家，到了四十歲我已擁有十家理髮店了。今天慶祝我的六十歲生日，我很高興看到我的四個兒子經營著這些店。

問題一：本文作者想告訴讀者什麼？
問題二：全文敘述的順序以什麼為要素？
問題三：作者對職業選擇有偏見嗎？

例七：文章內容如下：

　　小明比大華重5公斤，小明喜歡吃蛋，而祥祥和小明一樣重。

問題一：祥祥也喜歡吃蛋嗎？
問題二：祥祥比大華重5公斤嗎？
問題三：大華不喜歡吃蛋嗎？

例八：又如其他問題如下：
問題一：你認為這些農夫的種植方法效果好嗎？
問題二：品行、學問、金錢哪一個比較重要？為什麼？

問題三：好學生的條件有哪些？

（二）專題討論的實施方式

配合學生程度，老師可選擇校內、校外時事，或爭論的問題為焦點，指導學生蒐集資料、整理資料，並定期在課堂上報告與討論，例如：小學生在校早自修的存廢問題、客運公司司機該不該罷工問題、核四廠建不建的利弊得失問題等，可說是很切近的題材。鼓勵學生從正、反兩面去蒐集不同觀點，包括報章雜誌的論述，專家學者的意見，以及有關單位的看法。透過資料蒐集、研閱、篩選的過程，學生即已接觸批判思考的薰陶，俟歸納整理出自己的看法，在課堂上跟同學相互討論，又是另一次批判思考的良好訓練。

英國當代學者荻傍諾所倡導的 PMI 分析法（陳美芳、盧雪梅，1988），有助於學生對自己所持意見的批判。P 代表 Plus，是正分或優點、好處的意思；M，即 Minus，代表負分或缺失、壞處的意思；I，是 Interesting 的簡寫，表示難以正負、優劣區分，卻是值得進一步探討的趣事。茲試用如下：

P——假如小學生不必在七點半前趕到學校早自修，有些什麼好處？

　1.小朋友早上可多睡約半小時，有益健康。

　2.小朋友有較充裕時間吃早點。

　3.小朋友上學不再那麼趕。

　4.老師也跟小朋友一樣享有上述三個好處。

　5.導師可以減輕早自修的工作負擔。

　6.學校校門可以晚一些時間開，減輕導護老師負擔。

M——假如小學生不必在七點半前趕到學校早自修，有些什麼缺失？

　1.有些小朋友可能貪睡，而減少讀書時間。

　2.上學時間延後，可能交通更阻塞，更花時間。

　3.有些小朋友上學時間跟家長上班時間不配合。

　4.升旗典禮前難有時間打掃教室及外掃區環境。

　5.老師與同學見面溝通的時間減少，會有不便。

6.上第一節課比較倉促，恐會影響教學。

I——假如小學生不必在七點半前趕到學校早自修，有些什麼有趣的事可加探討？

1.小朋友吃早點的比率會增加嗎？提高多少？

2.小朋友在起床後、上學前的這段時間，可以安排些什麼活動？

做完上述分析後，更可從事量化的比較。其方法如下：

類別　　考慮要項與得分	睡眠夠	吃早點	交通便	課業好	老師工作重	安全度	好習性	合計
早自修	3	2	4	4	2	2	3	20
免早自修	4	4	3	3	4	4	3	25

說明：甲、「考慮要項」是用來評鑑優劣的參照效標。

乙、「得分」是依自己主觀意見，依「考慮要項」對早自修、免早自修給予的評分，最高5分，最低1分，例如：早自修可能比免早自修容易剝奪睡眠時間，但兩間不致造成太大差異，因此前者得3分，後者得4分。

丙、各要項得分累加後，由分數高低表示評分者對「早自修」、「免早自修」兩種制度的支持程度。上表為例，表示免早自修（得25分）較受歡迎。

Chapter 7

創造思考及其教學

人類連續不斷地創新發明，文明和文化才能日新月異；所以說，人類文明史也就是一部創造發明史（毛連塭，1989）。

英國科學家何樂（F. Hoyle）曾言：「今日不重視創造思考能力發展的國家，明日即將淪為落後國家而永久蒙羞。」（Hullfish & Smith, 1961）。目前正值我國經濟轉型，工業力求升級的現階段國家建設，除科技設備之引進、制度之設立外，如何提升國人創造思考能力與態度，實乃不容忽視之重要工作。

第一節 創造思考的內涵

美國創造力學家歐斯朋（Osborn, 1953）認為，人類心智活動的能力，從功能上來看，可簡單地分為下列四種：

1. 吸收的能力（absorptive）：觀察、了解及注意事物的能力。

2. 保留的能力（retentive）：就是記憶、回想和重現的能力。

3. 推理的能力（reasoning）：分析、推論及判斷的能力。

4. 創造的能力（creative）：想像、先見和構思新奇觀念的能力。

上述四種能力中，歐斯朋把創造力比喻為潛藏在人類腦中的金礦，最為珍貴。只可惜此一寶藏未被重視，開採不足，他呼籲應加強開發，以濟人世。

創造（create）一詞具有「賦予存在」（to bring into existence）之意（郭有遹，1973）。文獻中常見以創造力（creativity）一詞稱之，以示此項行為表現能力之高低；有時為強調其為思考之一種，故又常見以創造思考（creative thinking）稱之；又為指明行為本身，亦有以創造性行為（creative behaviour）稱之者。創造思考研究發展之演進，可以 1950 年作為比較分析之分水嶺。早期的研究多屬理論性探討，而且為數有限；迨至 1950 年，基爾福以美國心理學會會長身分發表演說，呼籲重視創造思考之發展與研究，嗣後又因 1957 年蘇俄人造衛星發射升空之衝擊，在美國有關創造思考及其教學之研究大為增加。

綜觀有關文獻資料，茲就創造思考之意義與本質，歸納出下列三類八項要點加以說明：

一、創造思考是超越吸收、保留層次的能力

（一）創造思考屬於高層次認知歷程

創造思考是人類心智能力之一，屬於高層次認知歷程，但與智商有別。基爾福於 1956 年發表的「智能結構」（The Structure of Intellect）理論，強調人類智慧能力不限於目前所能測量的智力，而智力商數（IQ）所能代表的意義，則更為狹隘；創造能力或創造思考乃係另一重要心智能力，過去被人所忽略。

智能結構理論從三個方面分析人類智力（如圖 7-1 所示）：

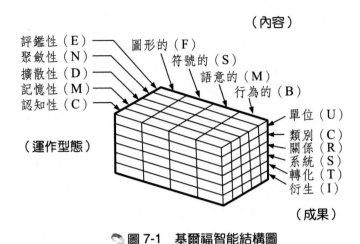

（內容）

評鑑性（E）　圖形的（F）
聚斂性（N）　　符號的（S）
擴散性（D）　　　語意的（M）
記憶性（M）　　　行為的（B）
認知性（C）

（運作型態）

單位（U）
類別（C）
關係（R）
系統（S）
轉化（T）
衍生（I）

（成果）

🔵 圖 7-1　基爾福智能結構圖

1.運作型態（operations）

　　係智力活動或作用歷程的主要型態，是個體處理原始資訊的過程；所謂資訊則是指個體所能區辨的事物。運作型態，共分五類：認知作用（cognition, C）、記憶作用（memory, M）、擴散性思考歷程（divergent production, D）、聚斂性思考歷程（convergent production, N）及評鑑性作用（evaluation, E）等五項。

2.內容（contents）

　　是指個體所能認識或區辨的事物或資訊，它是人類智慧作用與發展的要素。共分四類：圖形的（figural, F）、符號的（symbolic, S）、語意的（semantic, M）和行為的（behavior, B）等。

3.成果（products）

　　指個體在處理資訊過程中，其內容呈現的組織型態。以下細分六類：單位（units, U）、類別（classes, C）、關係（relations, R）、系統（systems, S）、轉化（transformation, T）與衍生（implication, I）等。

　　基爾福認為上述運作型態、內容和成果等三項交互作用結果，構成一百

253

二十種人類心智能力。每一個能力各有其獨特的地位，自成一格，並以特定符號代表之，例如：CFU，表示圖形（F）單位（U）的認知（C）能力；DST，表示符號（S）轉化（T）的擴散思考（D）能力，餘依此類推。

　　基爾福指出，在一百二十個因素中與創造能力關係最密切者有二：第一是擴散性思考能力，即從已知滋生多種不同資訊的能力，或稱為多元反應能力；此項因子在智能結構一百二十個要素中占有二十四個，已證實者十六項。第二是轉化因子，即對資訊給予重新界定、修正或做它種改變的能力；此項因子共有二十個要素，已證實者八項。智能結構中，擴散性思考因子在單位、類別及關係等方面作用的成果，是流利度的表現；擴散性與轉化因子間交互作用的結果，是獨特性的泉源；擴散性與衍生因子間交互作用的結果，是精進性的表現；評鑑與衍生因子間交互作用的結果，則是敏於感知問題的要素。創造能力並非單一因子所能解釋，舉凡記憶、聚斂、擴散及評鑑等智能結構運作因素，均作用其間，共襄其成，而為人類較高層次的心智能力（Guilford, 1950, 1958, 1967b, 1971, 1972, 1977; Guilford & Hoepfner, 1971; Meeker, 1969）。

（二）創造思考的運作過程貴能求新求變

　　創造思考運作過程中，首須保持新奇求變、冒險探究精神，並表現出敏覺、流暢、變通、獨創和精進等特質。辛普遜（R. M. Simpson）指出，創造是個體脫離習慣性思考方式，改採另一全新運作型態之行為表現（Khatena, 1968）；帕克（D. H. Parker）亦持類似觀點，認為創造是以新方法組合知識，進行探索及嘗試的高度藝術行為（Foster, 1971）。

　　聶勒（G. F. Kneller）認為創造思考是一種革新、探索、冒險、不守成規、勇於面對不確定和新奇的行為（Foster, 1971）；巴特雷的看法也接近，他認為創造思考是一種探測性思考，超越成規，打破慣例，接納新經驗，及不抗拒變動不居等現象（Dutt, 1977）。

　　基爾福曾扼要指出，創造思考是個體滋生新知之心理歷程，它與問題解決所需心理現象基本上相同，具有下列六項特質：

1.敏於感知問題

　　即發現缺點、需求、偏失、不和諧、不尋常及未完成部分等之能力。

2.流暢性

　　產生多量見解或方案之能力。細目有：

　　(1)見解的流暢性（ideational fluency）：表現於提出方案、字詞、問題、反應、片語、句子、功用、結果、產品、圖畫、設計……等數量的多寡。

　　(2)聯想的流暢性（associational fluency）：提出同義字詞、類推事例、相似之處多寡等之能力，以及找出關係多寡之能力。

　　(3)表達的流暢性（expressional fluency）：想出新見解，歸納見解以構成多種體系或理論，或做結論之能力。

3.變通性

　　改換做事方法或途徑，變更思考方式，和不受習慣限制之能力。細目包括：

　　(1)主動變通性（spontaneous flexibility）：主動做不同等級或類別反應之能力，對問題或產品之特質或屬性，予以多方考慮之能力。

　　(2)調適變通性（adaptive flexibility）：表現於改道而行或自由變遷之次數、尋求問題解決所採途徑或策略之多寡、不同解釋之次數、思考方向改變之次數等。

4.獨創性

　　產生不尋常、新奇、精美見解、方案，或問題解決方法之能力。

5.精進性

　　洞燭機先、精益求精之能力，例如能將一項計畫、方案或題綱完成其細目，使臻精美完善。

6.重新界定

觀察事物能跳出成規，以異乎習慣、常識之觀點去知覺它、界定它的能力，常以一種新的形式或功能呈現對它的認知（Guilford & Hoepfner, 1971; Torrance, 1968）。

杜特（Dutt, 1977）提出創造思考七項特質，除前五項與基爾福觀點相同外，另外強調好奇與想像兩項特質的重要性。歸納言之，創造思考在運作過程中，常須突破成規，超越習慣，以求新求變、冒險探究的精神，去構思觀念或解決問題，其行為表現出敏覺、流暢、變通、獨特、精進等特質。

（三）創造能力是知、情、意三結合，多種不同思考歷程並用的結果

美國學者威廉斯（Williams, 1972a, 1972b）承襲基爾福的理論並加以發揮，認為創造能力包含知、情兩方面，前者係認知或思考性行為；後者指情意或情感的行為，二者相輔相成，共生共茂。分析而言，其組成要素如下：

1.認知性行為

包括敏覺性、流利性、變通性、獨創性及精進性等特質。

2.情意性行為

包括好奇、想像、冒險及不怕煩難等特質。

陶蘭斯（Torrance, 1979）認為一個人創造能力的高低，可從能力、動機和技術三方面推估。所謂能力，包含智力、敏覺問題、流暢性……等要素；動機，如勇於面對挑戰，不懼曖昧，喜於探索與創新，以及堅忍不拔的工作態度等；技術，則指一些可用於構思觀念或見解的技巧，如腦力激盪術、查核表術……等。事實上，上述三要素，也包含了知、情、意成分在內。

英國學者荻傍諾（de Bono, 1970）在《水平思考》（*Lateral Thinking*）一書中，強調非邏輯性、感性的水平思考歷程之重要性。他指出：一般人一向

偏重於邏輯性、分析性的垂直思考方式，好比掘井，深入直探，一旦遭遇挫折，則往往無功而退；然而，許多問題之解決，或創造之發生，並非依賴垂直思考所能奏效，如能運用水平思考，透過直覺、感悟能力，採取廣面探試方法，可以獲得意想不到的成果。

亞立提（Arieti, 1976）形容創造思考為一種魔術性綜合作用（magic synthesis），它同時並用原始的、非理性的潛意識作用（第一歷程〔primary process〕），及邏輯的、理性的認知作用（第二歷程〔secondary process〕），以形成心智作用的第三歷程（thirdary process），經由此第三歷程的綜合作用，產生新奇、超乎尋常的事物。梅氏（May, 1975）則持另一看法，認為創造歷程不是非理性的（irrational），而是超理性的（suprarational），乃係智慧、意志力和情感等心智綜合作用的結果。他相信創造思考是情意作用健康的表現，也是個體自我實現的過程，即當個體面對現存問題時，能高度涉入，深切認識與了解，並尋找其內在關係，以求解決的歷程。

我國學者賈馥茗採統合觀點，認為創造力宜從三方面著眼才不失其真。第一、就創造的能力而言，創造者固不必為絕頂聰明者，但仍須具有中上的智慧程度；此等智慧用於感性、思考和悟性三者。第二、就創造的心理歷程而言，不僅包括思考在內，而且包括下意識和前意識階段，以及創造者的感覺和情緒反應。第三、就創造的成果而言，無論其為觀念、意義或見解等思考的產物，或是實物製造的方法與產品，皆須具備新穎和獨特兩個條件（賈馥茗，1970）。

總之，創造思考是整全性歷程，知、情、意三者兼重，多種思考歷程並用，才能有高度的表現。

二、創造思考不是妄想

分兩點說明如下：

（一）創造思考強調無中生有，但須以知識經驗為基礎

布隆在認知性教育目標分類中，以「知識」為第一層次，並視為其他各類別之基礎；其中與創造思考最接近者是「綜合」能力（syntheses），排列第五；基爾福的智能結構運作型態中，以擴散性（divergent）歷程與創造思考最為相似，亦須以認知性、記憶性歷程為基礎。

巴隆（Barron, 1976: 190）強調舊有知識經驗是創造能力發展的基礎，他說：「創造能力可簡要地界定為滋生新事物的能力，但由於人類不能無中生有，所以創造行為常是就某些材料給予重組，包括物質的和心理的；而所謂新事物，事實上就是既有事物重加組合、再造而成的新型態。」

潘安斯（Parnes, 1967）也持相似觀點並進一步分析指出，創造思考之產生，須基於三項要素：知識、想像和評鑑。缺乏知識為其基礎的想像是空想；沒有想像，則豐富的知識亦無濟於現狀的改變；即使兼備知識及想像而獨缺綜合評鑑能力，亦難獲致有效的創造。

總之，創造思考鼓勵「無中生有」或「有中生新」，須以知識經驗為基礎。

（二）創造思考是一種目的性行為

創造思考是目的性行為之一種，其成果常以新穎獨特及有效為要求。潘安斯（Parnes, 1967）強調獨特性（uniqueness）及適切性（relevance）是創造思考之二大特質，而所謂獨特或適切並非全對社會或國家而言，對自己而言亦可。梅尼克（Mednick, 1962）認為創造思考是將有關因素重新結合，以符合某一特殊需求或呈現不尋常特質的行為歷程，強調行為之新奇性及目的性。費哈遜及崔芬格（Feldhusen & Treffinger, 1977）解釋說，創造思考是當你面臨問題或需求見解觀念時，能提出多種方案的能力，同時也是想出不同、獨特及優美方案的能力。傑克遜和梅西克（P. W. Jackson & S. Messick）共同提出四項創造性成果特質：第一、不尋常（unusualness）；第二、合宜（appropriates）；第三、有變化或新型態（transformation）；第四、精粹性（conden-sation）等，二人同時強調，所謂創造性固宜對整體社會文化而言，但對個人而言亦無不可，即想出自己過去所未曾有過的觀念、見解，也是創造行為之一種（Busse & Mansfield, 1980）。賽蒙強調創造思考應具下列特性：

1. 思考的成果具有新奇和價值，對個人或社會而言均無不可。
2. 思考不落俗套，具有改變成規或與先前觀念不同的特性（Torrance, 1967）。

我國旅美學者郭有遹則兼重人生與文化價值的重要性，他認為：創造是個體將一種或多種心智運用到內在與外在的材料上，以產生某種獨特而具有人生或文化價值的產品（郭有遹，1973）。

由上述見解可知，創造思考並不是虛幻的想法，應是新奇而不失其真，獨特而不離其實，創新並具實用效果的思考歷程。

三、創造發明如何發生未有定論

（一）創造行為如何發生，仍待研究探討

精神分析學派認為創造源自個體的潛意識作用，是防衛方式昇華作用的結果。當力必多（libido）滋生的動機發生衝突，由自我（ego）引導其發展，跳出焦慮窠臼，昇華進入美的境界而滋生創造行為。新精神分析學者如克利斯（E. Kris）則認為創造始於自我監視力的鬆弛，壓抑減弱，人格結構因而獲得較大彈性，思考作用回歸到前意識狀態（pre-consciousness），從而增加心理靈感，滋生新方案；但靈感與方案須經邏輯、理性的評鑑，以求精巧，所以又具意識作用的歷程。榮格（C. G. Jung）也指出，創造有兩種表現方式，一是心理的，強調意識作用的歷程；二是幻想的，認為創造是潛意識或原始經驗的再現（Busse & Mansfield, 1980; Roweton, 1970）。

人文心理學派的看法則大不相同，認為創造是個體具有健康自我（healthy self）的產物，係潛能發展的象徵，並非分析學派所指係焦慮的逃脫與昇華作用的結果。羅吉斯（C. R. Rogers）從人際關係觀點剖析指出，創造能力須俟個體具有良好的心理安全感和心理自由方能表現出來，它是自我實現的象徵。另一人文心理學家馬斯洛（A. H. Maslow）也認為創造是心理健康的表現，自我實現的結果，但欲充分發揮則有賴合宜的訓練（Rogers, 1976; Roweton, 1970）。

行為主義論者強調刺激與反應間連結作用對創造能力的影響。梅尼克解釋創造歷程係運用聯想，把有關因素重新組合，以符合有用或某些目的物要件的過程。其中「知識」是基礎，「聯想」是媒介，二者愈多，愈有創造可能。另一學者馬滋曼（I. Maltzman）表示，獨特性或創造思考，經由不斷地聯想或反應可獲增強，出現率可望提高。蓋個體接受刺激後，傾向於先就所習慣的方式或熟悉的事物加以反應，隨著反應次數的增加，聯想愈困難，當達到黔驢技窮的時候，便開始探索、萌生新奇獨特的反應方法，此即創造發生的剎那（Busse & Mansfield, 1980）。

理論發展迄今，上述各說均未能明確周全地說明創造行為發生的動機，進一步的探討分析，實有必要。

（二）創造能力高者確有與眾不同的人格特質

創造性人格特質是有關創造能力研究中主要的一環，研究者不在少數。如美國加州大學馬京南（D. W. Mackinnan）曾以自陳方式，研究創造性建築師和非創造性建築師人格特質之差異，結果發現：高創造性建築師的自我形象（self-image），具有發明性、獨立性、個性、熱忱、決斷力而且勤勉；低創造性者則強調自己的美德、良好的個性、理性與同情心。加州大學「人格測量與研究機構」（IPAR）從事創造領導者人格特質之研究，發現具有聰明、獨特、獨立、開放與接納意見、良好審美觀念、活力、專注於創造性工作，以及自重等特質（Torrance et al., 1967）。

巴隆的研究報告則指出，創造力高者喜於了解自己或別人、坦率、精力充沛、善於察言觀色、充滿美夢、想像豐富、長於綜合及區辨能力、好問、喜愛挑戰性事物等；馬斯洛則認為活躍、豪放、天真、看得開、容忍曖昧不明、接受不確定、包容正反二極及統整異己觀念等，是創造性人格主要特質（Torrance et al., 1967）。

聶勒歸納有關研究結果，列出下列創造性人格特質十二項：智力、覺察力、流暢性、變通性、獨創性、精密性、懷疑、堅執力、嬉戲心、幽默感、非依從、自信心等，均比一般人高（賈馥茗，1970）。

（三）創造思考可經由教育訓練而予增強

威廉斯（Williams, 1972b）指出，人人都有創造潛能，個別差異只是量的大小不同而已；然創造能力表現的高低，受後天環境與教育之影響不小。

布魯納（Bruner, 1964: 1）強調技巧（techniques）在心智能力發展上的重要性，他說：「人類由小到大及至其心智能力發展臻於成熟，受到個人運用心智技巧之影響，技巧熟練則成長良好，而技巧的獲得卻是主要源自文化的傳遞。」換言之，教學或訓練學生以技巧有助其心智能力之發展。基爾福持樂觀的看法，認為創造思考含有相當高的習得性技術，遺傳或已限制了這些技術發展的極限，但在這限制範圍之內，經過教學可予增進並充實之。戴維士（G. A. Davis）也明確指出，創造思考之技能和態度，可以教學（Warren, 1971）。事實上，一些研究確已證實了教學或訓練可以增進創造思考能力（Davis & Scott, 1971; Hutchinson, 1963; Parnes & Meadow, 1959）。

總而言之，人類具有創造能力，由文物典章制度之發明與演進可資說明；基爾福的智能結構理論，提出一百二十個智力因素，更為創造思考之心理基礎找到依據。創造思考係人類心智能力之一，其發生有賴知識經驗為基礎，推論和批判思考為輔助；其歷程始於對問題之感知，中經探索想像力，透過流暢、變通、獨特、精緻等行為特質，以求獲得新穎獨特及有效之結果；其作用則包括了知、情、意等要素。創造行為發生的動機，眾說紛云，尚無定

論，惟高創造能力者具有某些人格特質，以及創造思考可經教學與訓練予以提高等，則為學者之研究所證明。創造思考之特質，可歸納為如下五項：敏於感知問題（敏）、流暢性（多）、變通性（變）、精進性（美）、獨特性（奇）等。

第二節 創造發明的心路歷程

本節分兩點說明如下：

一、創造思考運作的歷程

創造發明經過哪些歷程，向為學者所關心，研究至今雖仍未明確，但已有軌跡可循。華勒士（Wallas, 1926）提出下列四步驟，並為後人所常引用：

1. 準備階段（preparation）：以自由自在的心情蒐集、探尋有關資料，俾能確切覺察並界定問題情境。
2. 孕育階段（incubation）：意識作用已不顯著，而以下意識（unconsciousness）或前意識（preconscious）作用，將前一階段所得資料予以組織、消化，歷時長短不一，或數分鐘或為期數月、甚或經年。
3. 豁然階段（illumination）：前一階段作用的結果，一時豁然貫通，答案湧上心頭，問題獲得解決。
4. 驗證階段（verification）：前一階段的發現，必須經過多次反覆測試、批判，評鑑證明有效後始予接受。

羅斯曼（Rossman, 1931）以問卷調查七百一十名發明家的創造歷程，歸納提出如下六個步驟：(1)困難或需求的感知；(2)問題形成；(3)資料蒐集；(4)解決方案之檢視；(5)新方案之提出；(6)試驗新方案並決定取捨。

馬京南在所著〈創造力之鑑定與發展〉（Identifying and Developing Crea-tivity）一文中則指出，創造歷程分為五步驟（Torrance et al., 1967）：

1. 準備階段：運用技巧與經驗以覺察問題。
2. 試探階段：努力於問題解決方案的尋求。
3. 脫身於外：暫時離開問題核心，孕育新方案。
4. 頓悟階段：豁然貫通，獲得解決方案。
5. 驗證階段。

歐斯朋於 1953 年提出七個步驟，以說明創造的歷程（Osborn, 1953）：

1. 取向階段（orientation）：注意並發現某一特定問題。
2. 準備階段：蒐集有關資料。
3. 分析階段：就有關資料一一加以分析了解。
4. 提出方案：盡量想出可能解決方案。
5. 孕育階段：組織、消化並醞釀解決方法。
6. 綜合階段：將有關資料統整歸納，理出解決方法。
7. 評鑑階段。

陶蘭斯則為創造思考下定義說：「創造歷程始於對問題、缺點、知識的缺陷、遺漏的要素，與不和諧等的感受，因而辨明困難，尋求答案，從事臆度，或建立假設，並進而試驗之，重述之，或改變之，然後傳達其結果」（賈馥茗，1970）。

國內陳昭儀（1991：203）調查訪問台灣二十名創造發明家，歸納提出創造歷程有五：(1)靈感與動機；(2)構思、產生構想；(3)設計工作；(4)實驗與研究；(5)完成發明品等。

綜觀上述創造歷程，實乃大同小異，相近於華勒士的四大步驟。創造歷程雖無確定不變的軌跡可循，但綜納其要不難窺知：創造的發生始於對問題的覺察及確定，繼以心智活動的探索、方案的提出，而終於問題的解決與驗證。

二、創造發明故事舉例

本章先後介紹說明了創造發明的心路理論及運作的過程，茲列舉三個發明的故事（Wulffson, 1981），以增進了解並體會。

（一）故事一：購物車的發明

據統計，時至 1980 年全世界約有 2,500 萬台購物車分散各地。事實上就四輪車而言，目前除了小轎車以外，恐怕要以購物車最普遍地被使用。在美國由於購物中心林立，習俗使然，幾乎每人都要花費一部分時間於推或拉購物車，一生累計下來，恐怕推車里程已達到百哩之遠呢！可是你可曉得，發明這種車子的人是誰嗎？

那是 1937 年，美國奧克拉荷馬市的高德曼（Sylvan N. Goldman）先生發明了第一部購物車。高德曼發明購物車雖未因此聲名大噪，卻也帶給他大筆財富。原來他是購物中心的工作人員，每天看到店裡的購物者手提籃子、大包小包的採買，由少而多，由輕而重，等到結帳的時候，幾乎人人兩手痠疼，而且累贅不便；於是同情心油然而生，但他不止於同情，常自問能否為他們解決此一痛苦？此一問題常掛心際、縈繞腦中。

終於有一天靈感突然來臨，他將一個籃子裝上輪子使它能夠滑動，並稍加改進一番，叫顧客們試用。可是此一發明卻意外的帶來一個困擾，那就是當顧客少的時候或打烊時，太多的購物車堆積如山，很占空間，難以安置，高德曼為此大傷腦筋，難以解決。一天，他走進辦公室，坐上一個椅子，發現這個椅子是摺疊式的，又觸發了他的靈感，購物車不是也可以改成摺疊式的嗎？如此，不用它時可以摺起來，少占空間減少麻煩。

1937 年 6 月，高德曼的第一批購物車在市場中公開問世，當天上午他興奮得不能自已，想瞧瞧顧客使用他的發明品的情形。可惜他意外的失望了，大批的客人好奇的瞧著這批車子，卻少有人願意嘗試使用它。高德曼不禁趨

前發問：「你們何不試用這些車子呢？」有位顧客回答：「我們的手臂力量夠大，提個菜籃子沒有問題呀！你太小看我們了！」諸如此類使他喪志的事情連日發生，顧客偏不嘗試購物車，他們寧可一手提籃子一手採購，而不願使用裝有輪子的籃子。

高德曼並不灰心，他有信心成功，心想只要顧客願意試用，一定會使他們滿意，而喜歡上它。高德曼又別出心裁的想出既聰明又好笑的新主意，他僱用一群人佯裝顧客，人手一車在市場內外穿梭不停地推動著，以引人起而效尤。果然生效，顧客見此現象便一一學樣，用起購物車了。

購物車的使用，不但吸引了更多的顧客，而且每個顧客的購物量也因而增加，因為更為方便且省力呀！

今天各地流行的購物車，比高德曼原本設計的大了幾乎五倍。這或許可以說明為什麼當前美國人在食物上的花費是 1937 年前的五倍以上。

（二）故事二：安全刮鬍刀的發明

一位推銷員因常抱怨刮鬍子的不便與不安全，而創造發明了安全刮刀。

直到二十世紀初，對男人而言，刮鬍子是件既不方便又不安全的日常瑣事。大部分的男人若不是走進理髮廳仰賴他人刮，便是自己使用著刀口鋒利的剃刀來清理，而剃刀易鈍，須定期送磨。因為深感於此種不便與不安全，吉列（King C. Gillette）便動腦筋發明了可隨時抽換刀片的安全刮鬍刀，那時吉列是在巴爾的摩的一家公司當推銷員，時為 1890 年代。

過去的創造發明，沒有一樣是成功滿意的，但不氣餒，受到老闆及朋友的鼓勵，吉列開始沉迷於一種實用且又可以自由處理的商品的研究發明。1895年的某天早晨，正急於準備上班時，突然發現他的那把剃刀太鈍了，必須送請理髮店磨利，內心焦急而氣惱，不禁自問：「能不能發明一種較方便的刀子來用？」他曾這樣寫著：「當我手中拿著剃刀站在那兒發呆時，雙眼輕輕瞟了它一下，就如同一隻飛鳥輕巧的停在牠的鳥巢上一樣，因而觸發靈感，似乎就在剎那間我看清了它的整個結構型態，發明了吉列牌安全刮鬍刀。」

吉列匆匆跑到一家金屬店，買些銅、鋼絲，一把鉗刀。事情並不那麼順利，為了克服製造細薄鋼片作為刀片的技術問題，就花了他六年時間，不斷地實驗失敗令他有些喪志，加以資金有限，原先支援他的老闆見他遲遲不成功便又改口笑他，認為金屬絕不可能磨製得很鋒利。吉列回憶他當時的心情說：「還好，當時我愚笨到不曉得知難而退。」

1901 年他終於在波頓（Boeton）設計工廠開始生產他的發明品。1903 年，一共只銷售了五十一個刮鬍刀及一百六十八個刀片，當時大部分的美國男人仍偏愛到理髮店剃鬍子。幸好公司的推銷員很努力，日益說服大眾，到了第一次世界大戰期間，業務陡增，銷售日旺，原來部隊補給物中為每一個士兵準備了一個刮鬍刀。到了 1920 年代，美國的大男人才大部分喜於使用安全刮鬍刀在家自己修邊幅。

（三）故事三：籃球運動的發明

大約一百二十多年前的一個冬季裡，美國東北部麻薩諸塞州，正受寒流侵襲，喜愛運動的青年們，總是靜不下來，尤其是「春田青年會」訓練的學生們。

「春田青年會」訓練學校，位於麻薩諸塞州的春田城，這時由於天氣太冷，校中好運動的學生們，只好被迫放棄戶外運動，大家擠到校內的一座小健身房裡，因而無法滿足他們的需求，學生們經過討論後，推派代表向學校建議，要求學校老師在寒冷的冬季裡，能供給大家新的室內遊戲活動。

學校的體育主任古力克博士，便請了許多教師想辦法，以滿足青年好動的個性。因當時橄欖球季剛結束，很多學生仍在回味那種緊張、刺激的球賽，學校老師們想了好久，並未能很快地想出一個好辦法，最後才由古力克博士的助手納斯密司（J. A. Naismith）負責這項艱難的工作。

納斯密司是一位孤兒，由叔父撫養長大，攻讀於長老會神學院，學生時代是位很傑出的全能運動員，曾獲得室內全能運動的錦標。1887 年在加拿大麥克基爾大學畢業，來到春田訓練學校從事體育工作，就很有遠大的抱負，

深信體育活動一定比傳教布道，更能促使青年學生獲得身心的健康。

納氏經過了兩個星期細心觀察的結果，他認為適合季節、場地及青年人好動本性的活動主要原則應包括：(1)以一個球來做遊戲的中心，而且玩起來不致太累。(2)能在室內和晚上進行這項遊戲，並且場地不要太大。(3)要有團體合作性質的遊戲。

首先他把一些大家喜愛的室外活動換在室內進行，他試用橄欖球，但發現那些粗野的搶球動作，常使學生們摔跤受傷。於是再試用足球，又發現在小健身房內進行比賽時，許多球員常彼此相推相撞，而且容易打破玻璃窗等。納氏最初的試驗結果失敗了，所以只好再潛心加以研究。

在聖誕節的前幾天，納氏帶了一個足球到學校，準備進行他新設計的一項遊戲，他要學校工友去找找看，有沒有如他設計圖中的木盒子，結果沒有只好在健身房的地下室中，找出兩個裝桃子用的空籃子來代替，他在健身房的兩端各置一個籃子，綁在約十呎高的二樓圍欄上，而後就告訴學生們這遊戲的玩法，同學們就分兩隊開始進行，結果出乎意料的受到大家的歡迎，於是就有學生提議遊戲的名稱叫作「納斯密司球」，但納氏謙虛的婉拒了，由於遊戲的目的是把球投入籃內，不久就訂名為「籃球」了。

籃球遊戲發明後，納氏看到學生們玩時亂衝亂撞的情形，認為必須訂立一個規則，於是就開始為籃球遊戲訂下規則，最原始的籃球規則共有十三條。此十三條籃球規則，百年來經過無數次修改和增訂，都只不過是為求籃球遊戲攻守技術的發展與加強而已，而這些立法精神，至今始終是籃球遊戲的重心所在。

1891 年 12 月中旬，納氏在上體育課時，將全班分為兩隊，每隊正好九人，當裁判將球擲入球場中央時，兩隊同時進入場內搶球，比賽也就如此開始了。

正當大家興高采烈的玩時，一名叫威廉‧蔡斯的學生，在中場附近把球投入籃內，而成為歷史上第一個得分的射手；但是隨著就發生了一個新的問題，怎樣才能使球從籃子掉下，以便繼續比賽呢？終於有一位球員勇敢地爬到圍牆欄上，將球取出，以後為了解決這個難題，便設了一個守籃員；並且

備了一架梯子，專管登梯取球。這便是第一次的籃球遊戲。

根據記載：納氏經過了一次成功的試驗，就利用聖誕節假期，開始做進一步的研究。而世界上第一次的籃球公開比賽便在 1892 年 3 月 11 日下午 5 時 15 分舉行了，在春田學院的健身房內，由學校的教師隊與職員隊比賽，結果職員隊以五比一領先而成為歷史上第一個獲勝的球隊。

接著籃球比賽的人數規則慢慢演進，如 1893 年時在小健身房內比賽，每隊為五人，在較大的場地每隊可有九人參加；到了 1897 年正式規定每隊五人。球是籃球遊戲的中心，最早是採用英式足球，1893 年才有比足球稍大的特製籃球出現，最先是由皮革製成的，1948 年又有一種橡皮製作的籃球出現，直到 1951 年才被正式認為合格的比賽球。籃圈最初是有底，故每次投進必須登梯取球，或用棍子將球頂出，1893 年有網袋鐵籃圈出現，但仍沒有開底，到 1906 年才有開底的籃圈和輕鍊製成的網子被採用，直到 1912 年時，始被正式公認合法設備。早期的女子籃球比賽是不准男人參觀的，因為女子球員不是穿著熱褲便是燈籠褲，後來才開放男人參觀。

（四）發明故事的啟示

綜觀上述三個發明故事，檢視前面介紹創造的理論與歷程，歸納提出下列數點以供參考：

1.創造發明的產生須先有動機

動機則常源自於「需要」的感覺。高德曼發明購物車起因於同情購物者兩手提物痠疼的苦境；吉列因為深感於用剃刀刮鬍子的不便與不安全，而動腦筋發明了安全刮鬍刀；籃球的發明，也是起因於為青少年們提供一個合宜的運動，在冰天雪地的天候下，在室內進行。由於「需要」無法滿足，而引發他們想去謀求滿足的方法或途徑，這個過程接近精神分析學派所提創造發明的理論。

2.創造發明的需求與動機，有賴專注投入與耐心追求才能成功

假如不投入，沒耐心，則高德曼的購物車可能止步於「裝有輪子的籃子」而已，且不被人接受使用；吉列的刮鬍刀難以鋼片製成，而功虧一簣。籃球可能隨著古力克博士的洩氣而無從誕生。專心投入與耐心追求，是健康自我的表現，在自由安全的氣氛下，努力完成自己預懸的目標，這正是自我實現的具體事實。從這個角度看，創造發明的發生，符合人文主義心理學派的主張。

3.動機與努力之外，創造發明需要有靈感或方法才能完成

納斯密司運用了替換取代及隱喻的思考技巧，設想把橄欖球、足球移到室內玩，以木盒子或裝桃子的籃子比擬成球門，這是籃球發明的重要靈感引發點。高德曼偶然間發現摺疊椅，而引發購物車改進的靈感；吉列把手中的剃刀幻想成輕巧的飛鳥，能飛舞自如，因而產生靈感繪製成安全刮鬍刀的結構型態。這些靈感，多賴聯想思考以結合似是不相干的事物關係而獲得。從這個角度看，創造發明的發生，行為學派心理學者的觀點有其參考價值。

4.創造發明始於發現問題，繼而探討問題，直至驗證可行為止

就上述三個發明的歷程而言，創造發明始於對困難問題或需要的感知，繼而探討分析以確定問題焦點，蒐集資料，孕育解決方法，提出方案，檢視成效，修正、再嘗試，最後證驗其可行為止。這些歷程，吻合了前述華勒士、馬京南、歐斯朋等學者所述觀點的主要內容。

5.創造發明並非博士、專家的專利，任何人只要肯用心就有成功的機會

發明購物車的高德曼，本是購物中心的工作員，從事補貨或結帳工作。吉列原是一位商品推銷員，只因他對周遭事物敏於感受，並常思改進，而發明了安全刮鬍刀。發明籃球的納斯密司，是學校體育工作人員，並未獲有博士學位。

第三節 創造思考教學之策略

　　創造思考之教學受到重視並從事系統的研究，企業界首開其端。早在 1937 年即歐斯朋提出著名的腦力激盪術（brainstorming）之前一年，美國奇異公司便已開設創造能力訓練課程，培育員工。教育與心理學界則遲至 1950 年，基爾福在全美心理學會上發表演說，倡導對創造思考之重視後，才積極推動研究。隨後於 1957 年成立創造教育研究基金會（Creative Education Foundation），1967 年《創造行為期刊》（*Journal of Creative Behavior*）創刊，一時蔚為風氣，文獻遽增。時至今日，有關創造思考之研究文獻源源不絕，並逐漸普及於世界各角落（Guilford, 1967a; Roweton, 1970）。

　　如何有效促進創造能力，是一項廣受重視與探討之問題。概括而言，企業界為提高員工創造能力，多以一些被認為可以促進創造思考的技術為訓練內容；教育界則偏重採用特別設計之教材和教法，從事所謂之「創造思考教學」，以促進學生創造思考能力。

一、創造思考教學的目標

　　美國學者陶蘭斯所提「研究與預測創造行為」之模式可供參考。他強調創造行為表現的優劣，宜從創造的能力、技術和動機三方面觀察（如圖 7-2 所示）。其中，創造能力係指諸如對問題的敏覺與界定能力，以及思考的流暢力、獨創力、變通力、精進力……等多種能力。技術指的是練習這些能力的技巧或方法，如腦力激盪術、檢核表術……等。動機指的則是個人對創造表現的需求欲望。三者環環相扣，必須配合才能有創造的行為表現（簡紅珠，1990）。

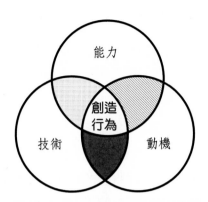

能力

創造
行為

技術　　　動機

● 圖 7-2　研究與預測創造行為之模式

　　國小實施創造思考教學，若能獲得立即而顯著的效果固然可喜，但重點並不在此。我們努力的方向，旨在培育學生具有上述能力和態度，期使走向或更接近日後有所創造發明的康莊大道。分析而言，創造思考教學的目標，計有：

（一）認知性目標

　　其目的在增進學生於構思觀念或解決問題時，能：

1.善用創造思考策略

　　不蹈常襲故，能靈活採用不同策略或方法試圖解決，例如：解凍歸零思考術、腦力激盪思考術、查核表思考術、強迫結合思考術、型態綜合思考術、糾合術……等（詳見張玉成，1988）。

2.發揮創造思考特質

　　輔導學生盡量達到思考的：

(1)流暢性：想得快，想得多。即產生多量見解或方案的能力。

(2)變通性：想得多元、有變化，從不同角度、立場去探討。即懂得隨機應變，而不拘泥於習慣之能力。

(3)獨特性：產生不尋常、新奇或突出見解、方案之能力。

271

(4)精緻性：表現出精益求精、高瞻遠矚、力求完美且富人性化的能力。

(5)敏覺性：敏於感知事物特質，發現缺點、偏失、需求、不尋常、不和諧或特點之能力。

（二）情意性目標

其目的在加強學生具有求新求變，超越現況，創造發明的動機。美國學者威廉斯（F. E. Williams）曾提出好奇、敢於冒險、喜於想像和不怕困難等四項目標。然盱衡我國國民性格特質之不同，筆者爰補述另四項急需糾正之心理態度如下：

1.盲目信服權威

國人大都對於職位高者、年齡長者、傳統習俗和傳播媒體（書籍、雜誌、報紙、廣播）等的意見或看法，過於盲目接受而減少了自行思考與創新的機會或動機。

2.完結觀念過濃

急功近利，追求速成，以及深信事物有「完美」境界的想法，致令產生為防弊而不能興利、動不如靜，以及敷衍了事的蹈常之性，襲故之質。

3.不敢表現自己

怕失面子，因而有話不說，有作品不展示，終致創意胎死腹中，他人無從分享經驗，自己更因此而歸入沉默的大眾之一。

4.羞言成本效益

做事徒重苦工夫，強調努力而不講求方法技巧，而窒息創意。更因「君子言義不言利」觀念，吞噬了創造發明可以發財致富的動機。

總之，創造思考教學之目標，宜朝向三個主要方向發展：一是增進學生應用創造思考策略的能力；二是提升學生創造思考的基本特質；三是培養學

生從事創造思考的態度和興趣。

二、創造思考教學的策略

茲分兩部分介紹如下：

（一）企業界常用的訓練策略

實施創造思考訓練，企業界首開其端。早在 1936 年美國奇異公司即已開設課程，訓練員工以提高其創造能力。歸納而言，企業界所使用的訓練策略，主要有如下各種思考術：

1.解凍、歸零思考術

人是習慣的動物，處理事情或解決問題，常以最熟悉的方法或態度進行，久而久之，形成蹈常襲故現象而難有突破、創新。解凍歸零的策略，旨在破除習慣的做法，強調暫時有意的忘記過去的經驗，裝作腦海中沒有現成的方法，使思考的心靈回歸到空白，期能不受前事或前念的束縛或影響，然後大膽的、開放的、好奇的去探索可能的方法以解決面對的問題。

例如：假想你是一位西點麵包老闆，突然忘記了生日蛋糕的做法——包括形狀、材料……等，現在重新去設計一種可用以慶賀生日的蛋糕新產品。

所謂「前法不去，後法不來」，解凍歸零思考的心志，是企業界訓練員工創新突破現狀的技巧之一。

2.腦力激盪思考術

歐斯朋於 1937 年倡導了腦力激盪術（brainstorming）。這是一種以集思廣益方式，於一定時間內透過多人互提意見，交相作用，以期透過大量的想法、看法、靈感或方案的激盪，從中產生創意的歷程。一般認為實施腦力激盪，以十至十二人為佳，主持人宜有效鼓勵參與者發言，才能達到預期效果。

論者指出，為使腦力激盪術進行成功，下列四項原則須加遵守：

(1)延緩批評——為鼓勵大家提出見解，負面批評被認為有害，無論好壞，至少在意見提出之當時給予尊重而不評論。

(2)不怕標新立異——歡迎自由發言，多提不同意見；主意或見解不怕奇異，新奇不嫌多。

(3)量中生質——求量為先，以量生質，見解愈多愈有可能提出有效的解決方案。

(4)綜合與修正——參與人員除提供自己意見外，亦須留意擷取他人見解，歸納或修正之，使更臻完美。

腦力激盪術以團體方式進行為主，但亦可運用其原則於個人單獨思索問題解決方法之尋求（郭有遹，1973；Khatena, 1968; Osborn, 1953; Warren, 1971）。

3.創造式問題解決思考術

創造式問題解決（creative problem solving）是理論比較完整、應用比較廣泛之創造思考技術，由歐斯朋於 1948 年首先倡導，嗣後由潘安斯等人加以發揮。此項問題解決歷程，歐斯朋提出下列三個步驟：

(1)發現事實（fact-finding）——包括對問題的感知、界定及資料之蒐集、分析等活動。

(2)發現見解（idea-finding）——摒除習慣、成規或傳統看法，運用腦力激盪術構思問題之可能解決方案。

(3)解決方案之發現（solution-finding）——運用成本分析、實用性、社會接受性、時間……等因素為指標，評鑑第二步驟所得各方案之優劣，據而從中選擇最佳解決方法。

根據此一模式，潘安斯及其同事經予修正，提出下列歷程：發現事實→發現問題→發現見解→發現解決方案→發現推行要領等五項，其中新增二項是：

(1)發現問題（problem-finding）——分析、界定問題，進而把握問題關鍵。

(2)發現推行要領（acceptance-finding）──研擬執行計畫，溝通意見，使付諸實施或被採行。

4.查核表思考術

另一增進創造思考之技術是利用查核表（check-list）。所謂查核表，事實上就是一份清單，上面列有問題解決或事物改革的可能方案，據此逐一推敲、尋找概念或問題解決的方案。查核表術最早由歐斯朋提出，他在《應用想像力》（*Applied Imagination*）一書中列出七十三項「方案衍生問題」（73 ideaspurring questions），作為查核推敲線索，茲將其主要內容摘述於下：

(1)有其他用途嗎？如：原物還有其他用途嗎？如果稍加改造能有其他用途嗎？

(2)可調適（adapt）嗎？如：有其他類似事物嗎？是否可從這個物品中想出其他辦法？

(3)能予改造（modify）嗎？如：意涵功能、顏色、聲音、味道、形狀、動作……等，能予改變嗎？

(4)可予擴大嗎？如：能添加些什麼？加長些？加高些？加厚些？誇大些？

(5)能予縮小嗎？如：能減少些什麼？使濃縮些？變小、變輕、變薄些呢？

(6)可替代嗎？如：誰能取代？什麼材料、要素可替換？動力、歷程、方法等可有其他替代者？

(7)能予重組嗎？如：其構成要素可重組嗎？次序能予顛倒嗎？因果關係可對調嗎？

(8)顛倒如何？如：正負互換？翻個面如何？頭尾對調又如何？可互換位子嗎？

(9)能予組合嗎？如：二者合而為一如何？

歐斯朋之查核表，經戴維士及其同事修正發展為長式及短式兩類，其中長式的細目更多，短式則濃縮為下列七個要領（Roweton, 1970）：加減某些東西、改變形狀、改變顏色、變動體積大小、改進質料、設計型態改革、零件或某部分位置調換等。

　　此外，另一叫 SCAMPER 的設計表格，可供查核表使用；這種設計主要是用幾個英文字的字首為代號，來幫助我們了解並實際運用。SCAMPER 所代表的字是：取代（Substituted, S）、結合（Combined, C）、調整（Adapt, A）、修改（Modify, M）、做其他用途（Put to other uses, P）、取消（Eliminate, E）、重新安排（Rearrange, R）的縮寫，在中文方面我們也可用下列單字代表，以利記憶：「代合調改用消排」。

(1)代（S）：何者可被「取代」？誰可代替？什麼事物可代替？有沒有其他的材料、程序、地點來代替？

(2)合（C）：何者可與其「結合」？結合觀念、意見？結合目的、構想、方法？有沒有哪些事物可與其他事物組合？

(3)調（A）：是否能「調整」？有什麼事物與此調整？有沒有不協調的地方？過去有類似的提議嗎？

(4)改（M）：可否「修改」？改變意義、顏色、聲音、形式？可否擴大？加時間？較大、更強、更高？

(5)用（P）：利用到其他方面？使用新方法？其他新用途？其他場合使用？

(6)消（E）：可否「取消」？取消何者？減少什麼？較短？有沒有可以排除、省略或消除之處？有沒有可以詳述細節、增加細節，使其因而變得更完美、更生動、更精緻的地方呢？

(7)排（R）：重新安排？交換組件？其他形式？其他陳設？其他順序？轉換途徑和效果？有沒有可旋轉、翻轉或置於相對地位之處？你可以怎樣改變事物的順序、或重組計畫、或方案呢？

　　查核表術透過事先列好的查核項目，藉以導引思考方向，達到問題解決或事物改進之目的（郭有遹，1973；陳龍安，1984；Osborn, 1953; Roweton, 1970）。

5.屬性列舉思考術

　　屬性列舉法（attribute listing）由柯勞弗（R. P. Crawford）於 1948 年倡導，並在其 1954 年所著的《創造性思考技術》（*The Techniques of Creative Thinking*）一書中，詳加闡述。此項技術常用於對物品之改革創新，歷程強調觀察、分析及發現關係等技能，其要領首重針對某一物品列舉出其重要部分或零件及特質等，次就所列各項逐一思索有無改革之必要或可能。所謂改革，包含組合部分為一新結構；或改變某些特質，如顏色、形狀、大小……等；或擷取甲物之某些特質，移植於乙物以改進其品質等。譬如要改良課桌椅，先按其構造及性質，依下列特質列出：

　　(1)名詞特性：靠背、坐板、扶手、椅腳、材料、寫字板、放書架等。

　　(2)形容詞特性：高低、大小、形狀、顏色、輕重等。

　　(3)動詞特性：轉動、傾向、避震、起坐等。

　　經將以上特性列舉之後，便可逐項檢討，推敲其可能改良之處（Crawford, 1954; Parnes & Harding, 1962; Roweton, 1970）。

　　例如：①坐板的大小是否合適？

　　　　　②扶手的形狀可否改變？

　　　　　③椅腳是否能改為可轉動？

　　　　　④寫字板的顏色是否改變為宜？

　　　　　⑤靠背的高低是否適中？

6.強迫組合思考術

　　將兩種（含以上）相干或不相干的事物或意念加以連結，試著予以結合出新東西來，稱為強迫組合（forced relationships）。這種思考方法最早由懷丁（C. S. Whiting）發展出來，它有時可以誘發新觀念或新發現，例如：國內曾有人推出「炒冰」商品，這就是利用「火」與「水」強迫相容的思考產品。又如一位早餐業者想要開發新食品，他嘗試將東方人、西方人常吃的早點列出，做強迫式的結合，如表 7-1 所示。

■ 表 7-1　強迫組合檢視表

中式 ＼ 西式	（甲）熱狗	（乙）漢堡	（丙）牛奶	（丁）咖啡
（子）燒餅	（子）＋（甲）	（子）＋（乙）	（子）＋（丙）	（子）＋（丁）
（丑）油條	（丑）＋（甲）	（丑）＋（乙）	（丑）＋（丙）	（丑）＋（丁）
（寅）豆漿	（寅）＋（甲）	（寅）＋（乙）	（寅）＋（丙）	（寅）＋（丁）
（卯）稀飯	（卯）＋（甲）	（卯）＋（乙）	（卯）＋（丙）	（卯）＋（丁）

所發現的食品中較新奇者，如：

（子）＋（甲）相混合→燒餅夾熱狗

（丑）＋（甲）相混合→熱狗油條

（卯）＋（丙）相混合→牛奶稀飯

7.型態綜合思考術

型態綜合策略（morphological synthesis）由茲維奇（F. Zwicky）所倡導，其要領是先就待改進事物或解決問題之特質，選擇二至四項作為分析重點，然後就此變項逐一列舉其特質，再強行排列組合各變項特質之一，而滋生許多方案或結果，最後從中一一推敲其特性或效用（Mitchell, 1971）。

基爾福的「智能結構說」即是運用型態綜合法分析得來，其中內容（contents）、運作型態（operations）及成果（products）即為他所分析的重點項目，然後列出各項目中之特性或細目，再組合為一百二十個智力因素。

再舉一例，假如一位豆腐製造業者想要開發新產品，他可能構思如下：

材料：黃豆、綠豆、花生、花豆。（四種）

磨碎程度：精細、中、粗糙。（三種）

石膏用量：2%、5%、10%。（三種）

第一號產品可以這樣試做：黃豆磨得精細，加 2%（占水量的%）的石膏。

第二號產品可以這樣試做：黃豆磨碎程度中等，加 2% 石膏。

第三號產品可以這樣試做：黃豆磨得粗糙，加 2%的石膏。

依此類推，一共可獲得 $4 \times 3 \times 3 = 36$ 種不同產品。然後再去鑑賞出認為值得推廣的成品。

8.糾合術

糾合術（synectics）又稱分合法，由葛登（W. J. J. Gordon）於 1956 年倡導，原係團體性問題解決方法之一，應用於企業界。synectics 一字源自希臘字 syneticos，原意指把不同或顯然不相關聯的東西或元素結合一起。其運用於創造思考歷程，則一方面強調統合不同個人意見的重要，尤指不同專長人員之意見；另方面重視隱喻或類推技術的運用，藉以幫助思考達成界定問題和解決問題的目標。

葛登認為人人具有創造能力，只是程度高低有別而已。創造歷程中，智力和理性（rational）因素固然重要，但是情意和非理性（irrational）要素更不可少；二者共同作用形成創造的心理狀態。糾合術包括兩個主要歷程：第一、化新奇為熟悉；第二、化熟悉為新奇。前者多以分析方法，後者則採隱喻（metaphor）或類推（analogy）技術達成之。隱喻技術旨在對舊識事物做新的了解或解釋，舉例而言，在團體討論中，主持人提出問題後可鼓勵與會者自問：動物中如昆蟲、野獸，或植物中有無類似現象或問題存在，牠們又如何解決。因此，為解決都市停車問題，可從蜜蜂貯存食物方法去推想和探索。

葛登提出四種主要隱喻或類推技術，俾以化熟悉為新奇，增進創造思考能力。

(1)直接類比（direct analogy）──將兩項事物、知能或觀念做直接比擬，例如貝爾發明電話之靈感係得自於人類耳朵結構的比擬；又如比擬螞蟻爬越垃圾筒邊緣的敏捷情形，而悟出履帶之發明以助坦克超越壕溝（Parnes, 1967）。

(2)物我一體之類比（personal analogy）──假設自己是某一動物或物體，設身處地地去思索、想像或認同於它，愈真確愈好，此與天人合一、萬物一理的想法接近。葛登舉例說，有一位荷蘭化學家為解開苯分子

式結構之謎，比擬想像自己是一條蛇正在吞食自己的尾巴，因而導出環狀苯分子式之發現；如雷齊（T. A. Rich）比擬自己就是電子，想像自己具有電子作用功能，不斷地去探索，結果成為一位榮獲一百多種電子及電氣專利產品的發明家。

(3)緊縮性衝突（compressed conflict）——指將兩個似是無關的字詞連結一起，藉以敘述、解析某一較高層次之意念或通則，進而獲致創新概念，例如：疫苗概念之發明，即是運用「安全性攻擊」（safe-attack）的緊縮性衝突觀念，經過連串實驗而發展成功。此項技巧又稱為符號類比（symbolic analogy）。

(4)狂想性類比（fantasy analogy）——個體有意地自我欺騙，以使自己相信他所知道的原理原則並不存在，化相識為新奇，以想像探索問題的解決方法。

狂想性類比是最普通的方式。在歷程中教師要求學生尋找解答問題的方式，而學生所考慮的途徑應盡可能循不尋常的思路去考慮或盡可能牽強附會。可以包括種種稀奇古怪、狂想或夢想的層面。學生可用一個狂想做基礎，建立另一個狂想，教師不須加以任何評定。

例如，教師問學生：「球場上有個笨重的石塊須搬走，最理想的方式為何？」學生運用「狂想性類比」，提出下列解答：「用大氣球把它搬走」、「用大象搬它」、「用好多的小螞蟻將它搬動」等等。在學生產生各種不同的狂想觀念之後，教師再領導學生回到「觀念」的實際分析和評量，然後決定何種方式為最有效的途徑。

「狂想性類比」主要作用是將原來熟悉的問題當不熟悉去處理，這樣對原來的問題便產生了很大的研究興趣。「狂想性類比」強調非理性，不受理性的束縛，文學詩歌等藝術創作如受理性主宰，便難有新觀念產生。

「狂想性類比」通常使用的句型是「假如……就會……」或「請盡量列舉……」，作答者可利用擴散性思考或「狂想類推」盡情思索（郭有遹，1973；Davis & Scott, 1971; Gordon, 1961; Parnes & Harding, 1962;

Roweton, 1970）。

9.自由聯想思考術

　　自由聯想技術（free association techniques）建立在行為學派實驗心理學基礎上。譬如馬滋曼等人的分析指出，依據刺激－反應原理，個體對某一刺激的反應，往往以反應階層（response hierarchy）中占有最顯著地位的反應方式行之，此即最嫻熟的行為方式。如果同一刺激不斷出現並要求以不同方式反應，則將依序使用既有的反應方式逐一為之，直至最後。因此，愈後採取的反應行為，在反應階層中地位愈不顯著，也就愈具獨特性。基於此一理論，馬滋曼提出一套獨創性基本訓練程序，其要領是提供學生「字表」，要他們聯想造詞，經持續提出相同的刺激，引發學生聯想出少見的、獨特的字詞，以達到訓練其創造能力的目標（Warren, 1971）。

　　潘安斯（Parnes, 1967）指出，以知識經驗為基礎，運用聯想技巧去尋找並建立事物間新而有意義的連結關係，便是創造的歷程。茲以圖 7-3 為例，請問：你看到什麼？

　　答案很多，可能包括漏斗、窗簾、皇冠、兩個臀部……等等。倘若一個人常以字、圖，或聲音為媒體，勤加自由聯想的思考，當可增進其創意。

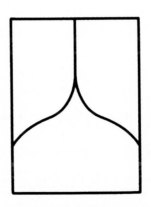

　🐦 圖 7-3　聯想的媒介

（二）教育界發展的教學策略

1950 年，基爾福在全美心理學會上發表演說，倡導創造思考教學之重要性後，有關如何提升學生此項思考能力的教學研究，漸受重視。

歸納而言，主要的創造思考教學策略，計有：

❖ 基、米創造思考教學策略。

❖ 潘安斯創造思考教學策略。

❖ 威廉斯創造思考教學策略。

❖ 陶蘭斯創造思考教學策略。

❖ 創造思考發問技巧教學策略。

❖ 三動式創造思考教學策略。

以上六種策略可參考《開發腦中金礦的教學策略》一書（張玉成，1988），茲不贅述。

此外，陳龍安（1989：29-33）提出實施創造思考教學的口訣：「隨變問，聽說不美觀。」其內容如下，頗值參考。

1.隨

隨時隨地隨機啟發學生的創造力──隨機在各科中實施。

隨時隨地隨機充實教師的專業知能──充分利用時間，努力充實自己。

2.變

變化教材教法，變化評量及作業方式，管教方法有彈性。當教師在教學不能得心應手時就必須考慮「變」，但要會變，真變，持續的變；及有所變，有所不變。

3.問

創造性發問技巧可簡化成「假列比替除，可想組六類」的創造性發問口訣。

(1)「假如」的策略。

例：假如你是一隻小鳥的話，你要對手拿彈弓的小朋友說什麼話？

(2)「列舉」的策略。

例：磚頭有哪些用途？請一樣一樣列舉出來。

(3)「比較」的策略。

例：茶杯和碗有什麼相同、不同的地方？

(4)「替代」的策略。

例：媽媽炒菜沒有味精，可以用什麼東西替代？

(5)「除了」的策略。

例：筷子除了吃飯外，還可以做什麼用？

(6)「可能」的策略。

例：漁夫出海捕魚，可能會遭遇哪些危險？

(7)「想像」的策略。

例：想想看，每年中秋節嫦娥仙子會對我們說些什麼？

(8)「組合」的策略。

例：請用「老虎」、「猴子」、「鱷魚」這三樣動物組合一個故事。

(9)「六 W」的策略。

例：誰（Who）：誰起得早？

為什麼（Why）：為什麼媽媽起得早？

什麼（What）：媽媽早起做什麼？

哪裡（Where）：媽媽每天去哪裡買早點？

什麼時候（When）：爸爸什麼時間去上班？

如何（How）：爸爸上班怎麼去？

(10)「類推」的策略。

例：學校和醫院有什麼相同的地方？

4.聽

傾聽、專注、接納學生的意見。

不但用耳朵聽，還要用眼睛、身體、心靈……聆聽。

5.說

鼓勵學生勇於表達意見──敢說、能說、會說。

「微笑和點頭，專心聽他說。」

6.不

創造思考教學十條戒律：

(1)不要太早對學生的意見下批判。

(2)不要輕視、瞧不起學生，傷害其自尊。

(3)不要限制學生太多的自由。

(4)不要對學生嘮叨不休。

(5)不要強迫學生盲目服從附和你。

(6)不要做不適合學生程度的要求。

(7)不要排斥學生的錯誤及失敗。

(8)不要只教課本的知識，只評量死記的材料。

(9)不要常常製造緊張、壓迫感及過分競爭的氣氛。

(10)不要懷疑，對學生要信任。

7.美

讚美、鼓勵，增強學生不平凡的表現。

8.觀

鼓勵觀察體驗事物現象及知識的奧秘，強調與生活結合的教學。

第四節 創造思考教學活動單元舉隅

　　現階段我國中、小學如欲加強創造思考教學，允宜比照批判思考教學以採取「內主外輔」、「多元並用」方針為佳。本節分就教學措施上努力的方向，和值得參考的單元設計介紹如下。

一、有效的教學措施

（一）建立良好的心理環境

　　創意環境與氣氛的營造至為重要。就內容而言，可分個人的心理環境和外在環境，前者存乎自己，後者多由成人塑造。

　　就個人心理環境而言，費瑟（Fisher, 1990: 36-38）歸納提出兩種顯著的類型：安全自衛型（safeguarding self）和實驗探究型（experimental self）。

　　安全自衛型的人呈現出：警惕新事物、小心謹慎、蹈常襲故、循規蹈矩、保守、仰賴他人、處罰錯誤、避免冒險、警覺潛在危機、避免差錯、擔心結（後）果、力避驚奇、追求保證、不動聲色等特質。

　　實驗探究型的人表現出：喜於嘗試、好奇、探究、富直覺性、不保守、表現獨立自主、不在乎有差錯、冒險、講求新型時髦、往好處想、喜歡玩弄、欣賞事物、喜歡驚奇、富於想像、大談夢想等特質。

　　外在環境常由成人的態度塑造而成。有利於創造思考發展的成人態度，包括：尊重兒童的想法、延緩批判、鼓勵自主獨立、對成果表樂觀、傾聽、表示有興趣、樂觀其成、同意冒險、鼓勵嘗試、接受兒童的決定、尊重兒童

的興趣、一起探究、平等對待、隨時協助、包容錯誤、提問開放性題目、鼓勵操弄、珍視創意、給予充分時間等。

創造思考的泉源好比花草樹木的種苗，需要有合適的氣候和土壤來培育。論者指出，建立一個師生均感自由、安全的教室氣氛，是推展創造思考教學的第一步。因此，師生宜：

1.鼓勵表現

老師宜鼓勵學生提出意見、表示看法、展出作品等，以樹立一個有話可以說、有意見可以提的民主風氣。

2.減緩批判

對別人的意見、看法或作品等，不隨意、不立即給予負面的批判，因為當頭棒喝最傷尊嚴，製造緊張而扼殺他人表現的勇氣。減緩批判也適用於自己，有意見就提，不受完美主義所束縛。

3.容多納異

宜培養傾聽、重視學生或別人意見的習慣，若有不同或奇特的想法或看法，大家虛心地做理智的分析與接納，不主觀的視為異端而妄加排斥。

以上三點，不限於老師對學生，而且同學對同學間亦須謹守，其功能在布置良好的心理環境，提供創造思考萌芽的溫床。惟有師生一起長期、耐心地培養，才能有效建立。

（二）善用發問技巧

這是既可配合正課，不偏離教材，又不必增加老師太多工作負擔，卻又非常有效的策略。有關發問技巧的內涵與功能前已述及，茲就國小國語、數學、自然、美勞等四科，舉例提問創造思考的題目數則，介紹如下：

1.國語科

範例

【單元名稱】樹的醫生（課文如附）。

【年　　級】二下。

【發問問題】1.樹有沒有病，除了可從枝葉是否枯黃來判斷外，還可以從哪些現象來推斷？

　　　　　　2.啄木鳥用牠的尖嘴敲打樹幹，從聲音推斷裡面有沒有蟲，這個技巧（道理）在我們日常生活中可以應用在哪裡？

　　　　　　3.你能想出新的標題來取代本課標題「樹的醫生」嗎？

樹的醫生

　　啄木鳥飛到樹林裡，停在一棵樹上。牠看見這棵樹的樹葉，有些變得又黃又乾。啄木鳥想，這棵樹也許有病了，牠要給樹治一治病。

　　啄木鳥先用爪子抓住樹幹，再用長嘴在樹幹上敲一敲，牠的樣子就像醫生給人看病，牠敲到一個地方，發現聲音不同，知道裡面有了蟲子，就把樹幹啄一個洞，從樹洞裡拉出蟲子來吃。

　　啄木鳥把蟲吃了以後，沒過多久，這棵樹就長出新的葉子來，啄木鳥真是樹的好醫生啊！

2.數學科

範例

【單元名稱】四則運算。

　　　　　　例一：$3 \times 2 + 5 \div 5 = 7$

請參照上述式子，利用三個不同運算符號完成下列各式子：

$$5 \qquad\qquad = 7$$
$$8 \qquad\qquad = 7$$
$$11 \qquad\qquad = 7$$

例二：$25 \times 3 + 8 \times 4 = 107$

請參照上述式子說出一則應用問題（即事實狀況）。

第一位學生可能這樣回答：

媽媽上市場，買了 3 斤香蕉，每斤 25 元；又買了 4 個饅頭，每個 8 元，請問一共花了多少錢？

聽後，可以鼓勵同學多發言，說出各種不同的事實狀況，以增進四則運算的領悟力及創意。

例三：原子筆、毛筆各買五枝，共付 215 元，已知毛筆一枝 35 元，原子筆一枝多少元？

老師講述這題的解答後，不妨提示學生：想想看有沒有其他不同的解題方法？藉以激發思考，提升其變通性。

3.自然科

🔵 範例一

【單元名稱】聲音的大小、高低。

【年　　級】四。

【發問問題】1.請利用教室裡現有的東西，看看哪位同學可以製造出最多、最高、最低的聲音來？

2.物體振動而發聲，有哪些方法來證明？

3.請列舉日常聽到的聲音中，哪些是高音？哪些是低音？發出高音的物體有什麼特質？

範例二

【單元名稱】毛細現象。

【年　　級】三。

【發問問題】1.請說出容易沾濕的日常用品五種。

2.為什麼它們容易沾濕？

3.有哪些方法可以用來比較看出，手帕和衛生紙哪個容易沾濕？

範例三

【單元名稱】透鏡。

【年　　級】五。

【發問問題】1.透鏡有哪些功用？

2.在日常生活所見所聞中，有哪些事實或現象可以說明凸透鏡有焦點，而平面鏡沒有？

3.「距離」對凸透鏡的聚光或放大作用影響很大，請舉例說明「距離」在其他事物上有什麼特殊意義和功能？

4.美勞科

範例一

【單元名稱】牛奶盒房子。

【年　　級】一。

【發問問題】1.請想想看這些高高低低不同的牛奶盒，是不是有些像小房

子？

2.你能用美工刀在盒子上開幾個門和窗，使它更像個房子嗎？

3.再想想看，哪些地方還可以用色紙來把盒子裝扮得更漂亮些？

範例二

【單元名稱】我對顏色認識多少。

【年　　級】五。

【發問問題】1.人類對「冷」、「暖」的感覺，有什麼形容詞？

2.你能用顏色來表達「冷」、「暖」嗎？

3.想想看，春夏秋冬四季，各以什麼顏色代表較好？

（三）慎研作業規定

　　妥慎研訂作業內容，是另一配合正課實施創造思考教學的有效方法。一個題目用口語提出要求學生用口語回答，便是發問；若改以文字或書面回答，則是作業規定了。雖然發問技巧中的編製問題與作業規定技巧相通，但是，一些較複雜或專題性的作業題目，卻不是發問題目所可比擬了。茲舉例如下：

1.國語科

範例一

【單元名稱】兩個和尚。

【年　　級】四上。

【作業題目】假如富和尚和窮和尚兩人合作一同去取經，請問會發生什麼後果？請利用想像改寫這課課文。

範例二

【單元名稱】愚公移山。

【年 級】五。

【作業題目】1.請想像畫出愚公所住房子及鄰近山的關係圖。

2.請寫一封信給愚公，說出你對他移山的感想。

2.數學科

範例

【單元名稱】量量看有多長。

【年 級】三。

【作業題目】1.全班分成五組，每組至少使用三種方法測量黑板、教室的寬度和長度，並做成記錄。

2.每位同學測量出你家距離學校有多長，並說出測量的方法。

3.自然科

範例一

【單元名稱】聲音的大小、高低。

【年 級】四。

【作業題目】1.回家後，手持水壺緩緩把水倒入空熱水瓶中，發現什麼？為什麼？

2.雙手拿書本或作業簿，用口朝邊緣處吹，什麼情況下才會發出聲音來？嘴唇有什麼感覺？

◉ 範例二

【單元名稱】毛細現象。

【年　　級】三。

【作業題目】1.請蒐集日常生活中毛細現象的事例，並比較出哪一種毛細現象較好？

2.請實驗比較三種液體（如沙拉油、醬油、水或牛奶）毛細現象的不同。

4.社會科

◉ 範例一

【單元名稱】漁村的自強社區。

【年　　級】三。

【作業題目】1.請列表寫出自強社區與你家所在社區之異同。

2.學習了不少漁村的水產品名稱，請開一張「海產特餐」的菜單。

◉ 範例二

【單元名稱】中國人的家庭生活。

【年　　級】五。

【作業題目】1.請統計本班同學的家庭組織型態。

2.回家請教家長並寫出曾祖父、祖父、父親等三代的家庭組織型態。

3.請想像寫出五十年後台灣地區的家庭組織型態。

（四）改善考試命題內容

考試領導教學現象，為人所詬病，然若命題技巧改善，內容妥當，考試導引教學方向似亦並無不妥。筆者任職國立科學工業園區實驗高中時（1984 至 1988 年），重視教師命題技巧之改進，一方面透過教學改進研究專案，聽取專家學者之指教，並蒐集題目以供參考；另一方面則對每次考試題目進行分析檢討，以求改進。茲以國小部為例，舉出各科考試中有關創造思考性的題目如下：

1.國語科

範例一（這是三年級上學期第一次段考的部分題目）

> 想一想
>
> 1.在日常生活中，你怎麼向同學表示禮讓？（最少寫出三項來）（5 分）
>
> 2.一個人在籃子裡挑來挑去，最後挑了一個最小的梨來吃。請你想一想有哪些可能的原因？（最少寫出三個來）（4 分）
>
> 3.如果爸爸去上班很晚還沒回家，也沒有電話可聯絡，請問你家人最牽掛的事有哪些？（最少寫出三件來）（4 分）

範例二（這是四年級上學期第三次段考的部分題目）

> 問答題
>
> 1.除了用十顆糖測試以外，還可以用什麼方法來試試三個小孩子是否相親相愛，互相禮讓？（5%）
>
> 2.你所看過的寓言故事中常出現哪些動物？（寫出五種）想想看，為什麼寫寓言故事的作者喜歡利用動物來寫作？（10%）
>
> 4.有一天梅姊的舅舅要到台中去辦事，她想請舅舅順便帶本日記，送給

住台中的敏敏。請你替梅姊寫張便條給舅舅。（6%）

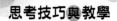 **範例三**（這是六年級上學期第三次段考的部分題目）

問答題

1. 請你依據聽過演講的經驗，說說演講人常犯的毛病有哪些？以及如何改進？（8%）

3. 你滿意現在電視公司星期日所安排的節目嗎？請說出滿意或不滿意的理由？（7%）

5. 如果你碰到一個「不誠實」的人，有什麼好方法來勸勉改變他？（7%）

2.社會科

範例一（這是三年級上學期第一次段考的部分題目）

1. 學校訂於10月25日上午9時，三年級學生在園區人工湖烤肉區，舉行烤肉野餐並唱歌遊樂助興，請你設計寫出一張烤肉公告歡迎踴躍參加。

2. 你所就讀的國立科學實驗高中是一所五部融合的學校，有哪些重要待解決的問題，請列舉告訴大家好嗎？

範例二（這是三年級上學期第二次段考的部分題目）

自由創造：
學校清潔是大家的責任，請你為大家設計一份清潔比賽辦法及設計一面獎牌。

（五）布置激發性的文化環境

　　茲以國立科學工業園區實驗高中的經驗為例，介紹其實施要領如下：

1.提供足夠的展示場所或版面

為有效鼓勵學生勇於表現，並分享經驗予他人，在教室內外盡量提供展示板或空間，設置展示櫃或場所，方便陳列各種作品。

2.安排表現的機會

場所與版面，只是提供了表現的空間，接著須有展演活動及時間來配合，實驗高中附設國小部的做法有：

(1)利用早自修時間實施晨藝活動。調查了解學生興趣、專長，據以分成國樂組、節奏樂組、話劇組、羽球組、語文組等，分別由專長老師給予指導。

(2)利用朝會實施有獎徵答等活動，例如：每週一次，由老師準備題目，在升旗之後舉行徵答活動，所出題目當然包括一些啟發性的、非單一標準答案的題目。

(3)利用節慶紀念日舉辦才藝表演，例如：校慶日、校運會、歲末聯歡會、畢業典禮等重要節日，安排節目，多讓學生有表現的機會。

(4)舉辦校外參觀教學活動。每學期舉辦一次校外教學外，並斟酌安排其他參觀活動，包括慈善機構、污水處理廠、垃圾場、電子工廠……等等。

3.設置腦力開發中心

這是一個寓教於樂的場所，科學工業園區實驗高中附設國小部設置了一個中心，其內容主要有：(1)益智類；(2)棋藝類；(3)組合類等，安排各班利用自習或中午時間去操弄。

（六）從事益智性發問活動

這是發問技巧的應用。各班老師隨時準備一些具有創意的問題，見機行事，向學生提問，引發他們反應回答，可收腦力激盪功能。茲介紹創造性題

目數則如下：

1. 當你坐在飯店的二十樓窗口，你如何知道室外是否颳著強風？

2. 台北市來往人多，公車有限，有人建議把公車內的座位拿掉，只有站位沒有座位，請問果真如此，會有什麼後果（好處和壞處）？

3. 大年昨晚跟父親爭吵，今天上午上學前，父親一反往常給他 500 元（平常只給 100 元），請問為什麼？

4. 當你走到某地停步站立不動，想像自己突然縮小到一尺高而已，視線接近地平線，請說出你可能注視到的事物有哪些？有什麼特殊？

5. 假如你是隻鳥（毛蟲、貓、蟑螂……等），那麼哪一種聲音、味道、顏色、食物最吸引你的注意？你的生活會是什麼樣的狀況？

6. 什麼顏色代表快樂？憂愁？輕鬆？憤怒？愛？恨？為什麼？

7. 請先瞧瞧下面這張圖，再回答下列問題。

   (1)你在圖中看到些什麼？（認知記憶性問題）

   (2)這隻鳥跟這個鳥巢有什麼關係？（推理性問題）

   (3)這隻鳥是公的？還是母的？為什麼？（推理、創造性問題）

   (4)可能發生什麼事，才有這幅情景？（創造、批判性問題）

(5)請你想像一個在畫面上看不到的景物（如地面上有拿彈弓的孩子，或在天上有隻老鷹飛過等），然後併同這張圖片所形成的情景，說出另一個故事。（創造性問題）

8. 假如法律規定所有車子都漆成黃色，你認為會產生什麼後果？（好的、壞的、有趣的）

9. 假如男女老幼每天出門均須配戴徽章表示情緒好或不好（譬如紅色＊表示好，藍色＊表示不好），你認為會有什麼後果？（好的、壞的、有趣的）

10. 假如你有神力可以改造人類，請問你計畫把台灣人改變成怎樣的人？

11. 假如你有神力可以搬動任何重物，請問你想怎樣重新調整安置學校的建築物？

12. 假如你有神力能要什麼就有什麼，請問你將如何改進你們班上的教室布置？

13. 請說出「鼓勵人做事要努力」的格言五句。

14. 倘若人類突然失去書籍，將會發生什麼後果或現象？

15. 日蝕與巧克力糖有何相似之處？

16. 一位紳士走進酒吧要求一杯水，櫃台小姐突然尖叫不停，請問可能發生了什麼事？

以上所述（一）至（四）項是配合正課教學的實施方法，第（五）及（六）項則較偏屬於課外補充式的實施策略。前者為內主，後者為外輔，如能二者並進，主輔兼施，成效可更加輝煌。

二、教學活動單元舉隅

「外輔」的教學實施方案，除了前述「布置激發性的文化環境」（第五項）和「從事益智性發問活動」（第六項）兩種方法外，另有一種重要措施便是從事單元活動教學。

創造思考的教學活動設計繁多，茲摘要介紹數則如下，以供參考。

（一）梅、陶二氏活動單元

美國學者梅爾（R. E. Myers）和陶蘭斯二人於 1961 年出版《思與行》（*Imitations to Thinking and Doing*）一書，介紹數十則活動設計，茲摘介數則如下（張玉成，1990a）：

活動一：大變化

【說　　明】假如平日所熟悉的事物突然有了巨大變化，可能會帶來什麼後果？請回答下列各題。

【問　　題】1.假如獅子變得跟蟑螂一樣大小。

2.假如人類發明了隱形假牙。

3.假如豬長了翅膀。

4.假如人類的頭髮一夜之間突然變紅色。

5.假如白天變為四十小時。

6.假如每天上午 8 至 12 點濃霧不散、伸手不見五指。

活動二：假如你是魔術師

【說　　明】人不全是被動適應環境，有時也須改造環境。假如你現在具有法力，能改變任何事物，那麼你要如何改變下列事物呢？

【問　　題】1.你將把哪一樣食品變甜一點，使更美味可口？

2.你將把哪一樣食品變小一點，使更臻完美？

3.你將把什麼聲音變大一點，使更為悅耳？

4.你認為什麼事物加上翅膀，會更為美麗？

5.你認為什麼事物若變圓形，會更舒適？

6.你認為什麼事物若上下顛倒，則會更方便？

7.你認為什麼事物若更隱秘些，則會更好玩些？

8.你認為什麼事物若變硬些，則會更耐用？

9.你認為什麼事物若加大些，則會更好玩？

10.你認為什麼事物若變紅色，則會更有價值？

🌿 活動三：廢物利用

感恩節的前一天，某慈善單位送來一箱救濟物，打開一看，裡面真是琳琅滿目，裝有各類物件（如下列）。請你動腦筋利用這些物件組合成一些有意義的東西。

物件項目：磁鐵一個、開罐器一個、棒球手套一個、一雙尼龍絲襪、二打小錢包、一把鋸子、棒球棒一支、娃娃車一輛、針一把、線一卷、髮夾一盒、鑰匙鍊一個、一件毛衣、叉一把、鏟與掃把各一、網球拍一個（沒有線）、火柴盒、二十三個彈珠。

你想組合成什麼？	你準備如何做（組合）？
1.	1.
2.	2.
3.	3.

🌿 活動四：君子三問

【說　　明】發問是一項技巧，「叩之以小者則小鳴，叩之以大者則大鳴」。現在假設你是一個記者，請你想出三個問題來對下列人物提出。

【對　象　一】被驅逐出境的暴君。

【對　象　二】九個孩子的媽媽，被選為「2013 年模範母親」。

【對　象　三】一位職業橄欖球員，十年以來未曾受傷。

【對　象　四】一位發明狂熱者，他試圖從砂礫中提煉石油，未能成功，

持續研究已達二十二年。

【對象五】一位老先生，二十年來每期大樂透必買九十九張，卻未中
過一次獎。

（二）威廉斯活動單元

美國學者 F. E. 威廉斯倡導創造思考教學策略十八項，編製了數百個單元
活動設計，頗具代表性。我國學者陳英豪、吳鐵雄、簡真真（1980），參照
其中資料編著《創造思考與情意的教學》一書，介紹三百二十個教學單元，
很有參考價值。茲摘述數則如下：

單元 10：土法暖身

【目　　的】啟發流暢、變通和獨創的思考。
【適用課程】自然。
【教學方法】教學策略之五──激發法。

教學策略之十二──發展法。

教學策略之十八──視像法。

在寒冷的天氣，要靜坐教室聽課，實在是一件苦差事。因
此，上課前老師不妨讓孩子們先活動一下筋骨，熱熱身，
這樣比較容易進入上課情況。

假設你正與一位好朋友，在嚴寒的地區露營，你們已穿上
所有可資禦寒的衣服，卻仍然直打哆嗦，冷透心田。現在，
在沒有電的情況下，你能想出多少不尋常的方法來取暖？
下次在寒冷的天氣裡上課，你也可以運用這些由學生想出
的方式來熱身。

● 單元 11：圖文並茂

【目　　的】啟發獨創的思考和想像力。

【適用課程】語文、藝術。

【教學方法】教學策略之三──類比法。

　　　　　　教學策略之十七──創造的寫作技巧。

　　　　　　教學策略之十八──視像法。

　　　　　　請利用下面的兩個圖形，在每個正方圖裡繪一圖案，並為你所畫的每一張圖案訂出一個名稱，盡量使你的圖案和名稱一樣的有趣且不尋常。圖形可以放在空格裡的任何地方，也可以轉為另一方向，你可以依你喜歡的圖形變大或縮小。

● 單元 90：「2」的聯想

【目　　的】啟發變通的思考和好奇心。

【適用課程】數學、藝術。

【教學方法】教學策略之二──歸因法。

　　　　　　教學策略之八──重組法。

　　　　　　教師問學生：「當我說『2』或當你看到『2』這個數字時，你心中會想到什麼？」當一個人閱讀到一個文字或一個數字時，可能會有許多不同的想法。可以鼓勵學生把「2」的概念以各種方法表達出來，可利用粉蠟筆、紙、剪刀、漿糊等文具。

下面是一些學生的反應：

$1 + 1 = 2$

$4 - 2 = 2$

兩個車輪的馬車。

生日蛋糕插兩支蠟燭。

錶上指著兩點。

雙胞胎。

身體上成對的部分（手、腳、耳、目等）

（三）泰德的教學單元

美國學者泰德於 1989 年出版《中小學思考教學》（*Teaching Thinking in K-12 Classrooms*）一書，列舉一些單元活動頗值參考，茲擇要介紹如下：

範例一

【單元名稱】流暢性。

【年　　級】二至十二。

【教學目標】應用腦力激盪想出大量意見，藉資了解創意往往來自黔驢技窮之後。

【教材大綱】練習腦力激盪方法，先由全班做起，其次分組，最後由個人進行。

【教學過程】1.引起動機：教師展示常見用品，如迴紋針、牙籤、鐵鎚等，請學生想出它們的用途，愈多愈好。藉機說明腦力激盪要領。

2.中心活動：把學生分組，並各舉出一位當記錄，一位當主持人。提供一些討論主題供他們自行選擇應用，例如：塑膠袋之用途、又軟又白的東西、可裝東西的用品、廚房裡可以找到的東西等等。

為引起學習興趣，可採用比賽方式。即討論主題大家共同選定一個，然後各組分別進行腦力激盪，說出它的用途。十二分鐘之後叫停，由老師主持評定比賽結果。先請第一組將所想出來的答案，一一報告，其他各組如果列有相同答案則請用筆畫掉，表示我有他也有。如是各組輪流報告完畢之後，請各組數算畫去的有幾個，未畫去的（即本組特有的答案）有幾個，板書在黑板，比較其結果。不過，各組特有的答案應請再報告一次，以供欣賞。

3. 發展活動：著重個人的腦力激盪，教師不妨提出一些主題供學生參考選用，例如：

假如每個人都活到兩百歲，將會產生什麼後果？

假如每個人都變成瞎子，將會產生什麼後果？

假如地心引力消失了，將會產生什麼後果？

假如你能跟任何動物溝通，將會產生什麼後果？

假如你會飛，將會產生什麼後果？

給予十二分鐘時間獨自去構想，然後要學生從自己所列舉的答案中選出比較有創意的三至五個。把學生分組，每組成員報告那三至五個答案，和大家分享。

4. 評鑑活動：著重流暢度和獨特性的評審，並留意學生構思動機或意願的高低，多予鼓勵。

🔵 範例二

【單元名稱】變通性。

【年　　級】四至十二。

【教學目標】透過活動體會變通性的重要，以及培養變通性思考的態度。

【教材大綱】利用九點圓之遊戲，提示有時必須能突破心靈習慣的界限，才能想出解決問題的方法。並提供一些日常生活問題，供

備嘗試變通的練習機會。

【教學過程】1.引起動機：教師展示九點圓（如下圖），請同學以四條連
續的直線貫穿這九個點，線必是連續的並且不可倒退畫或
重疊畫。

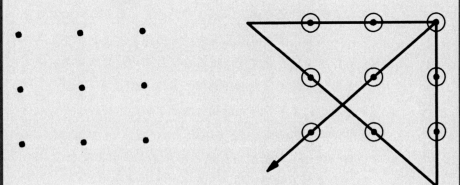

五分鐘後了解作答情形，最後老師揭示答案，並強調突破
心理界限的重要性（不受習慣限制）。

2.中心活動：教師提供一些主題，供備學生選擇其一進行探
索，例如：

教室裡座位的安排有哪些不同方式？

假如上課不用課本，那麼老師怎麼教？同學怎麼學？

假如上課不用紙和筆，那麼老師怎麼教？同學怎麼學？

請列舉似是而非或並非截然如此的成語、格言或諺語。

請列舉三項自己經歷過的不如意事，並試將它們解釋為積
極的、友好的事。

3.發展活動：請學生列出自己準備改變或調整的事項（如在
家作息），並有計畫的逐一嘗試去做（例如每週一項），
並記錄實施的情形和結果。

4.評鑑活動：從紙筆作業和行為習慣兩方面的表現評量，但
須注意「變化」未必就好，須留意其妥適性。

範例三

【單元名稱】獨特性。

【年　　級】四至十二。

【教學目標】熟練腦力激盪術以想出保存事物的各種方法，特別重視新
　　　　　　奇、獨特意見的提出。

【教材大綱】教師列舉出食物、玩具、愛心、友誼……等具體的或抽象
　　　　　　的事物，讓學生想出各種保存或維持的方法；隨後選擇其
　　　　　　中一項寫成報告或文章。

【教學過程】1.引起動機：請由生日聚會談起，教師提示下列問題，請學
　　　　　　　生回憶自己曾經有過的最熱鬧的生日晚會：

　　　　　　生日晚會會場布置得如何？

　　　　　　哪些人參加晚會？

　　　　　　安排了哪些活動？食物、餘興活動？

　　　　　　你收到哪些禮物？

　　　　　　你有什麼特別感受？

　　　　　　你如何保存當天晚會的氣氛和感受？

　　　　　　焦點擺在最後一題「保存」技巧上，請同學提供意見，並
　　　　　　歡迎有創意的意見。

　　　　　2.中心活動：教師備妥一張作業紙，上列七個主題，發下請
　　　　　　同學從中選題作答。

　　　　　　作答完畢，請他們從中選擇一題自己認為最滿意者，把它
　　　　　　加強構思闡釋，寫成一篇文章。

　　　　　　作業紙如下：

> 說明：我們用不同方法去保存不同的東西，例如：用冰凍
> 　　　保持食物的新鮮，用鹽醃保持魚、肉的不腐壞。但
> 　　　是保存的方法在進步中，例如魚、肉可用真空包裝

> 以改善保存狀況。下列七項事物該如何保存呢？請
> 動腦想一想，想得愈多、愈新奇有效，愈受歡迎。
> 草莓、巧克力、奶茶、新鮮空氣、假日的喜悅、誠
> 實、友誼（自選）。

3. 發展活動：上述七樣事物的保持（存）方法除需用筆寫出
   來外，且進一步要求學生把那最得意的一項構想畫出來，
   甚或製作出來。配合所寫報告來展示作品，供大家欣賞。

4. 評鑑活動：評鑑標準宜在學生開始進行作業紙前共同討論
   商訂，據此標準（如下）分組進行，逐一相互評審。

   文章的審查標準：創意性、清楚度、周全性、文筆流暢
   度。

   作品的審查標準：精確度、細膩性、妥適性。

📣 範例四

【單元名稱】類比直喻。

【年　　級】四至十二。

【教學目標】訓練思考的歧異變通性，以提升創意。

【教材大綱】提出一些沒有標準答案的問題，以引發學生做不尋常的推
　　　　　　敲思考。

【教學過程】1. 引起動機：教師提問下列問題以引發同學討論：你喜歡什
　　　　　　麼水果？為什麼？你像哪一種水果？為什麼？你認為上述
　　　　　　兩個問題有什麼不同嗎？

　　　　　　2. 中心活動：首先向同學介紹說明三種類比法。

　　　　　　(1)直接類比（direct analogy）：勉強從不同的事物中，找
　　　　　　出相似之處，例如：冰箱和汽車相類比。

　　　　　　(2)人身類比（personal analogy）：個人比擬為物體去思
　　　　　　考，或勉強從人身及物體中尋找相似之處，例如：壁

上的時鐘與你有何相似？

(3)強力結合之衝突（compressed conflict）：勉強將無關的字詞相連一起，以觀其所滋生的創意，例如：安全與針結合而生安全別針之構想。

講解完畢，發下備妥的練習紙，教師指導學生逐一習作。題目如下：

❖ 直接類比性題目：七和八哪個比較重？為什麼？電話像什麼其他東西？為什麼？

❖ 人身類比性題目：哪個阿拉伯數字的個性比較像你？為什麼？假如你是一張老沙發椅中的彈簧，請問：你的長相如何？你感受如何？你如何行動？你想做些什麼其他的事？

❖ 強力結合之衝突性題目：有無喜歡的痛苦？如有，它是什麼？為什麼？有無紀律嚴明的自由？如有，它是什麼？為什麼？請想出二至三個強力結合衝突性語詞。

3.發展活動：練習達一定程度之後，鼓勵學生在寫作上、在各科問題解決上發揮。

4.評鑑活動：多給鼓勵嘗試，考評宜兼重其大膽構思程度、了解並把握要領狀況以及參與投入之高低。

三、創意思考的作文教學單元

寫作是表達自己的認知和情意的工具，也是人與己溝通互動的橋梁，更是發展思考技巧，產生新構想，增進在複雜社會求生存、圖發展等能力的有效方法。

茲舉作文教學單元設計範例如下：

範例一

【單元名稱】穿大人鞋。

【年　　級】六至十二。

【教學目標】透過角色扮演對平日熟悉的事物，重新去了解，從不同立場或角度去觀察、檢視，以引發變通的想法，突破傳統習慣的認知。

【教材大綱】上作文課，教師安排同學手拿筆記本，每人扮演大人角色如校長、訓導主任、家長或督學等，大家巡視校園一周，鼓勵同學以新角色身分選擇觀察重點並記下發現與心得。

【教學過程】1.引起動機：宣布今天作文課是動態的，是假想的。每人須扮演大人身分，例如校長、主任、督學、家長……等，一起去參觀校園，巡視學校，每人須用心去發現應加改善的地方或現象，並且把它記下。參觀結束後，大家要報告。

2.中心活動：於是教師帶領學生巡視校園一周，約十五分鐘後回到教室，請同學繼續記下參觀心得。六分鐘後，請幾位同學宣讀所記內容，每人至少報告一項。

3.發展活動：將同學分組，每人宣讀自己所記內容分享給其他同學，並聽取改進意見。隨後，老師規定每人從自己所記選擇一項自己認為得意的發現與心得作為主題，用另一張紙將原稿加以修飾重寫，準備交給老師。

4.評鑑活動：蒐集每人一篇的心得報告，批註之後公布在教室供大家欣賞，或選送校刊發表。（Tiedt, 1989: 228）

範例二

【單元名稱】糾合術（synectics）。

【年　　級】四至十二。

【教學目標】借用類比直喻方法完成作文綱要一則。

【教材大綱】教師提供練習規格，供學生借用類比直喻思考技巧構想，以極富創意地完成一篇文章綱要。

【教學過程】1.引起動機：教師出個題目：「天上的雲」，要學生作文，請他們先構想寫作綱要（給予一定時間後打住）。

2.中心活動：教師發下備妥的作文練習規格用紙，指導逐步依下列步驟進行（先示範帶領全班學生進行）：

(1)題目：天上的雲。

(2)上列題目內容跟什麼動物、食物最相像？（請列舉）

動　　物		食　　物		從左邊挑出最
1.___	5.___	1.___	5.___	相像的：
2.___	6.___	2.___	6.___	動物是___
3.___	7.___	3.___	7.___	食物是___
4.___	8.___	4.___	8.___	

(3)閉上眼睛並想像你現在是這隻最相似的動物、最相似的食物。問問自己：你看起來像什麼？感覺如何？你如何行動？然後把想像中的答案寫在下面，至少二十個（動物的或食物的特質都可以）。

_____　_____　_____　_____

_____　_____　_____　_____

_____　_____　_____　_____

_____　_____　_____　_____

(4)從上述想像出來的特質中選出你認為較合適配對的特質，每兩個組成一個片語，作為寫作內容，至少組成十個片語。

_____ _____ _____

_____ _____ _____

_____ _____ _____

(5)把上述第(4)步驟所得片語統整起來，就形成這篇文章的綱要。

示範完畢，規定學生回家自己試作。

3.發展活動：分組相互欣賞同學作品，並建議依下列要點鑑賞：有無中心思想？敘述內容是否周延？有無應用類比直喻思考方法？全文生硬勉強還是自然有趣？

4.評鑑活動：鼓勵學生自評，即比較在使用作業紙以前和以後所寫出來的大綱有何差別。教師蒐集同學作品，給予適當的評述。（Tiedt, 1989: 145-146）

範例三

【單元名稱】畫圖片。

【年　　級】五至十二。

【教學目標】透過實地參觀、訪問加強練習記錄、抓重點及表達的能力。

【教材大綱】安排參觀，事先叮嚀學生要有備而去，滿載回來。每人需把握至少一項參觀重點，並設法訪問有關人員談論或介紹你探究的重點，回來後寫成報告。

【教學過程】1.引起動機：告訴學生下一次作文課要配合校外參觀進行，每人帶紙筆，有照相機更好。參觀地點請大家討論表決（決定地點）。

2.中心活動：行前提示學生，參觀過程中要多看、聽、問、讀、嗅，並將所得資料記載起來。如有可能則訪問有關人員，請教有關事項；當然如果有現成書面資料，不要忘了取回一份。參觀回校後每人須寫一篇參觀報告，這篇報告不是記流水帳，而須選擇你印象最深刻的一項參觀心得為主題，如果能夠附上圖片或相片更受歡迎。

　教師如期帶領學生參觀，一切依計畫進行。

3.發展活動：下次上課每人帶來參訪報告，學生分組，各自宣讀報告，分享給大家，並請同學提供修正意見。隨後個別參考修正意見將原文潤飾，準備繳交。

4.評鑑活動：報告蒐集後加以評述，留意報告內容是否兼重事實的介紹描述、過去歷史的追憶、未來可能發展的預測、被訪問人員的意見陳述和參觀心得感想等，不妨擇優影印一份送給被參觀單位參考，以為回饋。（Tiedt, 1989: 137-139）

四、大單元設計

範例一

【單元名稱】種豆。

【年　　級】七至九。

【教學目標】從實作中體認種豆的過程：包括土壤的選擇，種子的選用和培植。觀察記錄成長情形，並練習呈現成果的技巧。

【教材大綱】師生共同準備培養皿（或杯）、豆類，吩咐學生在家準備泥土，每人種植三顆（種）豆子。教師指導培植原則，要求每天觀察、記錄成長情形，並且比賽誰培育的成果最佳。

最後練習報告培植經過和成果。

【教學過程】1.引起動機：講述故事以介紹農夫種植作物的貢獻和重要
　　　　　　　性，並藉此引發培植的興趣。

　　　　　　2.中心活動：兒童自備或由教師提供每人一個培養容器，分
　　　　　　　發每人豆（或種子）三顆。指導培植技巧，規定每天花五
　　　　　　　至十分鐘去照顧（澆水、除草、曬太陽等），並且觀察其
　　　　　　　成長情形做成筆記。培養工作在學校進行。

　　　　　　3.發展活動：各科盡量配合聯絡教學，並囑咐同學準備培植
　　　　　　　報告，鼓勵圖文並茂。

　　　　　　4.評鑑活動：教師一一評審同學培植成果及書面報告，另行
　　　　　　　推派五位同學成立評審小組，負責評定培植成果最佳的作
　　　　　　　品，頒給「模範小農夫」獎。（Tiedt, 1989: 272-274）

範例二

【單元名稱】辦慶祝會。

【年　　級】四至十。

【教學目標】從實作經驗中練習如何計畫一項活動，培養合作態度，增
　　　　　　進語文、美工藝術發表能力，並體認分工合作之重要。

【教材大綱】把握時機（例如校運會得冠軍）鼓勵學生辦理慶祝活動，
　　　　　　藉此訓練分工合作，構思計畫和執行推動等能力和態度。
　　　　　　並且鼓勵邀請老師、同學參加，增進社會行為之發展。

【教學過程】1.引起動機：校運會本班得到總冠軍，我們應該高興地慶賀
　　　　　　　一番；如何慶賀，請大家提出意見加以討論（最後表決由
　　　　　　　同學在學校自行籌辦）。

　　　　　　2.中心活動：教師提示：既然決定自行籌辦，我們就得趁早
　　　　　　　準備，擬訂計畫，逐步推行。請同學想想準備工作應包含
　　　　　　　哪些？答案是：請柬（邀請卡）的製作與分送，海報標語

之製作，會場的選用和布置，食品飲料的準備，活動節目的安排，財物的管理……等等。這些工作如何分配應妥善安排，並推選出一位負責同學（分工完成，人力組配妥當，一切依計畫進行）。

3.發展活動：慶祝會當天教師隨同負責同學先行巡視會場，以做最後的充實準備。活動按計畫進行，同學享受喜樂，同時也學到經驗，但須留意活動結束後的會場整理工作。

4.評鑑活動：召開檢討會，由同學主持，就成就和缺失兩方面提出意見。最後老師講評，語多鼓勵、讚美。（Tiedt, 1989: 272-274）

範例三

【單元名稱】國際旅遊中心。

【年　　級】四至八。

【教學目標】培養資料蒐集方法，把握研究要領，訓練計畫能力，增進繪製海報、圖表技巧。

【教材大綱】教學對外國的認識，從概況了解之外，並從旅遊、餐飲習慣兩方面探討。學生分為三組，各組就上述三項主題進行了解，並備質詢，藉此達到學習的目標。時間允許，並可三組輪替，逐步認識概況、旅遊及餐飲三方面狀況。

【教學過程】1.引起動機：地理課進度是要介紹英國，老師宣稱以開旅行社方式進行。因此老師課前把同學分成三組，第一組負責蒐集報告英國的概況，包括位置、氣候、人口、政府……等；第二組負責英國的重要名勝古蹟、觀光勝地；第三組負責英國的飲食習慣與特色。每組同學必須準備充分，足以當導遊向觀光客說明介紹的程度。

2. 中心活動：指導學生蒐集、篩選資料，例如：從圖書館、旅行社、英國駐台單位索取資料。提醒學生要熟悉負責的主題，以權威者自居，須能接受觀光客的挑戰。

第一組概況介紹部分，至少要熟悉英國的地理位置、面積大小、人口、首都、重要進出口商品、語言、氣候、宗教、教育等狀況。

第二組旅遊觀光介紹部分，負責同學須能了解重要名勝古蹟及其歷史意義，並能規畫出四日遊、七日遊的最佳行程計畫表。

第三組飲食風俗介紹部分，負責同學須能清楚介紹英人一般飲食習慣、烹調方法，並能提出一些常見的餐館菜單。

擇定某日國際旅遊中心開張營業，邀請老師同學踴躍參觀、捧場，同學勇敢面對挑戰，替來賓回答有關英國的事項。為時四小時結束。

3. 發展活動：如果時間允許，每組可輪流擔任不同主題，以擴展同學了解範圍。最後，各組須共同完成一篇報告，介紹英國概況（或飲食習慣、名勝古蹟），準備繳交。

4. 評鑑活動：分從書面報告及國際旅遊中心活動兩方面評分，亦可分請來賓就當天答詢的滿意度評分。最後召開檢討會，就優劣點逐一檢討。（Tiedt, 1989: 288-290）

範例四

【單元名稱】替畫題字。

【年　　級】三至九。

【教學目標】增進觀畫的欣賞能力，促進想像及統整的思考力。

【教材大綱】觀賞分析畫的深層意義，探討作者心中想表達的要素，把握清楚後想出簡要的話語作為這幅畫的標題。

【教學過程】1.引起動機：教師展示一些名畫供學生欣賞，說明畫的內涵
及作者的用意，並且介紹畫中標題與畫中意義的關係。最
後提出一張沒有題款（標題）的畫，請同學觀賞指出畫中
的內涵，逐一列舉；進而分析作者心中認為最重要的內涵
是哪些，大家討論，然後共同決定這張畫的標題。

2.中心活動：展示另一張畫，要同學比照上例想出題款。再
提醒學生(1)先列出畫中景物；(2)揣測作者用意；(3)區分
景物重要性之先後；(4)提出一個標題。

3.發展活動：各自完成之後，學生分組，大家報告作品，彼
此分享並提出討論，最後選擇最佳作品準備向全班同學報
告。

教師集合全班同學，各組代表輪流上台報告，說明取用這
個標題的構想和意義。報告完畢，酌情要各位同學投票贊
同哪一個標題，並說明理由。

4.評鑑活動：蒐集全班作品，進行個別評鑑。對於各組代表
上台報告表現，不妨舉出其優點，供大家參考。（Tiedt,
1989: 295）

🔵 範例五

【單元名稱】調查與製圖。

【年　　級】二至十二。

【教學目標】進行調查並將結果用別出心裁的圖示表達、報告出來。

【教材大綱】指導學生選擇一個專題實地進行調查，並將統計結果別出
心裁地用圖表呈現報告。

【教學過程】1.引起動機：教師問學生出生的月份，從 1 至 12 月逐一發
問並請舉手。最後提問：
本班同學出生在哪個月份的人數最多？

哪一個月出生的人數第二多？

哪一月份出生人數最少？

哪一月份出生人數第二少？

這樣每個月份出生人數是不是不太好記？

那麼有什麼好辦法可以幫我們容易了解、容易記住呢？

2.中心活動：輔導學生選擇一個專題進行調查，並將結果應用新奇的圖表呈現出來。調查專題的選擇非常重要，教師宜從旁協助篩選，但不可代勞，例如：同學的籍貫、家長職業、書包品牌、兄弟姊妹人數等，都是可參考的調查主題。

3.發展活動：同學分組，各自報告展示作品以分享其他同學。每組又推選較佳作品二份，向全班同學介紹展示，例如下圖就是一個有創意的作品（使用牙膏品牌之調查結果）。

4.評鑑活動：教師提示評鑑的標準，主要有：準確度、周延性、創新性、整潔度、美感度（如附表）。收齊作品，逐一評估。

□□□牙膏評鑑表

標準＼得分	5	4	3	2	1	評語
準確度						
周延性						
創新性						
整潔度						
美感度						
總分						

（Tiedt, 1989: 153-155）

Chapter 8

思考技巧能力之評量

　　評量意指經由工具測量或人員主觀評判以取得數字或資訊，俾供進行更精細而深入之分析與研判的過程。概括而言，思考技巧能力之評量有兩種不同的意義。一是使用評量工具，針對接受過思考啟發教學或訓練的學生進行測試，謂之「思考技巧教學成效」之評量；二是使用評量工具，針對未接受過思考啟發教學或訓練者為對象進行測試，以了解其思考能力，謂之「思考技巧能力」之評量。本章擬就此二者實施的原則和使用工具，擇要介紹以供參考。

第一節　思考技巧教學成效之評量方法

　　評量是教學歷程中不可缺少的一環，此項工作至少具有三大功能：

　　1. 評量可以幫助了解學生的潛能和學習成就。

2. 評量有助發現學生學習的困難，診斷其原因，進而從事補救與輔導。

3. 評量可以提供資訊以增進教師明白教學效率和得失，進而改進其教材教法。

論者指出，對學生的高層思考能力進行評量，至少具有下列功能（Keefe & Walberg, 1992: 73-74）：

1. 診斷學生高層思考能力水平。

2. 提供學生對自己思考能力的回饋訊息。

3. 激勵他們努力求進。

4. 知會教師，明白自己教學的成果。

5. 作為決定學生教育進度或教育安排的參考。

6. 促進有關高層思考教學與推廣方面的研究。

7. 提高學校對學生高層思考技能教學的使命感。

思考能力之評量，首先可從功課或作業的表現做起，其次可參考平日上課參與討論及發言之質量加以考核，再者採用標準化工具進行測驗。

就家庭作業而言，教師或可採用下列「人文社會科批判思考作業單」（Ruggiero, 1988: 182）的格式，引導學生習作。

學生姓名：　　　　班級：　　　　　　日期：

　　請閱讀短文（文章）或報導後，針對下列問題作答。不過，我們建議你先看一遍題目，然後才去閱讀短文（文章）。

1. 請列出短文中屬於先入為主或刻板印象的詞語。

2. 請找出短文中屬於情緒性或偏見的敘述。

3. 短文中是否有將未經驗證的資料當作事實陳述？如果有請列出。

4. 本文大意（或中心思想）是什麼？

5. 本文作者所引述的事實資料切合論點嗎？

6. 作者的論點或結論有足夠的資料支持嗎？有無需要補充其他資料？

7. 本文論述條理井然、脈絡貫通嗎？如有前後矛盾不一之處，請列舉出來。

8. 整體而論，本文作者認為理所當然的觀念、想法（即假定）是什麼？

9. 你對本文的反應也許受到你以前既有的想法和態度或感受之影響，請寫出原有的想法和感受。

10. 你對本文的要旨有無自己的看法？請寫出。

另一簡單型的作業單，是可供看（聽）完文章、電影或演講後之思考作業單（Ruggiero, 1988: 183）：

學生姓名：　　　　班級：　　　日期：

題目：　　　　　　作（講）者：

1. 本文旨在探討什麼問題（請用問句呈現）？

2. 作者所述資料得自何處？（鉤選一或多個）
　　____經驗；　____科學實驗；　____文獻閱覽
　　____個人意見；　____官方機構；　____其他

3. 所述內容可信嗎？並請說出理由。

4. 請摘述要點。

5. 請舉例說明本文所述要點在生活上的應用或在現實社會中看得見的現象。

以上兩表格亦可合而為一，調整排列後備用。

測量是另一重要評量途徑，其工具可以自編。瓦拉克和柯建（Wallach & Kogan, 1965: 29-36）列舉了創造思考測驗的題目範例，包括「語文的」和「圖形的」兩大類。茲舉例如下：

（一）事例列舉

題目舉例如下：

❖ 請列舉圓形的日用品有哪些。
❖ 請列舉會發出聲音的物品有哪些。

❖ 請列舉圓形的水果有哪些。

❖ 請列舉用輪子滾動的物品。

（二）其他用途

題目舉例如下：

❖ 請告訴我，舊報紙有什麼用途？

❖ 請告訴我，小刀有哪些用途？

❖ 請告訴我，輪胎有哪些用途？

❖ 請告訴我，鞋子有哪些用途？

❖ 請告訴我，扣子有哪些用途？

❖ 請告訴我，鑰匙有哪些用途？

❖ 請告訴我，椅子有哪些用途？

（三）相似性

題目舉例如下：

❖ 請告訴我，馬鈴薯和紅蘿蔔有什麼相似？

❖ 請告訴我，貓和老鼠有什麼相似？

❖ 請告訴我，火車和貨車有什麼相似？

❖ 請告訴我，牛奶和肉類有什麼相似？

❖ 請告訴我，雜貨店和餐廳有什麼相似？

❖ 請告訴我，小提琴和鋼琴有什麼相似？

❖ 請告訴我，收音機和電話有什麼相似？

❖ 請告訴我，地毯和窗簾有什麼相似？

（四）圖形意義

請觀賞下列圖形（如附圖 1、2），每一個圖形都不很明確，請你想想它像什麼（答案請盡量多想）。

（五）線條意義

請觀賞下列線條圖形（如附圖 3、4），每一個圖形都不很明確，請你想想它像什麼（答案請盡量多想）。

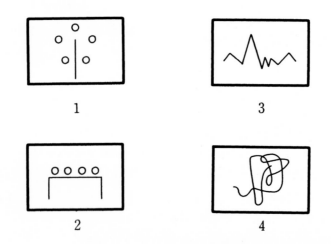

第二節 思考技巧之標準化評量工具

評量工具可由教師自編，亦可購自出版單位。國外出版的高層思考測驗工具，略可區分(1)以高層思考為主的測驗，以及(2)包含高層思考的測驗。茲介紹數則已出版的高層思考測驗如下（Keefe & Walberg, 1992: 80-83）。

（一）加州批判思考技巧測驗（The California Critical Thinking Skills Test）

　　本測驗係於 1990 年由 Peter Facione 編製，出版者為 The California Academic Press。適用於大學生，高中資優生亦可酌用。內容包括解釋析理、論點分析和評價、演繹、心智遊戲（Mind Bender Puzzles）和歸納。

（二）康乃爾批判思考測驗（X 級）（Cornell Critical Thinking Test, Level X）

　　本測驗係於 1985 年由 Robert H. Ennis 和 Jason Millman 編製，出版者為 Midwest Publications。適用於四至十四年級學生，內容包括歸納、徵信、觀察、演繹和認明假定等分測驗。

（三）康乃爾批判思考測驗（Z 級）（Cornell Critical Thinking Test, Level Z）

　　本測驗的作者及出版者同康乃爾批判思考測驗（X 級）。適用於資優高中生、大學生和成人。內容包含歸納、徵信、預測、實驗計畫、邏輯謬誤、演繹、定義和認明假定等分測驗（註：上述兩種測驗已經由台北市立師範學院於 1991 年修訂完成）。

（四）安威批判思考閱讀測驗（The Ennis-Weir Critical Thinking Essay Test）

　　本測驗係於 1985 年由 Robert H. Ennis 和 Eric Weir 共同編製。出版者同前述第二種測驗。適用於七年級（國一）以上到大學生。內容包含從文章中抓取要點、找出理由依據、發現假定、訴說自己觀點、提出理由、想出其他可

能或解釋，以及對曖昧無關、以偏概全、假設性、徵信性、情緒性等敘述用語或因素，發覺出來並做適當處理等。

（五）判斷：演繹邏輯和假定認知測驗（Judgment: Deductive Logic and Assumption Recognition）

本測驗係於 1971 年由 Edith Shaffer 和 Joann Steiger 共同編製，出版者為 Instructional Objectives Exchange。適用於七至十二年級，內容包含演繹、假定認明、徵信、區辨情緒性和非情緒性內容等。

（六）紐澤西推理技能測驗（New Jersey Test of Reasoning Skills）

本測驗係於 1983 年由 Virginia Shipman 編製，出版者為 Institute for the Advancement of Philosophy for Children, Test Division, Montclair State College。適用於四年級以上至大學學生。內容包括邏輯三段論法、認明假定、歸納、找出好理由、分類等能力之評量。

（七）羅氏高層認知思考測驗（Ross Test of Higher Cognitive Processes）

本測驗係於 1976 年由 John D. Ross 和 Catherine M. Ross 共同編製，出版者為 Academic Therapy Publications。適用於四至六年級學生。內容包括語文類推、演繹、認明假定、字詞關係、句子排序、問與答、數學資訊、圖形分析等（註：本測驗已由林幸台及張玉成於 1983 年共同修訂完成）。

（八）探究技能測驗（Test of Enquiry Skills）

本測驗係於 1979 年由 Barry J. Fraser 編製，出版者為 Australian Council

for Educational Research Limited。適用於該國七至十年級的學生。內容包含參考資料之應用（目次、索引、圖書館之應用）、資訊處理和解析（量表、平均數、百分比、圖表等）、科學的思考（閱讀理解、實驗設計、做結論、歸納概化、圖表等）。

（九）閱讀推理能力測驗（Test of Inference Ability in Reading Comprehension）

本測驗係於 1987 年由 Linda AI. Phillips 和 Cynthia Patterson 編製，出版者為 Memorial University。適用於六至八年級，內容主要為閱讀短文後據以解析或推論，採用選擇題和問答題。

（十）華生─葛拉瑟批判思考量表（Watson-Glaser Critical Thinking Appraisal）

本測驗係於 1980 年由 Goodwin Watson 和 Edward M. Glaser 共同編製，出版者為 The Psychological Corporation。適用九年級以上至成人。內容包括歸納、認明假定、演繹、評判結論及評析論點等。

以下所介紹是包含一項高層思考技能的測驗工具：

（一）康乃爾班級推理測驗（Cornell Class Reasoning Test）

本測驗係於 1964 年由 Robert H. Ennis 等五人合編而成，出版者為 Illinois Critical Thinking Project, Univesity of Illinois。適用於四至十四年級學生，內容由多種古典式演繹推理思考。

（二）邏輯推理測驗（Logical Reasoning）

本測驗係於 1955 年由 Alfred Hertzka 和 J. P. Guilford 共同編製，出版者為

Sheridan Psychological Services, Inc.。適用於高中生、大學生和成人。內容以古典式推理思考為主。

（三）觀察力測驗（Test on Appraising Observations）

本測驗係於 1983 年由 Stephen P. Norris 和 Ruth King 共同編製，出版者為 Institute for Educational Research and Development, Memorial University。適用於七至十四年級，內容包括選擇題和問答題，主要在測試對觀察報告或記錄可信度之判斷力。

至於國內現有評量工具，主要有：

1. 林幸台、王木榮修訂（1994）。威廉斯創造力測驗。台北市：心理出版社。
2. 陳龍安修訂（1996）。智能結構學習能力測驗。台北市：心理出版社。
3. 葉玉珠編製（2005）。科技創造力測驗。台北市：心理出版社。
4. 李乙明修訂（2006）。陶倫斯創造思考測驗：語文版。台北市：心理出版社。
5. 李乙明修訂（2006）。陶倫斯創造思考測驗：圖形版。台北市：心理出版社。
6. 陳長益修訂（2006）。陶倫斯創造力測驗：成人適用精簡版。台北市：心理出版社。
7. 張世彗修訂（2006）。行動和動作創造思考測驗。台北市：心理出版社。
8. 葉玉珠編製（2009）。情境式創造力測驗。台北市：心理出版社。

Chapter 9

促進思考技巧
發展的課程設計

就功能而言,教育與思考啟發幾乎是同義語,很難劃分。現行國民教育法第一條規定,國民教育以培育五育均衡發展之健全國民為目標,然而無論在德、智、體育或群、美育方面,斷非灌輸、填鴨所能達成,而須仰賴每個學生養成自發學習,慎謀能斷,並善於解決問題的能力和態度。

教育工作欲求學生培育好上述能力和態度,並發揮學以致用,思而後行及習舊創新並進等功能,則思考啟發的工夫必不可少。

如何實施思考啟發教學,本書二至七章已分別就教學原則和策略加以介紹,並就推理思考、批判思考和創造思考之內涵及其教學方法,提出論述。然而,思考技巧內涵豐富,類別雜多,並非少數思考教學策略所能涵蓋周全。因此,近三十年來,陸續有專家學者試圖發展提出綜合性思考技巧之訓練課程,俾供使用以提升國民思考品質。本章乃擇要轉介數則如下,以資參考。

第一節 學童暨幼兒高階思考培基課程活動舉例

　　思考方法或技巧的類別繁多，學者專家八方爭鳴，異中求同，各有其著重要點或特色，故而迄今尚無比較一致的看法；但是，卻可歸納出比較具有共識的基本類別，例如認知、記憶、推理、分析、比較、應用、創意、批判等思考技巧。

　　本書盱衡國家發展需要，認為國內中、小學教育重點目標，急須特別加強創意和批判思考能力開發，用以奠定國人科學、民主素質提升的必備基礎。然而，任何思考能力的充分發展，需要長期、系統的培育；換言之，早期幼兒心智發展階段，即應點滴的啟發栽培，繼而在國中、小教育階段，亦應系統地提供銜接教育，如此循序漸進，方能形成每位青年學子優質心靈要素，並為學習認知利器之一；俟後伴隨著高中、大學教育知識技能的充實，可望日漸綻放出創新突破、聰慧善斷的心智花朵。

　　因此，本章共分六節，首先介紹分享有助於學童及幼兒啟蒙創意及批判思考發展的培基課程，提供五十個簡易實施的「金頭腦」活動單元，以便家長在家進行「親子共學」的「動動腦」互動單元，或方便教師在教室用來配合正課，當作補充教材，以指導學生從事「思考增能」的腦力激盪活動，如是雙途並進，冀能厚植思考根基，共期他日枝葉茂盛，開花結果，造福人群。

一、創意思考培基活動

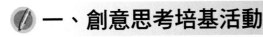

活動一：對話溝通

1. 請觀察並說出爸、媽在家對話的內容、口語、態度、氣氛等。
2. 請檢視分析跟兄弟姊妹對話的內容、口語、態度、氣氛等。
3. 請嘗試對你的書包（或筆盒、書桌、飯盒）說幾句話，溝通一番。
4. 請嘗試跟你的眼睛（或嘴巴、心臟），說幾句話，溝通一番。
5. 請想像你家裡的日（月）曆，跟小狗（貓）的對話內容。

活動二：命名大賽

1. 你向爸媽請教過當年替你「取名」的意義嗎？
2. 你家有寵物嗎？叫什麼名字？為什麼？
3. 假如你們班要取個名字，請你提出三個名字供參考。
4. 如果你媽媽生下一個小妹妹，你希望她叫什麼名字？

活動三：字詞聯想

利用學生敏銳的感受和聯想力，把字或詞的內涵加以推廣延伸，可以提高語文描繪的能力，例如：由「火」字聯想到光明、熱情、溫暖……等。「新春」象徵著嬰兒、活潑、希望、生命的喜悅……等意念。

活動四：字詞比擬

提出一個字或詞，讓學生自由聯想、比擬，內容愈新穎獨特愈好，例如：「童年」：可以比擬為「清晨」（希望無窮）；春季譬喻為「小樹」（具有生長朝氣）……等。

活動五：蛋殼的妙用

1. 請寫出蛋殼的功用，至少五個以上，愈新奇愈好（限時三分鐘）。
2. 請同學報告分享、討論。
3. 最後請大家選出最受歡迎的前五個功用。

活動六：創造節日

1. 聖誕節過得愉快嗎？新年做何計畫？
2. 春節又快到了，華人社會為什麼創造這個節日？
3. 國有國慶日，校有校慶日，你們家可有家慶日？
4. 你能為自己創造一個特定節日嗎？為什麼？

活動七：動物出租公司

1. 什麼叫作「出租公司」？
2. 你家（或學校）附近有哪些出租公司？
3. 你認為社會上還需要哪一種出租公司，提供服務？
4. 如果你跟朋友想經營一家「動物出租公司」，計畫出租什麼動物？為什麼？
5. 請擬訂「動物出租公司」的營運計畫。

活動八：君子三問

提問是思考的表現，請：
1. 想出三個問自己的問題。
2. 想出問你爸爸或媽媽的三個問題。
3. 想出請問現任總統的三個問題。

活動九：分組腦力激盪

1. 學生分成數組，請每組組長抽題目，分別以「粉筆的用途」、「代替鏡子的東西」、「讓矮子看起來比較高的方法」、「從台中到高雄的交通方式」、「校園裡的野狗過多，如何處理」、「如何防止上課打瞌睡」等為討論主題，各組腦力激盪限時六分鐘。
2. 各組將討論結果寫在海報上。
3. 請每組上台發表該組的答案，並說明各方案的優缺點。
4. 最後詢問其他同學是否有不同答案，由老師做歸納講解。

活動十：一句多解

1. 小朋友你對於「良師出高徒」這句話有不一樣的解釋或看法嗎？
2. 請寫下自己的特殊想法至少一個，愈多愈好。
3. 發表分享並相互討論，老師歸納講評。

活動十一：打造「校園遊戲樂園」

1. 問學生：我們學校裡的「遊樂器材」有哪些設施？
2. 你對現有遊樂設施感到滿意嗎？為什麼？
3. 如果你是一個設計大師，你要如何改善這些遊樂設施？如何把好玩的部分增加趣味保留下來，把不好玩的部分加以裝修呢？
4. 為你自己設計的遊樂園取一個名字，並設定遊戲規則。

活動十二：動物代言人

1. 請列舉你比較喜歡的動物十種？
2. 請寫（或說）出這些動物的專長、特性？
3. 這些動物所具備的專長特性，和我們日常生活中哪些職業技能接近或

相符合？

4. 請為這些動物所代言的職業設計一個專屬的符號，以及一則宣傳廣告。

活動十三：色彩的故事

1. 請說出彩色筆盒內的各種顏色名稱？

2. 這些顏色所代表的感覺或心情是什麼？（例如：紅色表示熱情。）

3. 請為每一種顏色重新命一個名字，用以強調凸顯那種顏色所代表的感覺（例如：紅色→熱情色）。

4. 你能用這些顏色串聯編出一則故事嗎？

活動十四：火冒三丈

1. 人生氣時的感覺是什麼狀態？請列舉（至少）三個敘述。

2. 最常引起你生氣的事情是什麼？為什麼？

3. 有哪些方法控制自己不被激怒生氣？

活動十五：圓的功能

1. 請在自己的桌上、書包裡，找出圓形的東西。

2. 請列舉（或說）出家庭生活中常用的圓形工具。

3. 請列舉（或說）出含有圓字的語詞、成語或句子。

4. 「圓」字的要義是什麼？

5. 圓有什麼功能？如果圓的用品變得不圓了，會發生什麼變化？

活動十六：變與不變

1. 哪些事項是永恆不變的？請列舉三件以上。

2. 哪些事項是常變化的？請列舉三件以上。

3. 為什麼有的事項（現象）是永恆不變，有的卻不是？

4. 請列舉三個你希望它改變的事項，並說明理由或原因。

活動十七：迎新年

1. 新年到，請說出或寫出自己、家人的新年願望：

請小朋友說出爸爸的新年願望？（須先輔導學生如何向父母請教。）

請小朋友說出媽媽的新年願望？

請小朋友說出一位朋友的新年願望？

請小朋友說出自己的新年願望？

2. 分享與討論。

3. 教師總結與講評。

活動十八：你能利用大大小小的圓形畫出什麼圖像呢？

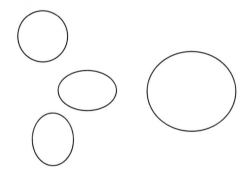

活動十九：醜小鴨

1. 引起動機：老師簡介安徒生著作「醜小鴨」的心情與故事用意。

2. 分享與討論：例如——

(1)醜小鴨經過了一連串的流浪生活，對牠造成了什麼影響？

(2)如果你是醜小鴨，別人譏笑你時，你會如何回應？

(3)如果你是醜小鴨的同伴，你會怎樣和牠相處比較好？

3. 話劇表演（讓小朋友分組依據劇本表演）。

4. 改編故事：鼓勵學生發揮創意，改變部分人物或情節，進行「有中生新」的創新寫作。

5. 分享發表：將改編好的故事念或演出來，分享給大家。

活動二十：顏色聯想

1. 舉出各種色牌，請學生說出聯想到的事物。以紅色為例，聯想到的可以是具體的蘋果、太陽、國旗等；抽象的可以是生氣的情緒、熱情的個性等。

2. 說出自己生活用品中最慣用的顏色，或是生活必需品最常選擇的顏色，並說出原因。

3. 改變顏色。想像如何為自己生活周遭的物品（至少三個）重新上色，例如，想把自己的頭髮改變為什麼顏色，希望班上的桌子、椅子改為哪一種顏色。

活動二十一：我有超能力

1. 鼓勵學生想像，自己是「超人特攻隊」當中擁有不同超能力的人，請他說出自己最想要的超能力，並且想要用這些超能力完成哪些任務（至少三項）。

2. 請學生想出並說明，你我現在既然沒有這些超能力，我們可以利用什麼樣的方式、工具，或是請求他人的協助，來達成同樣的目標、完成同樣的任務呢？

活動二十二：我們的「福利社」

1. 活動過程：(1)假設情境：請學生假設，學校鼓勵他們在自己學校內開

一間福利社，並提供 30 萬元做開辦費用。

(2)請學生為了自己要開的福利社寫出計畫書。

2. 提示內容：(1)準備賣哪些物品呢？價格多少？

(2)你需要購置什麼設備？你將如何安排物品的擺置？

(3)你要僱用什麼樣的人力？多少人？

(4)你會如何做廣告吸引同學常來參觀、購買？

活動二十三：巧克力戰爭

1. 活動過程：請小朋友閱讀《巧克力戰爭》一書（嶺月譯，九歌出版）後，針對這個故事的背景、角色、情節發展及主旨所在，摘要提出心得感想或建議。

2. 提問例題：(1)《巧克力戰爭》一書中的「衝突」起於何事？雙方面對這樣的衝突為何溝通失敗？如果你也發生這樣的事情，你會怎麼處理？

(2)《巧克力戰爭》一書中的主角是如何讓這件事情落幕的？如果是你，你會怎麼解決？

(3)你覺得這本書的敘述符合現實中的生活嗎？有哪些部分是你覺得跟現實情況不同的，為什麼？

活動二十四：我是倉頡

1. 請用簡單的線條畫出山、水、日、月的形狀？

2. 我們常用的字中有哪些是象形字？（山、水、日、月除外）請列舉三至五個。

3. 請以六個物體的形狀做參考，創造出屬於自己的象形字六個，然後再向同學介紹你所創造的象形字？

4. 老師統整講評。

活動二十五：「禮貌」藏在哪裡？

1. 中心活動：請學生思考、回答下列問題：

   ※地球村的人們，有哪些「打招呼」、「問好」的禮貌行為方式？

2. 發展活動：

   ※動物有類似的禮貌行為表現嗎？

   ※植物有類似的禮貌行為表現嗎？

   ※大自然界有其他類似「打招呼」、「問候」的禮貌行為嗎？

3. 評鑑活動：老師協助統整歸納，並做講評。

活動二十六：娘娘腔和男人婆

1. 有哪些事物、顏色、職業、人格特質等，被認為是屬於男人（或女人）的？

2. 怎麼樣的人會被稱為「娘娘腔」或是「男人婆」？

3. 娘娘腔或男人婆的人，經常會表現出哪些優點？

4. 「娘娘腔」或是「男人婆」有貶低別人的含義，請想出具有正面含義的名稱替代之。

活動二十七：名稱大改造

1. 我們周遭的人、事、物都有個名稱，這些名字是可以改換的，例如：

   辛亥路→當心路，因為車子非常多

   班長→宰相長，因為他在一人之下，數十人之上

2. 你的名字怎麼產生的？你喜歡嗎？為什麼？

3. 如果請你幫你們學校換名字，你會建議改成什麼名字呢？原因何在？

活動二十八：文具發明家

1. 文具用品是學生每天接觸很頻繁的工具。請想想看，有哪些文具如果彼此相結合在一起，會有更佳的效用？
2. 有哪些文具加以改造會更順手、更好用？
3. 請你試著想像發明一個獨一無二的文具用品。

活動二十九：超級馬蓋先

1. 問題情境：某一天，爸爸載你上學的途中，車子突然熄火不動了，該怎麼辦才不會遲到？請想出至少三個解決辦法。
2. 分享與討論：
   (1)請三至五位同學報告分享他們的想法，並說出其中最好方法的理由。
   (2)請同學表決，在那些方法中評選出最好的三個？
   (3)我們是用什麼標準來判斷哪一個方法最好？
   (4)你的標準和同學的一樣嗎？為什麼有這些差異？

活動三十：挑戰大師

1. 指定閱讀完一則故事或一篇文章後，將學生分組，請各組擇定一個或數個要項（或情節）進行抽換，另行改寫。
2. 要求將擬改變的部分做一對照表格，內容必須(1)包括想改變的事項（改變前、改變後）；(2)這種改變可能引發的內容變異；(3)我們想做這種改變的最大原因是……
3. 各組上台報告擬改變的內容，並接受他組的詢問，以促進開拓思考廣度，引發更多靈感。

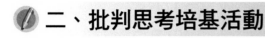

二、批判思考培基活動

活動一：尋找直線

1. 請在你四周圍找找看，哪裡有直線？
2. 直線有什麼功能、作用？
3. 直線型的物品變得不直了會怎樣？

活動二：尋找異同

1. 植物與動物有何異同？
2. 三角形與圓形有何異同？
3. 公園與植物園有何異同？
4. 圖書館與書店有何異同？

活動三：倒果為因

有些因果關係，相互顛倒另有新意，例如：

1. 水到渠成→　渠成水到。
2. 良師出高徒→　高徒出良師。
3. 請想出類似的詞句二至三個。

活動四：生活餡餅

時間的分配或管理會影響一個人的作為，請問：

1. 你一天的時間如何安排？各占多少%，你一週的時間又是如何安排？
2. 假如你每個月有 6,000 元的生活費，你會怎麼支配？
3. 你的感情（或心情）是如何分配？思念父母各占多少%？想念朋友占多少%？

活動五：移風易俗

1. 距離現在最近的節慶是什麼？
2. 國內、外各有什麼樣的慶祝風俗？
3. 為什麼先民立下這樣的慶祝風俗？
4. 你認為哪些風俗值得保持？哪些應改善？
5. 請說出改善的理由和方法。

活動六：評論故事

由老師講述或發下一則故事（或寓言），然後要求學生依據這個故事內容提出心得感想，進而發表自己的觀點和意見（讚美或挑剔均可），完成一篇批判性的論述。

活動七：手機的功與過

1. 隨身帶手機對我們的生活有何方便之處？
2. 隨身帶手機對我們的生活有何不方便之處？
3. 國小學生是否應該隨身攜帶手機上學呢？為什麼？
4. 學校現有管理學生帶手機的規定你滿意嗎？有何改進意見？

活動八：動態與靜態

1. 請舉例說明至少三個「動態」的事物現象。
2. 請舉例說明至少三個「靜態」的事物現象。
3. 請說出動態和靜態的現象各有什麼特色或作用。

活動九：體罰學生，對嗎？

1. 常有「老師體罰學生」的事件發生，如果你是校長，贊同或反對體

罰？為什麼？

2. 如果你是教育部長，你會嚴禁體罰嗎？為什麼？

3. 如果你是老師，你會贊成體罰嗎？為什麼？

4. 如果你是家長，你會希望自己的小孩接受體罰嗎？

活動十：四季紅

1. 以春（或夏、秋、冬）天為主軸，請小朋友想一想：一般人提到春天
   會想到什麼美好的事物或現象？

   例如：小朋友回答：「花開、郊遊踏青、蝴蝶多……等。」

2. 相反的，在這個季節裡有什麼惱人的事物或現象嗎？

3. 你喜歡春天嗎？為什麼？

活動十一：三隻小豬

1. 請小朋友（或由老師）說出「三隻小豬」的故事給大家聽。

2. 請同學針對故事的內容提出讚美的和不贊同的意見。

3. 教師講評。

活動十二：家事誰來做？

1. 主旨：打破性別角色功能之迷思：例如：廚房的事情，一定是媽媽才
   能做嗎？家事應該如何分配呢？請學生進行批判思考一番。

2. 活動過程：

   (1)把學生分成數組，每組人數可多可少。

   (2)引導學生從日常生活經驗中，提出一個「迷思」的事項，作為討論
     主題。

   (3)小組討論，並推舉一人代表上台報告小組的討論結果。

   (4)分享與教師講評。

(5)指導原則：

①導正孩子對家事分工不合理的性別刻板印象，使學生自覺到家事
是家庭成員每一個人的責任。

②教師在教學中，要能夠讓學生了解家事分工的重要性。

③加強性別平權分工的概念，鼓勵家人積極參與，才能促進家庭氣
氛的和諧。

④建議教學前、後均能施測家事分工「自我檢核表」，依前、後兩
次檢核結果並做分析、比較，以了解學生學習後態度和行為的改
變情形。

活動十三：偉思汀的遊戲

1. Ellen Raskin（1978）著作的《偉思汀的遊戲》（*The Westing Game*）
是一本刺激、懸疑的偵探小說。由於這本書中有許多怪異的嫌疑犯，
因此這個故事可讓學生有很多探索研究的機會，以增進檢視故事爭議
性，並評估每個嫌疑犯背景和犯罪動機的能力。

2. 活動過程：首先指定閱讀這本小說，然後要求學生扮演一位精彩的偵
探，利用自身的觀察、比較、分類、推理、預測和假設等能力來尋找
線索。針對嫌疑犯做適當且科學的偵查，詳細記載嫌疑犯可能犯罪的
動機和作案證據，然後推斷某嫌疑犯有罪或無罪，若是有罪就必須說
明有罪的理由。

活動十四：你是不是也被習慣左右：向左走？向右走？

1. 活動過程：(1)講述或請學生閱讀《向左走、向右走》之故事（幾米
著，大塊文化），要學生分享聽（或讀）後感想。

(2)讓學生寫下生活中自己已經根深柢固的生活習慣（二至
三個為宜），並敘述這些習慣可能為他自己帶來怎樣的
影響（好處、害處或限制）。

(3)討論與分享。

2. 提問例題：(1)你想要與我們分享的習慣是什麼？為什麼要分享這一項？

(2)這個習慣帶給你的是好的影響或是生活上的限制？請說明。

(3)當你下定決心要改變這個習慣時，可能會遭遇什麼困難？

(4)當你改變了這一個習慣之後，可能會有怎樣的影響或收穫？

活動十五：對稱的世界

1. 我們周遭有哪些東西是左右對稱的？（例如左、右手。）
2. 我們周遭有哪些東西是上下對稱的？（例如南、北極。）
3. 對稱的東西有哪些作用功能？
4. 當對稱的東西變成不對稱時，會有什麼變化？
5. 除了左右、上下之外，還有其他的對稱現象或方式嗎？請舉例說明二至三個。

活動十六：害蟲和益蟲

1. 請列舉五種害蟲，並說明為什麼。
2. 請列舉五種益蟲，並說明為什麼。
3. 害蟲和益蟲有什麼共同點嗎？請列舉。
4. 請為害蟲找出三項優點。
5. 如果自然界中那些害蟲被完全消滅，自然界會有什麼改變嗎？
6. 人類消滅害蟲的方法，可能造成什麼不良後果嗎？

活動十七：麥當勞和肯德基

1. 你曾經到過麥當勞消費嗎？你常吃些什麼東西？

2. 你為什麼喜歡吃麥當勞？請列舉令人喜歡的理由三個以上。

3. 請分析麥當勞所販賣的產品，是用哪些材料、哪些方式做成的？

4. 請說說看麥當勞大餐包含了哪些營養素？

5. 你認為怎麼吃麥當勞會比較衛生、健康？

6. 麥當勞和肯德基有什麼不同點？相同點？

活動十八：我是法官

1 講述一則最近發生的社會事件，提示學生了解當事人的動機與做法，以及社會輿論。

2 提問學生贊同事件中主角的做法嗎？你認為這麼做是對、還是錯？為什麼？

3 如果換成是你，你會怎麼做？為什麼？

活動十九：校長扮成大明星

1. 中心活動：請學生討論下列問題：

   (1)校長像大明星一樣做變裝秀，有些什麼好處？

   (2)校長像大明星一樣做變裝秀，有些什麼缺失？

   (3)校長像大明星一樣做變裝秀，可能引發什麼有趣的事？

2. 發展活動：學生可探詢不同對象，如校長、家長、老師、同學等對「校長扮成大明星」的看法。

3. 評鑑活動：從討論中評鑑學生是否能從不同的面向去思考探討，從多元對象去蒐集觀點。

活動二十：離島是否適合設立賭場？

1. 中心活動：請學生分組討論下列問題：

   (1)離島（例如：澎湖、金門、馬祖）設立賭場，有些什麼好處？

(2)離島設立賭場，有些什麼缺失？

(3)離島設立賭場，可能引發什麼有趣的事？

2. 發展活動：

(1)各組代表上台報告，彼此分享。

(2)請同學與老師共同歸納出贊同與不贊同的理由。

(3)除了上述理由外，鼓勵學生再嘗試建立其他的批判指標。

3. 評鑑指標：評鑑學生是否能採多元觀點（包括經濟發展、環境工程、社會治安、品德教育等面向），並從正、反兩面去蒐集、歸納不同觀點。

第二節　牛津思考技巧教學活動計畫

英國牛津技巧教學計畫（The Oxfordshire Skills Programme）於 1988 年問世，用以促進兒童思考能力為目的。它把思考定義為個體從事決定時的心智運作活動，其內涵包括批判思考、創造思考、問題解決和推理思考。其關係圖如圖 9-1 所示（Coles & Robinson, 1989: 81）。

此一教學計畫源於 1960 及 1970 年代英國推展探究教學方法，時至 1982 年牛津地區地方教育當局支持進一步研究發展，旨在教導教師如何增進課堂教學中思考的啟發。針對教師的角色，提出下列反省性的問題，幫助教師改進自己的教學，提高思考啟發的效能（Coles & Robinson, 1989: 85）：

❖ 我給學生足夠的機會去思考和解決問題嗎？

❖ 我給學生一些問題（作業）去推敲嗎？

❖ 我會告訴他們問題的真相（答案）或要他們自己去決定呢？

❖ 我鼓勵學生自己去計畫自己的工作嗎？

❖ 提示學生評鑑所用的方法和指標嗎？

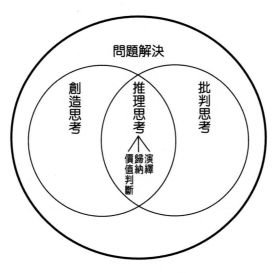

◯ 圖 9-1　心智活動關係圖

❖ 鼓勵學生留意資料（訊）來源的徵信程度嗎？

❖ 協助學生看出論點之優、缺點嗎？

❖ 我確能指導學生應用所學到的知識、技能發揮到其他事務嗎？

❖ 要求學生對自己習得的成果，認真地評斷和反省嗎？

❖ 提供兒童機會，以各種不同方式或管道溝通、表達他們的意見觀念、
　經驗和感覺嗎？

❖ 鼓勵學生彼此要能聽聽別人的意見嗎？

❖ 鼓勵學生勇於發問或請教以澄清概念或事情嗎？

❖ 提供足夠時間進行團體討論嗎？

❖ 引發學生的想像嗎？

❖ 充分配合學生的經驗嗎？

❖ 鼓勵學生反省他們的教室生活經驗嗎？

❖ 提供機會讓學生跟他人合作共事嗎？

❖ 給學生有發展社會技能和態度的機會嗎？

❖ 允許學生彼此相互支持嗎？

❖ 跟同事一同尋求問題解決之道嗎？

牛津思考技巧教學計畫，企盼培養出優秀的思考者，使具有這些特質：

❖ 理性公正地去判斷事物。

❖ 尊重、考量他人意見。

❖ 善於解決問題。

❖ 熱心追求知識和理解。

❖ 獨立思考並有自己的見解。

❖ 有自知之明。

❖ 清楚明確地溝通傳達意見和情感。

❖ 合作共事的良好伙伴。

❖ 嚴肅認真地評鑑證據和論點。

❖ 富有創意。

牛津思考技巧教學設計之內容，可見於下列出版物：

1987：Teaching Cognitive Skills, research paper, Oxon

1988：Oxfordshire Skills Programme, broadsheet, Oxon

1988：Problem-solving Across the Curriculum, Oxon

1988：Asking Ouestioning, Oxon

上述出版物可聯絡下列單位洽購：

Education Unit, Wheatley Centre

Littleworth Road, Wheatley,

Oxford OX9 IPH U.K.

第三節 兒童哲學教學活動設計

兒童哲學（philosophy for children）教學活動設計，係由美國學者厲普門

（Matthew Lipman）倡導，國內經由學者引進並開班教學，國人對它逐漸不感陌生。厲普門原任哥倫比亞大學教授，有感於當時教育偏重上施下效之弊，歎不易培養出有見解的大學生，因此企求從兒童早年教育開始，培育孩子具有自己的想法和見解，一改過去被動接受師長灌輸、餵食的學習態度。

1974 年他出版了第一本教材，名叫 *Harry Stottlemeier's Discovery*。這是一本故事書，共有十七章，內容情節著重如何引發哲學性主題之討論與思考，以啟發學生推理能力，適用於十至十二歲兒童，這也是第一本有關兒童哲學的書。

一、主要理念（Fisher, 1988: 155-159; Lipman, 1980, 1985）

兒童雖小，但基本上，人人都具有好奇、探索、想像的能力和興趣。學校教育若能適時提出一些有爭論性的日常生活問題以供討論，可以發展或看出他們頗有哲學味道，並建立良好的推理思考基礎。

學習不應徒重知識經驗的傳遞，還須重視思考活動的引發。厲普門指出，歷史科教學傳授學生一些歷史知識或事實是一方面，啟發學生採取歷史的觀點去思考又是另一方面，二者並不相同，但均須並重。學習科學的事實知識，有別於學習應用科學方法去思考，二者都不可或缺。

兒童哲學教學活動計畫，目標不在教導兒童傳統上的哲學知識或哲學家的生平及其主張，而是要培養他們具有哲學性的思維方法。

所謂哲學性的思考（philosophical thinking）不但包括思考和推理的歷程，而且強調對思考本身加以思考（thinking about thinking）。所謂對思考本身思考，係指對事物或事情的基本價值和信仰問題加以審酌推敲。這些價值與信仰的評審效標，包括內在一致性、切合性（corresponce）、假定的妥切性和想像性等要項。

哲學性的思考與兒童日常生活息息相關。厲普門指出，幼小的兒童言談中或許未用「哲學」兩字，但他們所討論的一些問題都很哲學，例如友情、公正、目的、原因、後果等等問題，兒童有興趣探討它們。

　　順勢應用兒童好奇探索心理以發展其思考能力。厲普門深信兒童內心對外在事物充滿好奇，並樂於去探討，但是環境條件卻往往未能如願。因此，學校教學若能用心安排，提供他們機會去對各種問題做哲學性探究，不但可以促進思考，並且可滿足其心理需要。

　　鼓勵學生彼此對話探討，使教室成為「探究的社區」（community of in-quiry）。厲普門等人同意韋格斯奇的看法，認為兒童在與他人共事合作情況下，比個人獨自工作會有更好的智能表現。因此，強調兒童的學習活動宜在同學互動中進行，大家發表意見，彼此尊重參考，可使班級教室形成一個探究氣氛很濃的社區環境，並發展良好社會群性。

　　借用蘇格拉底的詰問技巧以引發學生從事合作性、合理性的探討活動；蘇格拉底式的發問，強調探究過程的引導，而不偏重探究結果的快速獲得。厲普門相信一般人均有思考能力，但須加以引發。方法之一就是提出兒童生活經驗中有關的主題，以供討論，此一策略被充分應用在兒童哲學教學過程中以發揮功能。

二、教學目標與教學過程

　　兒童哲學之教學係透過故事內容之媒介作用而實施。為此，厲普門及其同事先後編寫了一些故事，例如 Lisa、Suki、Mark、Kio 與 Guts 等。內容情節旨在編織一些可能引起討論的情境、關係、困境或問題，藉資應用。故事書之外，另編教師手冊，內附包含邏輯性的、哲學性的、倫理性的題目，以供教師在教學中伺機提示，以注入理念導引學生討論。

（一）教學目標

　　透過故事內容引發兒童對一些情境、關係或問題，從事哲學性的討論，以促進其思考能力，是兒童哲學教學設計的要旨。根據厲普門的歸納分析，各類故事教材內容中，至少潛藏了下列三十種思考技巧（Coles & Robinson,

1989; Lipman, 1985）。

1.準確建立概念

例如：「友誼」概念的形成，不妨提問：

(1)交朋友一定要年齡相同嗎？

(2)兩人成為朋友，卻又彼此很不喜歡，這種情形可能嗎？

(3)朋友之間彼此相互欺騙，可能嗎？

2.妥適歸納通則（making appropriate Generalizations）

例如：依據下列三種事實，你能歸納出什麼通則？

(1)我吃了油炸花生，牙齒就疼。

(2)我吃了炒的花生，牙齒就疼。

(3)我吃了生的花生，牙齒就疼。

3.看出因果關係

例如：下列這句話中，什麼是因？什麼是果？

「河水氾濫，雨下得很大。」

4.根據單一前提推論

例如：下列句子請完成之，用以表明一個正確敘述。

「所有的成人都是＿＿。」

5.根據兩個前提推論（即三段論法）

例如：「所有出外的人都會想家。」

「自強是出外的人。」所以自強會想家。

6.明瞭標準化的基本原則

例如：「所有……」開頭的句子，包含了下列二種句型意義：

(1)每個學生都喜歡得高分。

(2)學生是喜歡得高分的。

7.明瞭順序和關係邏輯的原則

例如：動物脂肪比石油黏稠，石油又比水黏稠，所以動物脂肪比水黏稠。

8.認清一致性和矛盾性

例如：假如我真正關心動物，我就不會去吃牠們的肉。

9.懂得應用假設性推論來反證

例如：假如下過雨，路一定會濕。路不濕，所以未下過雨。

10.懂得怎樣發問

常見學生提出自相矛盾或曖昧不明的問題，例如：「最大的數字是幾位數？」發問能力是思考能力的表徵。

11.推敲出話語中的假定

例如：下面這句話的假定是什麼？

「我喜歡你這種髮型，貝蒂，你是在哪家美容院做的？」

12.把握部分與整體間關係

例如：夏威夷是美國的一部分，而美國是北美洲之一部分。那麼，夏威夷是北美洲的一部分嗎？

又如：「小倩的臉型很好看」，並不等於說「小倩有個可愛的臉蛋兒」。

13.適時避免、容忍或應用曖昧

例如：分析說明資料時不得曖昧，人際或社會關係上可以容忍曖昧，在詩詞寫作上應用曖昧反使文章意境更為深重豐沛。

14.認清模稜兩可的字詞

例如：水變成溫水時是幾度？一個沒有民意代表的政府可以稱為是民主

嗎？

15.深思熟慮，考慮周到

例如：有些事乍看不可行，俟經仔細推敲則又發現可以一試。又如下列所述是考慮周延還是草率結論？

「我爸爸看到報紙上說抽菸會致癌，所以他說他要禁讀報紙。」

16.認明手段和目的間關係

意指手段與目的長相共存。有方法或手段而少了目標，或有目標而缺方法或手段，均不足取，例如下列敘述：「小明，你說得對，但是所舉理由卻是錯的。」

17.認清無形的誤謬

有些言論把無關的因素擺進去，把有關的漏失掉等，以致敘述失真。用心分辨察覺，是思考技巧之一。

18.應用、操作概念

意指概念若無具體可見的事實或事物與之對照，容易流為抽象、空洞而易忘。假如能夠給予應用、操作而具體化，則較易持久把握，例如兒童有了物體很「重」的概念，隨即安排比較輕、重物何者「容易掉落」，使概念能夠觀察體驗。

19.為自己言行提出理由

說理和說明不同，前者在列舉理由或根據以支持自己的言行，後者只是清楚描述所言所為及動機，例如：媽媽不讓我跟她上街，她說因為我生病（這是說理）。哥哥的汽車在中途停住了，因為汽油用完了（這是說明）。

20.認明言論對錯的背景因素或條件

例一：下列敘述在何種環境條件下才算正確？

(1)水救不了火。

(2)房子在空中飄浮而去。

例二：下列敘述在何種環境條件下可能是錯的？

(1)月球上沒有生物存在。

(2)華盛頓是美國首都。

21.認真區分言詞或概念

例如：「可能」與「真實」之間的明確區分。「明天可能會下雨」不宜說成「明天一定會下雨」。

又如：「發生什麼」和「為何發生」之間的區分。「早期的畫，天空畫成黃金色，後來才畫成藍色。」故這句話在說明「發生什麼」，屬於描述性質。

22.找出事物關聯性或特質

意指尋找、發現事物間的關聯物——如因果、共同性、部分與整體……等，以使產生關係，例如：有人問：「澎湖是中華民國的一部分嗎？」小明：「澎湖是台灣的一部分，台灣又是中華民國的一部分，所以澎湖應是中華民國的一部分。」此即找到了連結點。

23.類推譬喻

例一：農耕與作物的關係，相當於繪畫與圖畫的關係。這是歷程與產品的類推。

例二：細菌與疾病的關係，相當於蠟燭與亮光的關係。這是因果的類推。

例三：獅子老虎腳底的爪子，和運動員腳底所穿釘鞋的功能相似。這是形貌與功能的類推。

24.發現多（或各）種方案或途徑

意指不拘泥於一個標準答案，或習慣於一種解決途徑，而思想其他可能替代方案，即是有變通性。例如：請吃水果，只準備一種跟準備二種就有很

大區別。二種水果的選擇機會可以有四種：只吃甲、只吃乙、甲乙通吃、甲乙均不吃。

25.建構或提出假設

意指面對困難問題時，蒐集有關事實或資料以助了解，進而發現資料間關係，構思找出問題的暫時性（或可能）答案，此即假設。假設建構之後，再以實際行動測試其對錯，此即驗證假設，例如：六個學生登山迷路，討論後提出假設「沿著溪流下游走，似可找到住家或道路」。據此，他們勇往邁進，喜見小溪變大河，河畔有人煙。

26.分析價值觀念

價值觀念係個人對事物重要性的信念。人者心之器，個人言行表達了他的價值取向，例如：有人說「就天然資源而言，印度比英國富有」。這句話的價值觀念建立在「天然資源」上，所以是可以接受的。

又如：「什麼狀況下，殘忍的行為可以視為良好的行為？」答案如外科手術等。這是價值分析的題目。

27.善於舉例以闡釋理念

例一：大華說：「只有人類才有文化。」你贊同嗎？哪位同學可以舉例
　　　說出有什麼動物也具有文化？
例二：先賢說「因果報應」，請列舉三項事例說明。
例三：常言道：「挫折常導致侵犯行為。」你能舉例說明嗎？

28.對常見字詞也須加定義

常人遇見生字新詞，喜於查閱字典了解其義。然而對於熟悉常見的字，傾向不求甚解，隨意應用，而失之以偏。所以在教學中提示學生對常用字詞下定義，也是思考技巧之一。

29.確定並應用標準以做判斷

做選擇、下判斷均須理智而不可流於衝動。理智的判斷須以標準或效標（criteria）為準據，例如：看過一部電影，同學問道：「你認為這部片子好嗎？」回答此一問題，須先確定評判的標準，而後道出好、壞的答案。標準可能有許多，每人所看的標準也許互有出入。

30.容新納異、博採周諮

意指集思廣益，不宜抱殘守缺。假如學生能聽取或從不同觀點、角度或立場去了解、推敲一件事物或決策，可以拓展視野、增廣見聞，算是一種增進學習效果的思考技巧。

（二）教學過程（Fisher, 1988: 78-80）

教學初始，師生圍坐，大家翻開教材（故事）輪流朗讀。讀畢，由教師或學生主持，請大家發言提出認為故事中有趣並須加以討論的觀點或論述，經同意後列在黑板上備用。

討論進行先由教師提問：請大家發表意見訂出一個討論主題，這個主題最好能盡量涵蓋黑板上所列各項內容。主題由大家表決擇定，主題確定之後，由原提案人首先發表意見，繼而大家自由發言進行討論。討論過程中，教師扮演穿針引線功能之外，主要須能注入理念（rationality）以啟發學生思考，增進討論之內容與熱度。

茲將屬普門所撰麗莎的故事內容譯述如下：

> 麗莎喜歡吃烤雞，每當爸爸在切割烤熟的雞時，她便迫不及待搶著要吃。父親知道麗莎特別喜歡吃雞爪子，所以先行給她一隻，香脆又多汁，真好吃。
>
> 麗莎突然想起幾天前米其同學開她玩笑所說的話：「麗莎最愛吃死雞」。麗莎回想當時她並未生氣，只是笑著回答說：「任何人

如果不喜歡吃我媽媽烤的雞那才怪呢！」想到此，便遞上盤子要拿第二個雞爪子。

　　吃過晚飯，麗莎獨自出門走走。未料路上有位詹森先生用皮帶拉著狗，阻礙了麗莎步上人行道。詹森先生是新搬來的鄰居，麗莎並不認識他，當他及狗到達麗莎家門口，這隻狗鬥上了樹旁的一隻松鼠而不肯走動。詹森先生雖然緊拉皮鍊，而狗硬是趴在地上跟松鼠鬥苗頭。松鼠已在樹後消失，狗卻仍在咆哮、奮鬥掙扎。詹森先生試著拉牠走，但狗硬是不動。皮帶愈用力拉，狗愈是反抗得厲害。詹森先生最後動口對狗大叫，牠仍不聽話。最後詹森先生撿一枝樹枝打向狗身，牠蹲伏在地動也不動，任由他打。麗莎看在眼裡心感恐懼，甚而哭叫出來。突然地，她衝向前去試圖抓住樹枝，大聲吆喝：「你不能這樣做！」詹森先生愕然地收起樹枝回說：「這關你何事？」氣憤的麗莎突然冒出一句話說：「我也是一條狗。」詹森先生聳聳肩又拉動狗來。這時狗不再堅持了，起身隨主人向前走著。愈走愈遠，他們遠離而去了。

　　第二天來到學校，只聽倫迪大聲說道：「哇！上個週末可真棒，我爸爸帶我去打獵呢，獵的是鴨子。」

　　麥克挖苦地說：「帶 lotsa guts 去獵野鴨哇！那多累呀！」

　　「非常好玩。」倫迪回話。

　　「你既然不吃牠們，那又何必殺牠們呢？」麥克質問。

　　「野鴨數量過多了。」倫迪辯稱，「除非獵人把那過剩的獵殺掉，否則不就要滿地是野鴨了。」

　　「當然，當然！我打賭只有獵人才會留意去數現在有多少野鴨，並且宣稱數量太多，以作為他們繼續獵殺的支持理由。我相信獵人會繼續狩獵，直到野生動物全被殺盡。」

　　「是這樣嗎？」米其說，「好個解脫方法。」

　　「民眾有權力去狩獵，」倫迪對麥克說，「那是憲法規定的。」

　　「憲法並沒有任何有關打獵問題的規定，」麥克反駁說，「它

只規定人為自衛可以擁有槍枝的權力。看樣子，你要告訴我人有狩獵任何動物包括人在內的權力嘍。的確，我曾看過那麼一個影片，印象深刻，永不忘記。」

「好笑！殺人與動物完全不同。」倫迪反駁。

「倘若人類因著動物太多便就去根絕殺戮牠們，那麼我們又如何能防止有朝一日，因為人太多而不去殺人呢！」

同學們一來一往的討論過程中，麗莎一言未發，只是靜靜地聽著。此時她按捺不住發問說：「對！因為一旦我們已養成狩獵動物的習慣，便就很難防止不去殺戮人類。」

倫迪聽後大搖其頭，說道：「人類與動物截然有別，不管你如何對待動物，但你必須記住你絕不可以同樣態度對待人。」

談論內容改變話題，但麗莎仍久陷困惑中，自問：「為什麼每樣事情看起來簡單，但當你討論它時卻往往變得這麼複雜？麥克的說法是對的，我們不可漫無止境地殺戮動物。但是為了吃肉，我們必先殺牠們。我真不明白我怎會反對殺動物和鳥類，因為我那麼喜歡吃烤雞、烤牛肉。我應該拒絕再碰這些食物嗎？哦，我好迷惑哇！」（摘自 M. Lipman, *Lisa*）

閱畢上述故事，主持人請兒童提出有趣並值得討論的情節或重要內容，經認同後一一列述在黑板上。主要如：

❖ 人打狗。
❖ 獵鴨行為。
❖ 殺戮動物可以，殺人則不可以。
❖ 殺動物因為牠們數量過多。
❖ 我們可以吃肉嗎？
❖ 殺動物並且吃動物。
❖ 用玩笑為己辯護。

兒童哲學的教材由厲普門主編，蒙特克萊州立大學（Montclair State College）的兒童哲學推展研究所（Institute for the Advancement of Philosophy for Children，簡稱 IAPC）出版。茲將教材名稱及適用範圍列如表 9-1 所示。

▌表 9-1　兒童哲學的教材名稱及適用範圍

年齡	年級	故事名稱（教材）	哲學探討重點	教育的重點
5～7 歲	1～2 年	Elfie	推理與思考	探究與經驗
7～8 歲	2～3 年	Kio & Guts	對自然的探討	環境教育
8～9 歲	3～4 年	Pixie	對語言的探討	語言與藝術
10～11 歲	5～6 年	Harry	知識論和邏輯	思考技術
12～13 歲	7～8 年	Lisa	價值問題	道德教育
14～15 歲	9～10 年	Suki	藝術的探討	寫作與文學
16 歲以上	11～12 年	Mark	社會的探討	社會研究

資料來源：取材自 Fisher（1990: 171）。

第四節　工具性充實教學活動設計

　　工具性充實教學活動設計（Instrumental Enrichment Program）係由以色列教育心理學家弗爾史丹（Rewven Feuerstein），於 1970 年代末期領銜發展而成。其目的旨在協助表現遲滯的青少年（retarded performer）突破瓶頸，知道如何學習並增進思考技巧，以充分發揮潛能。

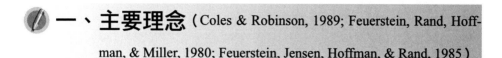

一、主要理念（Coles & Robinson, 1989; Feuerstein, Rand, Hoffman, & Miller, 1980; Feuerstein, Jensen, Hoffman, & Rand, 1985）

（一）表現遲滯者（retarded performer）

係指學習成就或一般行為表現，遠落在其應有表現水準（即潛能）之後者。其表現之所以遲滯不因生理因素如智力偏低引起，而是肇因於文化剝奪，致令駑鈍於接受外在環境之學習經驗或刺激，無法有效學習而成就低落。

（二）文化剝奪（cultural deprivation）

上一代（包括師長父母）將知識、技能、信仰和價值觀念等文化內容傳遞給下一代，是教育重點工作之一，但是並非每一學生均能得到合理的傳承，因而造成在認知歷程中較少做有變化的反應，此之謂文化剝奪。

（三）認知結構（cognitive structure）

意指個體面對外來刺激或資訊時，其所持的反應或交互作用的方式和態度。

（四）媒介性學習（mediated learning）

個體與環境交互作用，因而在認知結構或歷程上有所改變或修正、調適，謂之學習。學習的內容有直接感受自外在刺激者，有間接得自他人（父母、師長等）媒介者；前者稱為直接學習，後者叫作媒介性學習。

（五）媒介性學習經驗（mediated learning experience，簡稱 MLE）

弗爾史丹把常見的 S→O→R 行為反應改為 S→H→O→R 模式。其中 H 表示他人的介入（human intervention），亦即媒介者的影響力。意指個人身心發展固然有其階段性和連續性，並以此為基礎對外在刺激作用反應（此即 S—O—R），但是人是群居的動物，自小受他人的影響。同一刺激或情境下，不同的大人（或重要他人）可以有不同的感受與反應，兒童受其影響自然就產生不同的效果。換言之，兒童不但接受事物的刺激，同時也斟酌大人的媒介啟發作用，統合考量後，做出更廣、更深的反應。

簡言之，所謂媒介性學習經驗，意指經由父母、兄姊、同儕或師長等媒介者所傳遞、轉換的資訊或刺激，往往會引發學習者獲致較多的學習內容。

媒介學習經驗具有三個良好特質和一個缺失：

1.注視性（intentionality）

顯著產生於嬰兒早期發展與母親的交互作用中，母子二人慢慢形成默契，對某些刺激易於留意感受，孩子明白媽媽要他做什麼。例如媽媽對著嬰兒拍拍手，常能引起寶貝笑容、伸手要抱。

2.超越性（transcendence）

意指媒介學習經驗之功能不限於立即的、現實的效果，同時促進有啟發的、前瞻的、未來的效應，例如：打字的練習，除了得到立即結果打出所需資料外，更有增強對因（手按鍵）果（顯字句）關係的體認。

3.意義性（meaning）

強調親子語言溝通的內容，常具有情意的、價值取向的特質。例如：母親對孩子講述或介紹某項事物或事情，不免加入一些個人的經驗或解釋在內。

親子間、師生間的交互作用，若能產生用心超越的效果（intentional transcendent），即是良好的媒介性學習過程，例如：父子同車郊遊，小孩見車外田野小牛驚叫道：「爸爸，你看好大的小狗！」父親抬頭望之說道：「那怎麼會是狗呢！那是牛，老師沒教過嗎？」這種對話就產生不了媒介性學習。

同樣問題，父親如果答說：「牠哪些地方像狗？」「牠們在做什麼？狗也會做這些事嗎？」「仔細看，牠有沒有跟狗不同的地方？」則兒童獲得較多的媒介性學習。

成長過程中，兒童得到較佳的媒介學習經驗，則其接受外在環境刺激的學習能量較大，隨之其可變性（modifiability）則較強。反之，則可變性弱，學習能量也就低。

4.認知缺失（cognitive deficiencies）

由於媒介者常常受制於自己的意旨、文化背景、情緒狀況……等因素影響，他們對兒童溝通或施教方法和內容的選擇和組織便有差別，進而影響到兒童的認知結構。如果長期出現不完整或偏差的學習經驗，便會造成學生認知策略上的偏失。這些缺失呈現在認知作用的投入（input）、潤飾或轉化（elaboration）、產出（output）三歷程上，用它可以診斷其學習潛能或困難所在。茲將三歷程常見缺失列述如下：

(1)投入層面

即個體從事資訊蒐集時，在質、量上可能產生的缺失。包括：

❖ 知覺事物過於匆促而模糊不清。

❖ 探索行為失之衝動、沒有條理和計畫、缺乏步驟。

❖ 語言和概念未能有效建立基礎，因而缺乏標記或表達技巧，影響區辨能力。

❖ 空間、方位組織能力不健全，缺乏穩定的參照系統，因而空間知覺差。

❖ 殘缺不全的時間觀念或導向。

❖ 對事物恆常性特質（如形狀、大小）之保留概念缺乏或不正確。

❖ 不重視或缺乏準確度和精確度。

❖缺乏同時考慮多種因素或綜合歸納的能力，傾向於見樹不見林。

(2)潤飾轉化層面

即個體對所得資訊（料）在應用或處理時所產生的誤（偏）差。包括：

❖對問題的存在了解不清，致令解釋說明有偏，界定有誤。

❖界定問題時，未能有效掌握有關因素與無關因素。

❖未能針對需要或主題選用資料而有誇大或濫用之虞。

❖心胸狹窄，未能廣徵博引。

❖缺乏做總結、歸納要點的習慣。

❖拙於找出事物之間的關係或脈絡。

❖怯於尋找取用邏輯事證，以作為個人處理問題或對所處環境事物表示意見的依據。

❖難以自行想出解決問題的策略或方法。

❖提出假設的思考能力有限。

❖如何檢驗假設發生困難。

❖行動計畫不易擬訂。

❖不善於分門別類。

❖對事實現況掌握不全，隨性而至常有掛一漏萬之弊。

(3)產出層面

即個體對自己經由蒐集整理，轉化而產出的成果，呈現方式不佳或表現溝通不良。包括：

❖傾向於自我中心的溝通模式，未考慮溝通對象而失去準確性和清楚度。

❖直來直往不知變通，做事不講求策略。

❖嘗試與錯誤的心態，未能莊重從事。

❖用字遣詞欠當，容易引起誤會。

❖不善於應用視覺影像（如圖表、照片）協助表達。

❖常有言不由衷，未能真正表達內心想法的現象。

❖易有衝動行為發生，致令影響溝通的進行。

上述認知上的缺失，常因兒童在家庭生活中所接觸的媒介者（父母、兄姊等），沒有給他良好的交互作用示範而形成。

二、教學活動設計內容（Bransford et al., 1985; Coles & Robinson, 1989; Feuerstein et al., 1980）

為補救表現遲滯兒童在早年生活因為媒介學習經驗之不足，弗爾史丹等人針對青少年常見的認知缺失及學習弱點，發展出一套工具性充實教學活動設計。本活動設計共有二十個紙筆練習的單元（或稱工具），常用者為十五個，每單元有許多練習活動，如果每週二至三節，可供二至三年使用。

教材內容頗具原則性和概念性，須賴老師指導引介如何應用，始能期望學生達到遷移、過渡到日常生活問題之解決，和學業功課之改進。這套設計旨在提供充分的媒介性學習經驗，藉資補救兒童認知上的缺失和思考能力的不足，增進其對新環境、新經驗的調適能力，使更具變通性和反省性。

分析而言，本活動設計有如下具體目標：

（一）矯正的功能

針對表現遲滯者在投入、轉化運作和產出階段中的弱點，提供補救性練習。

（二）補充的功能

針對一些認知性基本能力，如概念形成、應用標記、關係的發現……等，給予練習以補不足。

（三）內化的功能

　　意指經由多次或過度學習，把那些過去應學而未學的認知方法、原則或技巧，令其穩固地奠定基礎，成為習慣，乃至形成個人行為的內在動機。

（四）遷移的功能

　　意指經由對各種認知歷程利弊得失之了解，能夠洞識各種情境或學習環境的特質，進而採取妥適的認知策略處理之，以獲得良好學習效果。

（五）樂業的功能

　　透過上述四項功能之作用，兒童逐漸建立信心，願意嘗試面對困難、解決問題，並從工作中獲得成功而感到滿意，久而久之，建立起學習為樂的積極態度。

（六）改造自我的功能

　　學習遲滯或表現低落的孩子，往往有個被動、消極的自我。本充實教學活動設計，期望協助兒童補偏救弊之後，增強信心，建立積極主動的自我，事事不但有把握、肯去做，而且企求超越、突破，有新的發現或創新。

　　茲將工具性充實教學活動設計內容擇要簡介如下（Feuerstein, 1978）：

活動一：組點成形

【方　　法】請在各方格中連結圓點畫出跟左上角一樣的圖形（如圖 9-2
　　　　　　所示）。

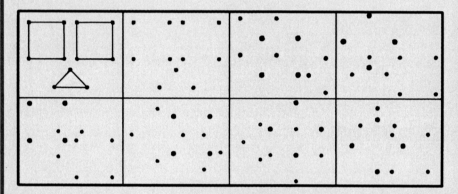

🌀 圖 9-2　組點成形

【說　　明】本活動旨在訓練兒童的知覺能力。能做好本活動，表示他
　　　　　　具有(1)圖形知覺準確度；(2)領悟事物的恆常性；(3)良好分
　　　　　　析能力；(4)臨事不衝動而能平心靜氣地搜尋條理。

活動二：空間方向感

【方　　法】請兒童依循圖 9-3 所示，說出圖中小朋友所見何物，並導
　　　　　　引兒童了解身體轉動，方向改變，所見景物隨之有別的道
　　　　　　理。

【說　　明】文化刺激不足的兒童，常有先入為主的傾向，不易隨客觀
　　　　　　環境變化而做調適，比較被動地面對新情境、新問題。本
　　　　　　活動至少可以提示學生(1)同一個體採不同方位（立場），
　　　　　　所見會有不同；(2)不同個體雖在同一地點，因方位（立
　　　　　　場）不同，所見常會有別。

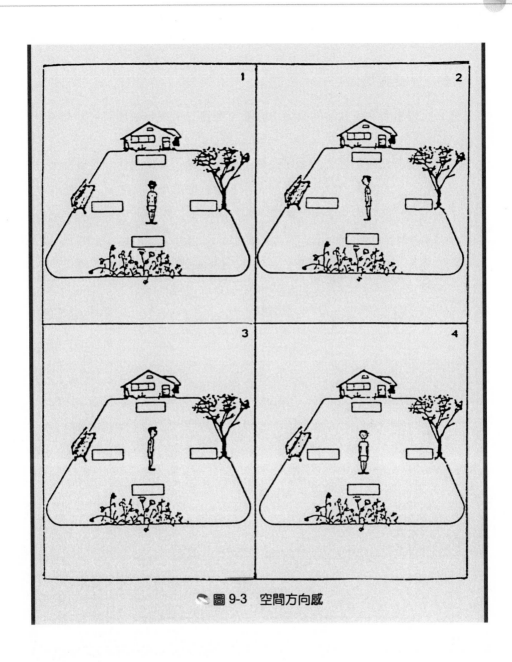

圖 9-3 空間方向感

🖐 活動三：比較異同

【方　　法】請兒童觀察寫出左、右圖（如圖 9-4 所示）之相同點和不同處。

【說　　明】比較思考是抽象認知能力重要一環，本活動設計旨在培養兒童主動對事物從事異、同分析的態度。比較能力，被視為是從事分類、論證、類比譬喻等思考的重要基礎。

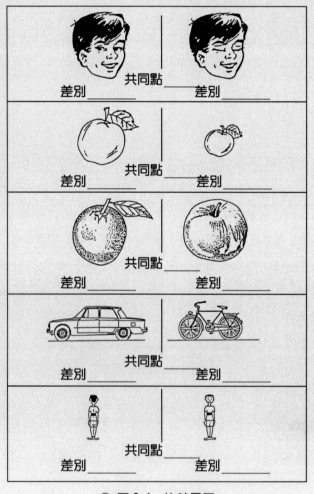

🖎 圖 9-4　比較異同

✋ 活動四：分析性知覺

【方　　法】請兒童把圖 9-5 左欄各圖形用顏色區分成塊，把右欄各圖
　　　　　　用數字標明它區分為幾塊，然後大家報告分享所做成果。

【說　　明】一般而言，缺乏文化刺激的兒童遭遇挫折時，常會抱怨環
　　　　　　境對他不利，制度對他不公，較少冷靜、客觀地去分析失
　　　　　　敗的主觀因素和客觀條件。為此，本活動設計旨在協助孩
　　　　　　子培養系統條理的分析態度，體認邏輯及證據在說理上的
　　　　　　重要性，了解部分與整體間關係的變化，以及同一事項有
　　　　　　不同觀點的可能性。

每一部分著上不同顏色	每一部分標上不同數字
 全部共可分成幾部分？ _____	
 全部共可分成幾部分？ _____	
 全部共可分成幾部分？ _____	
 全部共可分成幾部分？ _____	

🌫 **圖 9-5　分析性知覺**

✋ 活動五：分門別類

【方　　法】請兒童觀察例題及圖 9-6 後，選出同屬性或類別的事物。

【說　　明】歸類能力是邏輯思考的重要基礎，透過比較、區辨和分析的歷程而完成之。文化刺激不良的兒童，傾向於應用感官和記憶對事物做最初步、明顯特徵的分類，至於較抽象不明和結構層級性之特質則不易發現，而且較難於同時兼採並顧多種特質以做分類。本活動設計旨在增進上述領悟力，以增進其分類的變通性和多元化。

✋ 活動六：家族關係

【方　　法】請兒童觀察下列圖示（如圖 9-7 所示），並填出他們之間的關係，或在空白表中填列你家人的關係位置。

【說　　明】本活動旨在訓練學生尋找事物之間的關係，並導引他們了解關係並非單一的，可以有不同的呈現方式，例如：平行關係、垂直或主從關係等。

✋ 活動七：數字遊戲

【方　　法】請兒童觀察圖 9-8 的內容，找出數字關係並於空格中填寫正確數字。

【說　　明】本活動設計旨在發展兒童應用相關資訊，以邏輯推理、比較、推論等方法尋找事物間關係，或存在於事物間排列原則的能力。

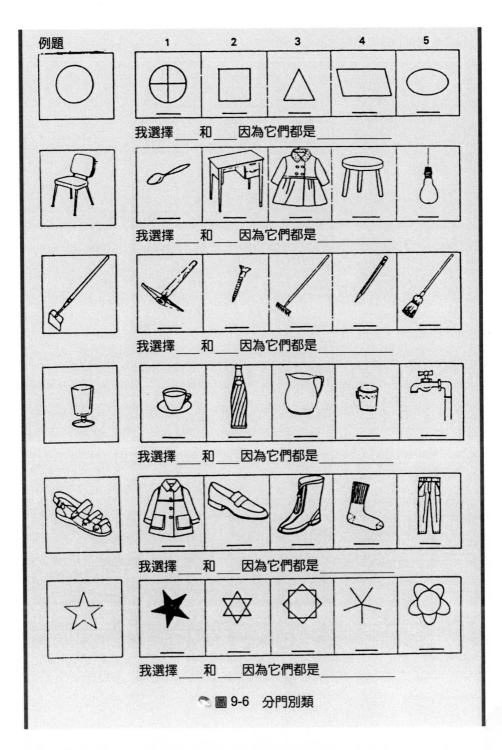

😊 圖 9-6 分門別類

369

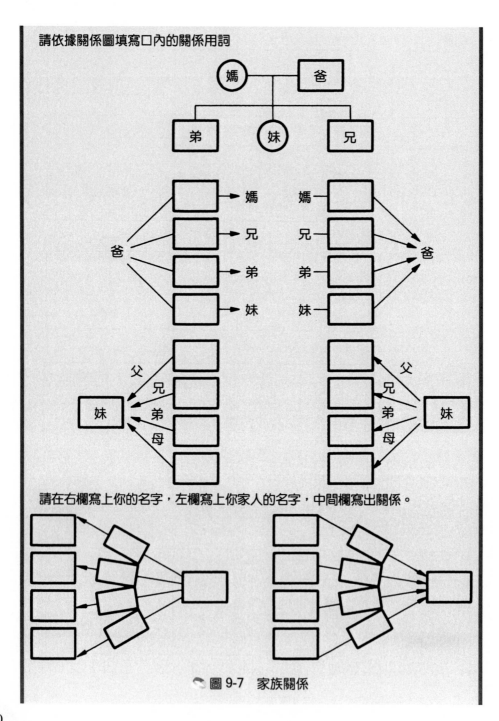

請依據關係圖填寫□內的關係用詞

請在右欄寫上你的名字，左欄寫上你家人的名字，中間欄寫出關係。

圖 9-7　家族關係

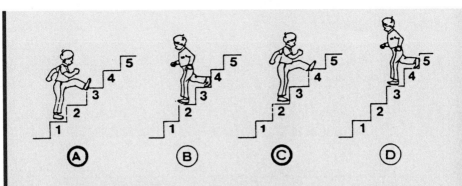

1.請依據兩圓中線索，填入橫線中數字。

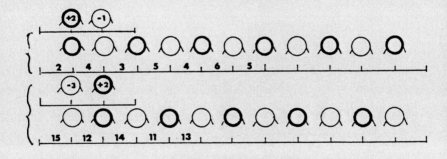

2.請由橫線中數字關係找出兩圓中線索。

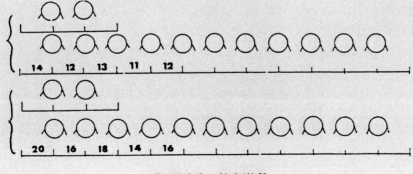

🌀 圖 9-8　數字遊戲

🖐 活動八：卡通圖解

【方　　法】請兒童觀察下列卡通圖畫（如圖 9-9 所示），並試著描述
　　　　　　發生事情的經過（含因果）。

【說　　明】本活動旨在訓練兒童洞悉情境中變、不變的要素，以及變
　　　　　　的前因後果關係。有利於邏輯思考、類比思考及提出假設
　　　　　　能力的發展。

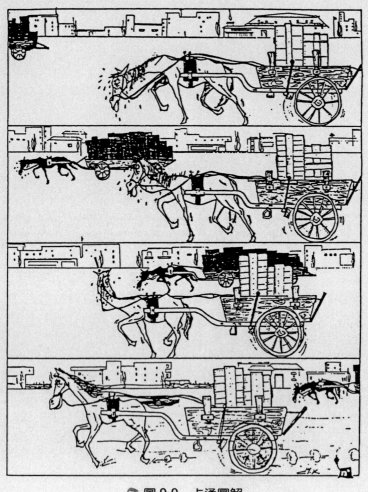

🌀 圖 9-9　卡通圖解

　　本課程教學活動之歷程分為四階段，(1)介紹說明；(2)個別練習；(3)全班討論；(4)摘要總結。教師在這些過程中，扮演媒介者的角色，提示或鼓勵學生從事與活動內容有關或相似的認知活動，期使發生遷移作用。

　　學習時的介入者如師長、父母或同儕，不但可以充實刺激內容（知覺環境），而且有助於學習者解釋或了解各種變項。優質的媒介學習，貴能增強兒童著眼於歷程的了解和掌握。譬如父母在旁觀看小孩排拼圖，有人直接告訴孩子對錯或正確部位，有人則以提示的口氣說：「先想想，該從哪一部分做起。」然後鼓勵孩子自己去做。又如某家長對孩子說：「小明，你去買三瓶牛奶回來。」這種命令就沒有媒介學習的功能。如果改說：「小明，你去買三瓶牛奶回來，免得明天店不開門，我們沒牛奶喝。」這就有了媒介學習效果——讓孩子了解買三瓶的理由，並且體會出做事要有計畫，要能前瞻。

　　媒介學習經驗欠缺或不良，易導致兒童認知思考力或學習能力的不足。為求彌補，於是弗爾史丹設計了一套教材名叫工具充實教學計畫，用以補偏救弊，增進孩子學習和解決問題的信心、動機和方法。這套教材也被認為對一般正常兒童，亦有相當的作用。

　　總之，工具性充實教學活動設計十五個單元，適用於十至十八歲兒童學習，旨在增進學生一般概念、技巧和態度，使其成為能自動自發的學習者。要言之，此套教材首重加強一般原則的討論與熟練，並能將原則遷移應用於課業和生活的橋梁功能。

　　註：茲將工具性充實教學活動設計主要參考文獻列舉如下：

1. Feuerstein, R. (1979). *The dynamic assessment of retarded performers: The learning potential assessment device, theory, instruments, and techniques.* Baltimore, MD: University Park Press.

2. Feuerstein, R., Rand, Y., Hoffman, M. B., & Miller, R. (1980). *Instrumental enrichment.* Baltimore, MD: University Park Press.

3. Bransford, J. D., Arbitman-Smith, R., Stein, B. S., & Vye, N. J. (1985). Improving thinking and learning skills: An analysis of three approaches. In J. W. Segal, S. F. Chipman, & R. Glaser (Eds.), *Thinking and learning skills*

(Volume I) (pp. 133-206). Hillsdale, NJ: Lawrence Erlbaum Associates.

4. Coles, M. J., & Robinson, W. D. (Eds.) (1989). *Teaching thinking*. Bristol, UK: The Bristol Press.

5. Feuerstein, R. (1978). *Just a minute⋯Let me think*. Baltimore, MD: University Park Press.

第五節 高德思考課程設計

　　高德思考課程（CoRT Thinking Lessons）係由英人愛德華・荻傍諾發展而成。愛德華・荻傍諾出生於馬爾他（Malta），並在馬爾他皇家大學完成學業，曾任牛津大學、倫敦大學、哈佛大學和劍橋大學教職。他應聘擔任認知研究信託公司（Cognitive Research Trust，簡稱 CoRT）的榮譽指導人，該公司旨在從事思考技巧教學之研究，高德思考課程即是荻傍諾在該公司研究成果之一（de Bono, 1985）。

　　本課程內容共有六部分，每部分有十個活動設計；每個活動設計，分別代表一種思考技巧。本課程於 1973 年提出，課程目標旨在增進學生創造思考、問題解決和人際間相互討論或溝通技巧等能力。委內瑞拉教育行政主管機關，曾邀荻傍諾前往指導實驗本課程，發現成效顯著，並全面推廣於委國小學四至六年級，成為全世界第一個於小學獨立設科實施思考教學之國家。

一、基本理念（**參考** de Bono, 1976b, 1985, 1992）

（一）思考能力須加練習才能精熟

　　人之有智能和思考能力，宛如車輛之有動力和行駛能力。車子的動力須賴操作技巧（駕駛）才能展示功力，發揮功能；而此種駕駛技巧少能天生自成，須經用心注意、學習和經驗才能精熟。依此類推，人的智力欲求充分發揮，有賴辛勤練習思考技巧而達成之。

（二）思考練習的課程架構是 TEC-PISCO

　　思考是一種技巧，好比游泳、騎車或開車一般。智力宛如馬力，思考技巧就相當於駕駛技巧，多練習就多一份把握。然而，有效的練習有賴於妥善的組織安排，使其條理井然，先後有序，執簡馭繁。因此練習的課程結構至關緊要，高德課程依循一個嚴謹的架構——即 TEC-PISCO。

　　TEC 中之 T 是指目標（target），E 指擴展（expand），C 指撮要或濃縮（contract）。三者均指思考要尋找目標，有時擴大去搜尋，有時窄化焦點去把握。吾人面對困難問題時，也可應用它們幫助推敲。

　　PISCO 中之 P 是指目的（purpose），I 指投入（input），S 指解決方案（solutions），C 指選擇（choice），O 指運作（operations）。此五者構成一組解決問題或困難情境的思考步驟。

（三）重視知覺作用在思考歷程中的角色

　　獲傍諾強調知覺的廣度和清楚度，足以簡化、淺化邏輯思考，進而解決問題。他舉例指出，假想某人坐在客廳看報，電話鈴響，他站起來，走過沙發椅、茶几等，順利的接聽電話。假設這件事發生在沒有燈光的夜晚，他看

不見桌椅，看不清電話的確實位置，因此只好慢慢摸索前進，自問自答沙發、桌子在哪裡……費了很大精神，花了較長時間，終於接聽了電話。

上述一明一暗的情境，問題的解決或事情的處理便有很大的不同。當知覺印象模糊不明時，需要較多的邏輯推理；若知覺清楚便可淺化、簡化問題，使思考趨於單純。高德思考技巧訓練教材，就是想要提供更清楚的知覺印象，從而增進思考解決問題的能力。

人類大腦處理資訊，允許資訊自行組織成形，並據以建立對嗣後新接觸事物的知覺作用。然而，每個人並無一通百通的知覺圖像，而常須創新知覺型態，以引導注意力從不同觀點、立場或方向去探索，期能獲得更佳的事物之了解或問題的解決。

二、課程設計的原則

本思考課程計分六部分共六十個單元，每一單元活動原則上以一週四十五至六十分鐘實施完畢，足供二年使用。

設計時的主要原則如下：

（一）活動設計內容力求簡單、實用

鑑於過去有些理論基礎深厚良好的活動設計，因過於複雜難懂，或欠缺實用性，因而未能被教師採用，為學生所學習。因此，本方案力求易懂易學，讓師生同感實用。

（二）活動設計內容力求適用於不同年齡、能力和文化的學習者

年齡小自四歲半，大至成人均可學；智商從 75 至 140 都適用；不同語言、文化的對象也合宜。教材內容求取最大適用性。

（三）思考技巧力求與真實生活配合

荻傍諾認為教育工作應為課後生活及畢業離校後之生活做準備，而思考應視為生活技巧之一。所以本活動設計力求配合現實生活或工作之需要，而不在增加學科考試成績或智力測驗分數。

（四）思考技巧之訓練盡量減少先前知識基礎的影響

為求取背景不同學生均宜學習思考技巧，本活動設計內容力求生活化和普遍化經驗，避開知識多寡所可能造成的影響。

（五）學生貴能把習得的思考技巧遷移到各種真實生活情境

本活動設計所傳習的思考技巧，可以走出教室應用於真實生活；它的功能不在於提高考試技巧，增加考試分數，而貴能加強解決問題的能力。

（六）思考技巧之教學重視對資訊處理特質的了解

本活動設計主要建立在自我組織（self-organizing）、自我穩定（self-stabilizing）和主動的資訊網路建立等資訊處理模式，強調個人建立型態和應用型態的心智功能。

三、高德思考課程內容（參考 de Bono, 1976b, 1985, 1992）

（一）第一部分：廣度

本部分旨在增進學生於面對思考的情境時，須做廣面搜尋和推敲所需要的工具和習慣。計有十個要項如下：

1. 對意見觀念妥善處理：不貿然接受或排拒他人意見觀念，而以謹慎態度審查其優點或好處（plus）、缺點或壞處（minus），或有趣之處（interesting）。故本要項又稱為 PMI 策略。

2. 考慮各項有關因素：處理事務不單考量一項因素，改採廣角或多元觀點去推敲，逐一分析、探討各有關因素（consider all factors），故本要項以 CAF 簡稱之。

3. 併行上述第一、第二要項：即處理事務時，同時應用 PMI 及 CAF 技巧推敲思考。

4. 考量近功遠利：意指在抉擇行動策略之前，宜對各種選擇方案，就其短期或立即效果（consequences）和後續長遠影響（sequence）等仔細考量，比較利弊得失之後才做決定。本要項簡稱為 C & S。

5. 了解並確定目標：清楚設定自己追求的目標，近程、中程和遠程的均詳加考慮；對他人的目標也加以了解。本要項以 AGO 簡稱之。A = aim；G = goal；O = objective 均為目標的意思。

6. 要有計畫：即處理事務時，能將前述第 4、第 5 兩要項併同考慮之謂。

7. 排出先後緩急：當面對許多可能性或可行方案時，宜詳加推敲並按輕重緩急，排出先後次序。本要項以 FIP 簡稱之。

8. 想出各種可能途徑或方案：意指處理事務或面對問題時，不拘泥於立即顯著的方案，而肯用心思索其他選擇或可能途徑。本要項以 APC 簡稱之。A = alternatives；P = possibilities；C = choices。

9. 慎謀能斷：將前述 FIP 和 APC 兩要項併同應用謂之。

10. 集思廣益：意指探討問題宜廣徵高見，匯納各種不同看法或觀念，而不固執己見致使流於抱殘守缺。本要項以 OPV 簡稱之。OPV = other point of views，即其他不同觀點之意。

（二）第二部分：組織

本部分旨在教導學生面對思考情境時，如何有系統的、有組織的加以處

理。共有十個活動要項，其功能如下：

1. 認識清楚：把情境詳細釐清並加標記，俾便了解及處理。

2. 分析明白：把問題分析透澈，俾能有效推敲、處理。

3. 比較異同：應用系統的比較方法，以增進對整個情境的了解和掌握。

4. 慎重選擇：從多種選項中選取最佳方案。

5. 探索新方案：對問題或情境的了解或看法，努力尋求有無其他新的觀點或策略。

6. 好的開始：探討或思索一個問題或情境時，妥慎把握第一個步驟或開頭。

7. 條理地組織：當面對某一情境或問題從事思考時，會做條理的、按部就班的探討。

8. 把握重點：洞悉此時此地問題或事情的重點所在，並加以有效把握。

9. 掌握全局：思考探索問題或情境時，知道哪些已完成或了解，哪些尚須努力去完成。

10. 歸納結論：依據資料歸納出明確的結論，或明確斷定本問題或情境並無確切的結論。

（三）第三部分：交互作用

本部分旨在探討有關辯論和討論事宜，共有十個活動要項，功能在增進學生下列能力：

1. 檢視雙方意見：即面對爭論問題，對各方意見和看法均須加以了解、審度，而不盲目的、情緒的偏向或支持某方。本要項以 EBS（examine both sides）簡稱之。

2. 辨識證據的類型：對於爭論雙方所提證據和說詞，要認真檢驗其特質，例如區辨其所言是事實（fact）或意見（opinion）。

3. 衡鑑證據的價值：任何言論或爭辯所舉列事證，其價值不宜等量齊觀，應加評量，判斷各種證據的價值分量。

4. 判斷證據的結構：有些證據是單獨存在，站得住腳的；有些證據則否，它須仰賴另一證據，係寄人籬下；應加區辨。

5. 把握相關性和一致性資料：資料或證據有相關的或無關的，有一致的和不一致的。本活動旨在訓練學生如何結合相關的、一致的資料或證據，加大其支持力而減少不一致性。

6. 選擇正確做法（一）：知道下列兩種做法是正確的：(1)檢視意見主張本身之內容、應用及其效應；(2)參照事實、權威和情意態度等。

7. 選擇正確做法（二）：知道另外兩種做法是可取的：(1)使用名稱、標記和類別；(2)從事判斷。

8. 體認錯誤的做法（一）：知道下列兩種做法是錯誤的：(1)誇大解釋或從事過分的概化、建立虛浮的通則；(2)以偏概全做不實在的結論。

9. 體認錯誤的做法（二）：介紹其他兩種錯誤的做法。

10. 看出結果：意指對於雙方爭論的結果進行評鑑，本活動提供七個評鑑等級（略），可供參考。

（四）第四部分：創造力

本部分以創造力發展為重心，包括水平思考（lateral thinking）在內。共十個活動要項，旨在增進學生下列技巧：

1. 延緩批判：意指對各種意見主張的好壞不遽下判斷，而以比較開放、保留的心情加以推敲、琢磨，尋求有無其他新意、創意或功能。

2. 墊腳石功能：意指擷取他人意見主張，以助躍入更高、更佳思考領域，獲致更好的意見主張。

3. 隨機注入新血：意指採取隨機方式，把一些看似無關的因素或意見構想，注入問題情境之中，當作刺激物以引發新的思考方向。

4. 突破固有概念，締造新法：意指解決問題或處理事情時，常受固有概念限制而難有突破。本活動旨在訓練嘗試重新界定固有概念，從而突破現狀，重組問題情境，進而思考出新的解決或處理方法。

5. 認清主導的意見觀念：面對某一情境或問題時，常會被一些主導的（習慣的、強勢的）觀念所限制，而難有突破。因此，須能認清哪些是主導觀念，並有意把它們擱置一邊（類同於解凍歸零術），而試著去探求新的方法或觀念。

6. 清楚界定問題：明確界定問題的意義、範圍等，使易於謀求解決或解答。

7. 去蕪存菁：檢視、評鑑意見主張或構想的利弊得失，進而汰劣擇優。

8. 集思合組：檢視各方資料，以助集合多種觀念主張而形成富有創意的新觀點。

9. 應用必要條件：意指把握好問題情境的必要條件，任何有關解決此一問題的方法或策略，均須符合（或不違）這些條件。

10. 評鑑：意見主張的良莠，須視它是否切合問題情境的必要條件而予判斷。

（五）第五部分：資訊和情意

本部分旨在檢視探討資訊（料）所在及讀者思考感受狀況，共有十個活動要項，期能增進學生下列技能：

1. 了解資訊的有無：意指當一個人思考探索問題或情境時，貴能知道已有哪些資訊（料），還需要補充些什麼資訊（料）。

2. 善於發問：懂得如何有效使用發問以探索事物，例如知道什麼時候提出打靶式問題（有標準答案者），什麼時候提出垂釣式問題（沒有標準答案者）。

3. 精於尋線探究，按圖索驥：意指善於應用線索，以助演繹推理並有效應用通則。

4. 了解對立技巧：能夠區分立場對立和錯誤結論間的差異，避免草率推論而做出錯誤的結論和判斷。

5. 預估和猜測：當資訊不完整時，知道如何從事猜測；預估猜測的準確

度；區分小型猜測（指小區域、小樣本）和大型猜測。

6. 建立信念：信念要靠證據支持，而證據有許多類別，譬如信用度、證明度、確定度、共識性和權威性等。本活動旨在訓練此等證據的區辨能力。

7. 使用套裝資料：使用預先備妥的整套觀念、主張、模式或軟體，以助思考推敲，或替代自行思考。了解什麼是刻板印象、偏見、標準意見等。

8. 情緒和自我：強調情緒會影響思考作用，譬如自我追求正確、愛面子和使用權力等情緒，足以左右思考的運作。

9. 釐清價值觀念：了解價值觀念會影響思考，以及對思考成果的接受度；體認接受問題情境中既有的價值，比嘗試提出新的價值要中肯。

10. 簡化和澄清：知道如何簡化問題情境，並能扼要地掌握情境的要點。

（六）第六部分：行動

本部分旨在構成一個行動計畫或架構，俾資綜合應用前述各種技巧，步驟分明地去從事良好的思考。此一架構可用文字或圖示向學生敘述說明，其步驟如下：

1. 設定目標：即明確的擬訂思考的焦點目標。

2. 擴展探討：以思考焦點目標為中心，試圖從深度和廣度加以擴展；並就尋求方案或途徑，多方探討。

3. 撮要濃縮：繼拓展探討之後，集中注意力於具體有用的部分，例如要點、摘要、結論，或做選擇。

4. 三合一策略：即應用設定目標、擴展探討，和撮要濃縮三者，從事協調運作。

5. 目標清楚：清楚了解自己從事思考所欲達成的目標，例如是要做決定、解決問題、擬訂行動計畫或提出意見。並且將一般目標和特殊具體的目的分辨清楚。

6. 考慮各項投入因素：當個人面對困難或問題情境而從事思考時，要能綜合考量各項投入因素，例如：場景、時地、人物和資訊等。

7. 認明並創新解決方案：問題的解決方案可能不只一個，要能分辨哪些是最凸顯的、哪些是傳統的、哪些是新創的。並且貴能知道如何提出新方法，以填補不足。

8. 慎重選擇：面對各種新創方案，要能考量它們的限制、可能後果等因素，排出優先次序，然後謹慎的選擇。

9. 踐行運作：執行所做決定，並將選擇方案實施的步驟掌握清楚，然後付諸行動。

10. 統整運作：意指付諸行動係經統合、協調應用前述各項思考技巧或步驟的綜合表現。

TEC-PISCO 中後列五項適用於面對任何情境或困難而從事思考解決時的主要步驟，P 即目標（purpose）、I 指投入（input）、S 是解決方案（solutions）、C 為選擇（choice）、O 代表運作（operations）。TEC 三項功用是為協助界定和明確化每一思考步驟的對象或目標的活動，它們是目標（target，以 T 稱之）、擴展（expand，以 E 稱之）和攝要（contract，以 C 稱之）。本活動內容簡以 TEC-PISCO 稱之。

（七）實施方式

小組進行，通常以四至五人一組為宜。教學時間以四十五分鐘到六十分鐘為度，少於三十五分鐘則太短。每週一次，教一個活動要項為原則。

✎ 四、六頂思考帽

獲傍諾創用六頂思考帽（six thinking hats）訓練方法，期望收到下列功效以提升思考能力（許麗美，1990：20，153；de Bono, 1992: 74-78）：

1. 集中注意：由於思考類別繁多，方向各異，常人往往受困於同時應用或從事多種思路，而有混淆不清、衝突牴觸現象，乃至減損效能。六頂思考帽鼓勵吾人每當戴上一頂帽子，便專心從事一種思考；務期精神集中，思路單純，同條貫達。

2. 減除自我防衛心理：荻傍諾認為一般人思考不靈通，常因自我防衛心理太重所致。因此，他倡導戴上各種顏色帽子，扮演非自我角色，以期突破心防，在不受個人面子等情緒影響之下，客觀有效地進行思考。

3. 多元拓廣思考技巧：六頂帽子各有不同顏色：白帽、紅帽、黑帽、黃帽、綠帽、藍帽等，各別代表一種思考方向和特色歷程。應用六頂帽子思考法，可以學會六種主要的思考途徑或方法。

4. 增進對事物的了解：六頂思考帽代表六種思考型態或方向，其應用並非一事物用一頂帽，而是鼓勵吾人先後戴上不同顏色帽子，使用不同思考方式去探討、了解同一事物。如此，更能清楚真相，把握要點。

六頂思考帽的特質如下（許麗美，1990：21-22，155-161；de Bono, 1992: 74-100）：

（一）白帽

象徵中立、客觀或空白，如同白紙一般。白帽思考以事實、事物、數字、清單……等資訊或資料為焦點。

探討重點有三：

❖ 我們已有哪些資料？

❖ 我們還需要哪些資料？

❖ 我們如何去得到所需的資料？

（二）紅帽

象徵有情緒、情感、預感和直覺的心靈。紅帽思考以個人感覺、情感、

價值觀念為焦點，思考時較憑感性、熱情而缺乏理性。

（三）黑帽

象徵憂鬱和否定、合適和真實的認定。黑帽思考以對錯、是非、黑白和理由等為探究焦點，思考時常問：

- ❖ 它是真的嗎？
- ❖ 它管用嗎？
- ❖ 它合適嗎？
- ❖ 會有危險和困難嗎？

（四）黃帽

象徵樂觀、積極、前瞻和希望。黃帽思考以利益、價值何在及其所依恃的因素為焦點，思考時常問：

- ❖ 有什麼利益功能？
- ❖ 為何說它有利益或功能？

（五）綠帽

象徵生意盎然、充滿活力和思考自由。綠帽思考以尋求變通之道、創新突破為焦點，探討重點有：探究；計畫與建議；替代方案；新構想；激發等。

（六）藍帽

象徵高高在上、監控所屬的氣勢。藍帽思考以其他五頂帽子的應用、管制、指揮為焦點，探討重點如：

- ❖ 我們當今思考進行到哪裡？
- ❖ 下一步怎麼進行？
- ❖ 做摘要。

❖ 思考計畫為何？

❖ 觀察與評論。

總結而言，白帽思考著重資料的蒐集和釐清，黑帽思考類似批判思考，以評鑑優劣、對錯為導向；綠帽思考強調創新和滋生，接近於創造思考；而藍帽思考則與自明認知思考（metacognition）相似，旨在掌控思考技巧的選用和歷程的調整。

六頂思考帽的使用，可分隨機應用和計畫性應用。前者是視思考過程中的需要，引用一、二，為時數分鐘；後者係針對某特定目標，事先計畫好六頂帽子出現的順序，有條不紊逐一應用。演練過程中，強調戴上（使用）思考帽後所產生的兩個心理作用：(1)思考型態或策略的選取；(2)自我防衛減至最小的角色扮演；如是循序漸進，及至靈巧應用自如為止。

第六節　蘇莫懈思考技巧教學活動設計

英國教育科學部於 1985 年，撥款補助倫敦市蘇莫懈（Somerset）區地方教育行政當局，從事為期五年的課程研究發展計畫。希望藉此方案提供教師一套內容充實允當，次序安排井然的教學活動設計，用以教導學生知道如何學習、如何思考，使成為有績效的學習者和問題解決者。本專案由布拉格（N. Blagg）教授負責主持，經由實驗發展出來的教學課程活動設計，陸續自 1988 年先後出版了五冊，並為紀念發源地而取名為蘇莫懈思考技巧課程（Somerset Thinking Skills Course，簡稱 STSC）。

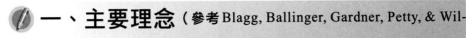

一、主要理念（參考Blagg, Ballinger, Gardner, Petty, & Williams, 1988; Coles & Robinson, 1989）

（一）擷取弗爾史丹的工具充實教學理念

　　蘇莫懈教育行政當局表現積極，始自 1980 年代初期即引進工具充實教學計畫（IE），因此對於認知結構、媒介性學習、文化剝奪、認知缺失等理念，並不陌生。1983 年獲教育科學部補助專款從事低成就兒童教學改進計畫，布拉格受聘擔任評鑑工作而參與其中。研究結果發現，弗爾史丹的工具性充實教學計畫理念雖佳，但因內容稍嫌抽象，不易為學生、教師所接受吸收，效果欠佳。

　　1985 年再獲中央補助，因此布拉格率同原班大部分人力共同承接任務，並力圖有所表現，惟仍融入了許多弗爾史丹的基本理念。

（二）視思考技巧為認知技巧

　　布拉格領銜主持的研究小組認為，思考技巧難用文字加以界定。若就內涵而言，可分從兩類認知技巧（cognitive skills）加以說明：

1.認知資源（cognitive resources）

　　大凡人類用以了解並說明所觀察、所經驗和所感受到事物所需要的概念、基本技巧、知識和語文等均是。它提供思考和解決問題所需的先備條件，主要內涵可分三大類別：

　　(1)概念——例如顏色、數字、大小、形狀、位置、時間、空間、類推、明譬、暗喻等。

　　(2)語文工具——例如能明確說出（表達）所觀察、經驗和感受到的事物，它是概念建立、知識獲取、技能嫻熟和思考策略應用的基礎。

(3)技巧和知識──內容繁多,例如:

❖ 做事認真,工作精準。

❖ 了解時空關係。

❖ 把握重點並加以解析。

❖ 預測推估。

❖ 系統的搜尋資料。

❖ 博採周諮各種觀點。

❖ 區分有關與無關並加以取捨。

❖ 明白何者為偏見。

❖ 會用多種方式記錄資訊。

❖ 同時兼籌並顧各方所得資訊(料)。

❖ 把事物影像化在腦中。

❖ 摘述。

❖ 利用視像、記憶術等協助記憶。

❖ 準確地依說明行事。

❖ 分析事物或統整事物。

❖ 重組或修改事物。

❖ 比較與分類。

2.認知策略(cognitive strategies)

認知策略扮演主控角色,從事選擇、協調各項思考技巧以發揮功能,完成工作目標。一般而言,它包含下列主要內涵:

❖ 蒐集並組織有關資訊或資料。

❖ 認知並明晰確定問題所在和內容。

❖ 想出各種解決方案。

❖ 擬訂方案或計畫。

❖ 檢視或監控執行情形。

❖ 查核執行結果有否達到原定目標。

❖ 修訂計畫或方案、策略，以貫徹原定目標。

❖ 評鑑整體執行情形和策略功能。

❖ 溝通訊息或意見。

❖ 遷移和概化功能。

認知資源和認知策略之間的關係，好比球隊與教練之間的區別。球員的個人技術好比個人的思考技術，當然重要；但是教練為了贏球所做球員的安排、調度和攻防策略等則更為重要，它就好比一個人選擇應用技巧方法去達成目標一般。所以思考教學，應兼重資源和策略兩個層面。

（三）思考教學的目標多元化

強調思考教學並不徒重技巧之熟練而已，舉凡態度、觀念、信心、動機、發表能力……等方面，均為訓練課程所考慮的發展目標。

分析而言，計有下列八項：

1. 培養學生的自尊心。

2. 提升信心和積極態度，使學生做個知道如何學習的人（有能力學習如何學習的學生）。

3. 加強學生對學習型態或風格的了解和把握，並知道隨著不同學習需求而調整學習風格。

4. 增進學生清楚、明確地溝通表達意見的能力。

5. 教導學生基本的認知技能，以奠定解決問題的良好基礎。

6. 發展學生對問題解決歷程或方法的覺知和控制能力。

7. 輔導學生從消極接受知識，轉為積極探尋知識、創新知識或新觀念。

8. 增進學生遷移和概化所學概念、觀念於各種領域和各類情境的能力。

為提高兒童的信心和自尊，該課程建議採行下列要領：

1. 重視安全、民主學習環境的建立，使兒童置身其中感到其意見主張受到審慎的尊重，若有錯誤偏差會被小心的做建設性的處理。

2. 提供廣泛多樣的討論或問題解決活動或作業，盡量避免重蹈失敗的覆

轍。

3. 教師不強調對、錯兩極化答案的練習，常能提供開放性題目讓學生探討，使有更大的發揮和探索空間。

4. 應用視覺媒體如圖片、卡通、圖表、影片等以引發並拓展學生的看法和觀念。

5. 條理安排教學活動，以使學生對基本技能、思考技巧和策略等，從事過度學習以加強之。

6. 重視小組工作及口說技能之發展。

二、教學活動設計內容

蘇莫儞思考技巧課程共有八個單元，每個單元均有近三十個作業單（或活動設計），每個活動設計需時約五十分鐘。教材內容由淺而深，適用於小學高年級以上學生使用。茲將單元內容扼要敘述如下（Blagg et al., 1988; Coles & Robinson, 1989）：

（一）問題解決的基礎

著重問題解決程序和技巧的習練，包括如何蒐集、組織有關資料和資訊，認清並界定問題等。教導學生如何概覽、把握重點；區分外顯和內隱資訊；系統的探尋策略；描述特質並予標記等。本單元為全部課程揭示目標，立下典範架構，屬於基礎課程。

（二）分析和綜合

繼續發展、探討前一單元介紹的詞彙、概念、技巧和策略，並以日常生活有關事務的分析、綜合為中心。有關事物結構、運作、功能和美學等因素間的關係，亦為其探討的重點。

（三）時間和空間觀念

旨在提高學生在研擬計畫和推估事物時，對時、空因素的警覺和把握能力，因此，本單元介紹一些跟時間、空間觀念有關的詞彙和概念。

（四）比較性思考

使用廣泛多樣的教材內容和問題解決情境，教導學生了解比較其意義、本質和功能，進而引導學生明白比較思考如何奠定分類的基礎，領會分類的本質和目的等。

（五）了解類比譬喻

探究類比譬喻在日常生活中的意義，以及轉化的應用範圍，協助學生了解隱喻、直喻和類推三者間的關係。

（六）時間和空間的型態

探究如何透過對時、空關係和型態的了解，去做各種預測或推估。進而探討人的同情心和偏見的心理狀態，了解人為何對事物會有不同的看法。

（七）組織與記憶

應用技巧和策略複習前面六個單元內容，藉以增進回憶、組織和記憶各種資訊。強調變通性思考策略的應用，以使學生了解目標不同，所使用的組織、記憶技巧隨之有別。

（八）預測和做決定

從前述七個單元中統整描述有關社會的、家庭的和學術的決策過程，藉

以幫助學生了解：決策往往是建立在「可能」基礎上，而不是在「確定」基礎上。促使學生更加明白各種證據、證物和資訊，對預測性思考的重要性。

茲擇要介紹蘇莫懈思考技巧課程內容如下：

（一）比較性思考技巧教學活動內容（Blagg et al., 1988）

🖐 活動一：機械怪人

【目　　標】旨在增進學生了解什麼是比較，什麼是描述（description），二者間有何異同。

【教學過程】1.分發作業單（如圖 9-10 所示），每人一張。

　　　　　　2.依據圖上所附發問關鍵字詞：誰？什麼？何時？何地？等發問，引導學生思考探索所見人物特質。

　　　　　　3.學生分組研討，並將上列問題之答案記錄下來。

　　　　　　4.各組代表報告分享，並由老師或同學主持綜納各組報告內容，留意那些有創意、生動活潑而又切題的答案。

　　　　　　5.斟酌考慮鼓勵學生寫作描述所見所感，或上色、描繪、製作模型等進一步探討活動。

🖐 活動二：機械女童

【目　　標】旨在訓練比較事物或事件的異同。

【教學過程】1.散發作業單（如圖 9-11 所示），每人一張。

　　　　　　2.個別自行作業或小組共同討論均可，完成作業單內異、同之答案後，要推出小組代表，準備報告。

　　　　　　3.各組代表上台報告，全班討論並提出共同的參考答案。

　　　　　　4.配合兒童程度可以酌情提出下列問題：

誰？　什麼？　何時？　何地？

圖 9-10　機械怪人

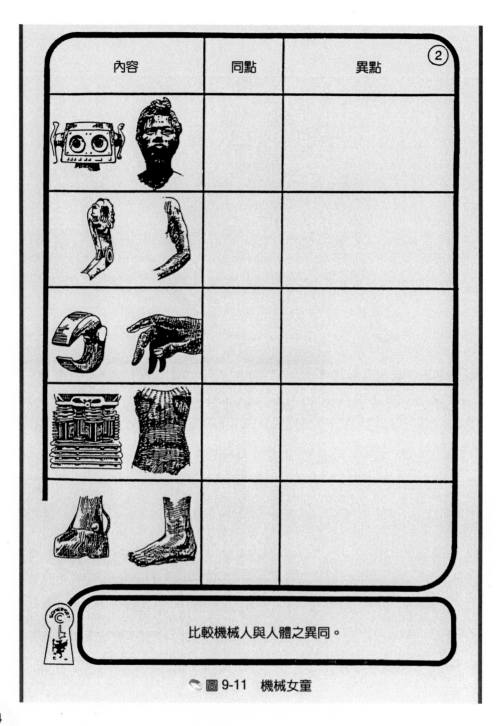

比較機械人與人體之異同。

圖 9-11　機械女童

(1)機械人可能比人類還聰明嗎？

(2)機械人可能會有感情嗎？

🌿 活動三：異同之比較

【目　　標】增進學生對事物或事件異同之比較能力，並了解認定相同
　　　　　　（identify）的意義。

【教學過程】1.分發作業單（如圖 9-12 所示），每人一張。

　　　　　　2.學生分組共同討論完成作業，個別做也可以。

　　　　　　3.如係個別完成，則宜在分組討論中分享，各小組共同提出
　　　　　　　一份答案，準備向全班報告。

　　　　　　4.作業單中「項目別」空欄，是供同學自行構思填入。

　　　　　　5.各組代表報告答案內容，全體討論，並歸納提出共同的參
　　　　　　　考答案。

（二）分析與綜合性思考技巧教學活動內容（Blagg et al., 1988）

　　共列二十六種活動設計，茲擇要舉例如下：

🌿 活動一：查對清楚

【目　　標】應用圖形比對練習，以提升學生辨識、分析能力。

【教學過程】1.散發作業單（如圖 9-13 所示），每人一張。

　　　　　　2.提示作答方法，並將學生分組。

　　　　　　3.進行作答，個人或小組合作均可。如係個人完成，則須提
　　　　　　　經小組報告、分享並共同討論出小組的答案。

　　　　　　4.各組代表上台報告，全班討論，歸納提出最後答案。

⑤

特質	同	異
1.		
2.		
3.		
……		

二者都是：

特質	同	異
1.		
2.		
3.		
……		

二者都是：

特質	同	異
1.		
2.		
3.		
……		

二者都是：

特質	同	異
1.		
2.		
3.		
……		

二者都是：

列舉出相同（＋代表）、不同（－代表）的地方（特質）。

圖 9-12　異同之比較

請參照樣本圖查核下圖，找出錯誤

請寫出錯誤內容：＿＿＿＿＿＿＿＿＿＿＿＿＿＿＿＿＿＿＿＿＿＿

＿＿＿＿＿＿＿＿＿＿＿＿＿＿＿＿＿＿＿＿＿＿＿＿＿＿＿＿＿＿＿＿

＿＿＿＿＿＿＿＿＿＿＿＿＿＿＿＿＿＿＿＿＿＿＿＿＿＿＿＿＿＿＿＿

請寫出錯誤內容：＿＿＿＿＿＿＿＿＿＿＿＿＿＿＿＿＿＿＿＿＿＿

＿＿＿＿＿＿＿＿＿＿＿＿＿＿＿＿＿＿＿＿＿＿＿＿＿＿＿＿＿＿＿＿

＿＿＿＿＿＿＿＿＿＿＿＿＿＿＿＿＿＿＿＿＿＿＿＿＿＿＿＿＿＿＿＿

請寫出錯誤內容：＿＿＿＿＿＿＿＿＿＿＿＿＿＿＿＿＿＿＿＿＿＿

＿＿＿＿＿＿＿＿＿＿＿＿＿＿＿＿＿＿＿＿＿＿＿＿＿＿＿＿＿＿＿＿

＿＿＿＿＿＿＿＿＿＿＿＿＿＿＿＿＿＿＿＿＿＿＿＿＿＿＿＿＿＿＿＿

樣本圖

◯ 圖 9-13　查對清楚

✋ 活動二：工作要領

【目　　標】從日常生活中訓練兒童的觀察、分析和綜合能力。

【教學過程】1.散發作業單（如圖 9-14 所示），每人一張。

2.請學生念一遍作答說明，教師並加以補充。

3.學生個別做或兩人一組合作均宜。

4.請幾位同學上台報告答案內容，全班討論，並歸納提出參考答案。

5.教師鼓勵同學回家觀察記錄一些父母日常生活行為，如沏茶、洗衣等之順序。

✋ 活動三：圖文並茂

【目　　標】從文字閱讀及圖形閱讀兩方面訓練觀察、分析和綜合能力，並提供發表與創新的練習機會。

【教學過程】1.發下作業單（如圖 9-15 所示），每人一張。

2.請同學念一遍作答說明，老師並加以補充。

3.學生兩人一組或多人一組分別作答，亦可個別作答。每組備妥答案，推派一人向全班報告。

4.各組代表報告答案，說明理由。全班共同討論並提出參考答案。

5.第三部分之作答可以是圖形的，也可以是文字的；而且鼓勵有創新的構想。

（三）類比譬喻思考技巧教學內容（Blagg, Ballinger, Gardner, Petty, & Williams, 1990）

本訓練課程於 1990 年出版，列舉了二十八個活動設計，茲擇要介紹數則

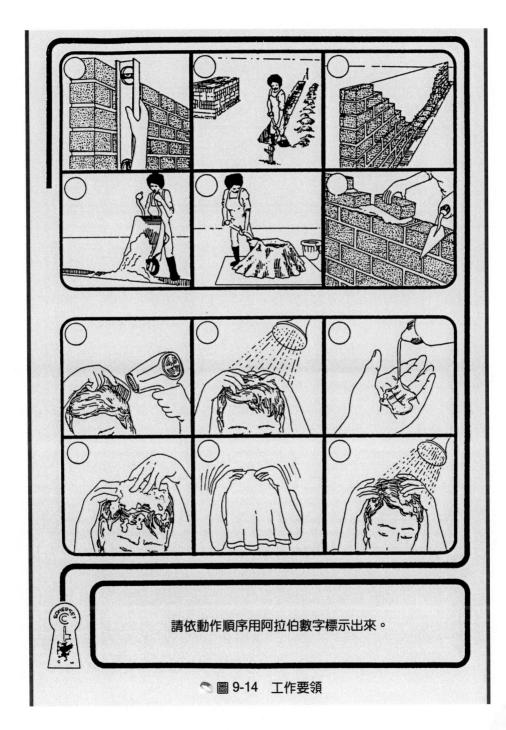

圖 9-14　工作要領

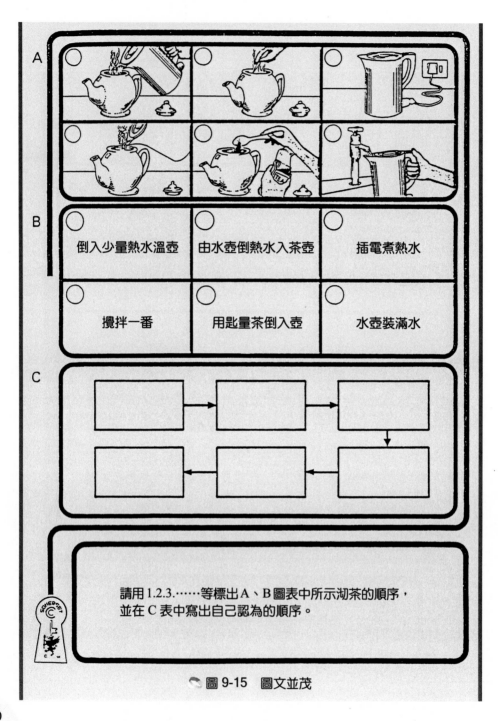

圖 9-15　圖文並茂

如下：

🖐 活動一：轉化

【目　　標】透過圖形內容部分變化所引發的想像，以增進兒童聯想、
構思的能力，奠定類比思考之基礎。

【教學過程】1.教師說明、介紹轉化（transformation）的意義，例如鳳梨
經過製造成為鳳梨乾或鳳梨罐頭就是轉化作用的一種。

2.散發作業單（如圖 9-16 所示），每人一張。

3.教師講解作答方法，特別提示從左圖到右圖中間有一些變
化，請同學推想其變化的假設，例如：圖 9-16 可提示下
列問題以供參考：

(1)你憑什麼認為這個男人進入店裡？

(2)你憑什麼說那是一隻真猩猩？

(3)為什麼猩猩帶著一個手提箱？

4.學生兩人一組或多人一組均宜，彼此討論提出答案，並推
派代表準備向全班報告結果。

5.各組代表報告答案，說明圖片中轉化的內容。因無標準答
案，不妨提出一些參考答案，以供全班分享。

🖐 活動二：圖形轉化

【目　　標】應用圖形變化情形，訓練學生觀察「動態」的能力，藉以
厚植類比思考之基礎。

【教學過程】1.發下作業單（如圖 9-17 所示），每人一張。

2.請同學先看一遍例題及題目內容。

3.請一位同學說明例題作答的要領和重點，教師加以補充。

4.兩人一組或個人獨自完成作業單，教師巡視、輔導。

5.請同學報告說明答案，並進行討論。教師引導學生重視答

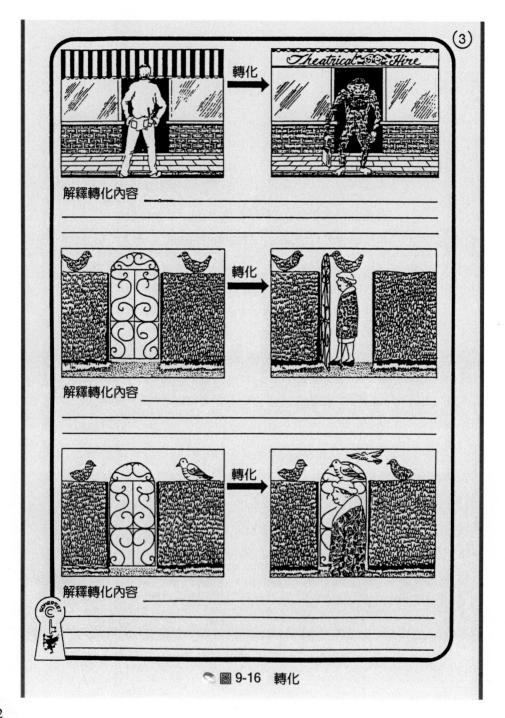

圖 9-16　轉化

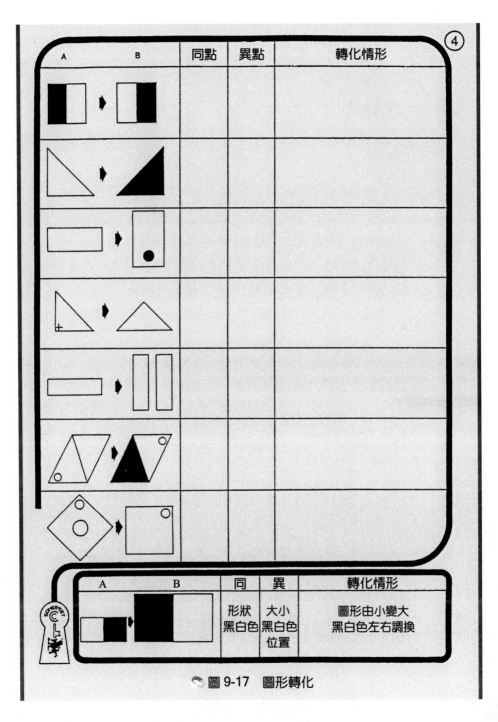

圖 9-17　圖形轉化

案的準確性，和用詞的簡明妥適性。

6.歸納出各題的參考答案，公布分享。

🖐 活動三：符號標誌

【目　　標】透過兩個符號標誌間關係的推敲、了解，以增進類比譬喻
思考之基礎。

【教學過程】1.散發作業單（如圖 9-18 所示），每人一張。

2.請同學看一遍例題和其他題目，並指名一位同學說明例題
的做法和要領。教師只做必要之補充說明。

3.學生分組或個別做作業單，如係個別完成，須提小組討
論、分享，然後共同研擬出一份小組的共同答案。

4.各組代表上台報告答案，大家討論並共同歸納出參考答
案。

（四）時空位置思考技巧教學內容（Blagg et al., 1988）

本項目共有二十九個活動設計，茲擇要舉例如下：

🖐 活動一：前後左右

【目　　標】由感覺動作及抽象符號兩表微系統交互作用中，提升學生
的空間觀念。

【教學過程】1.散發作業單（如圖 9-19 所示），每人一張。

2.學生分組，每三人一組。

3.教師講解做法，依圖示布置情境，兩人做動作，一人記錄
作答；三人輪流扮演記錄作答角色。

4.全班核對答案，討論做錯原因，修正答案。

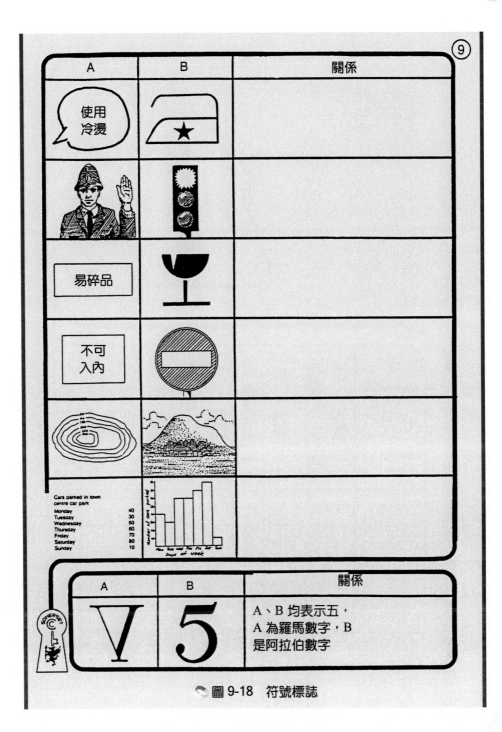

圖 9-18　符號標誌

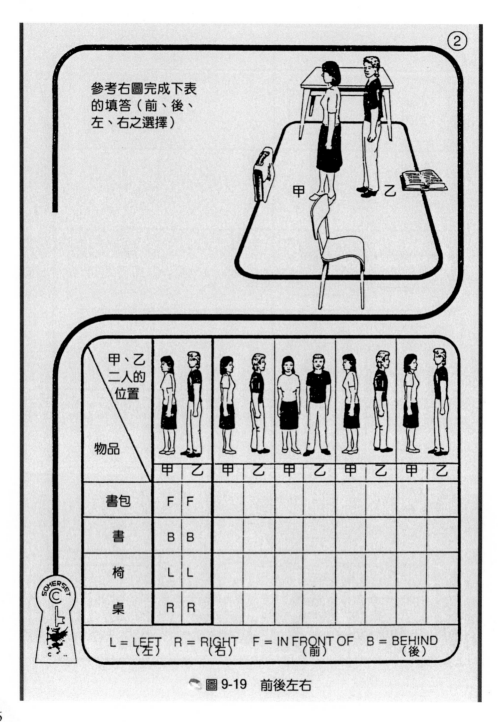

參考右圖完成下表的填答（前、後、左、右之選擇）

②

甲、乙二人的位置 物品	甲	乙	甲	乙	甲	乙	甲	乙	甲	乙
書包	F	F								
書	B	B								
椅	L	L								
桌	R	R								

L = LEFT （左）　R = RIGHT （右）　F = IN FRONT OF （前）　B = BEHIND （後）

圖 9-19　前後左右

406

🖌 活動二：我們這一班

【目　　標】從班級同學座位的相互關係，加強學生空間觀念及表達描述的能力。

【教學過程】1.做個遊戲，暖身一下。教師把紅、黃、黑、白四種顏色卡片，分給四個同學各持一張。

2.教師說：請把紅色卡片交給坐在你前面兩個位子的同學；請把黃色卡片交給坐在你右邊第三個人；請把黑色卡片送給坐在左邊一行從前面數第五個位子的人；請把白色卡片交給坐在你右邊三行從後面數第三個位子的人。

3.散發作業單（如圖 9-20 所示），每人一張。

4.請同學讀作答說明，教師做必要之補充。

5.個別做，並統一訂正答案。

🖌 活動三：我藏你找

【目　　標】訓練學生看圖辨位及用文字表達的能力。

【教學過程】1.發下作業單（如圖 9-21 所示），每人一張。

2.請同學讀做法說明，教師做必要性之補充。

3.學生兩人一組。兩人各自在作業單上文字描述行走方向及目的地。

4.定稿之後交由對方，依所述內容看圖找出要找的地點。

5.交換答案，討論訂正並發現困難或問題所在，例如文字表達清楚與否。

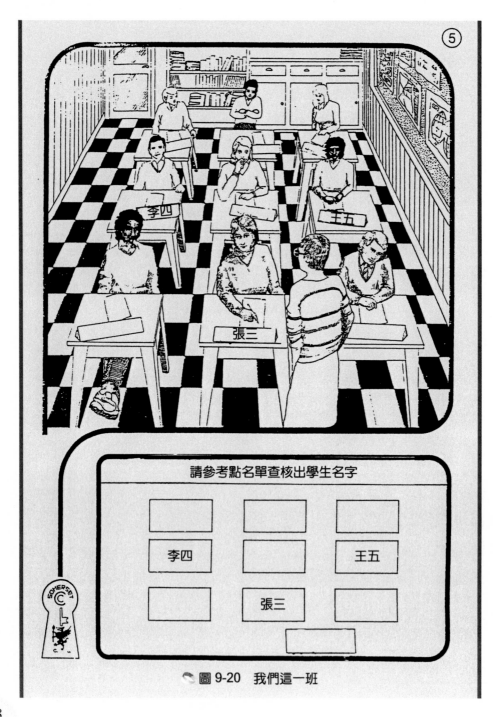

圖 9-20　我們這一班

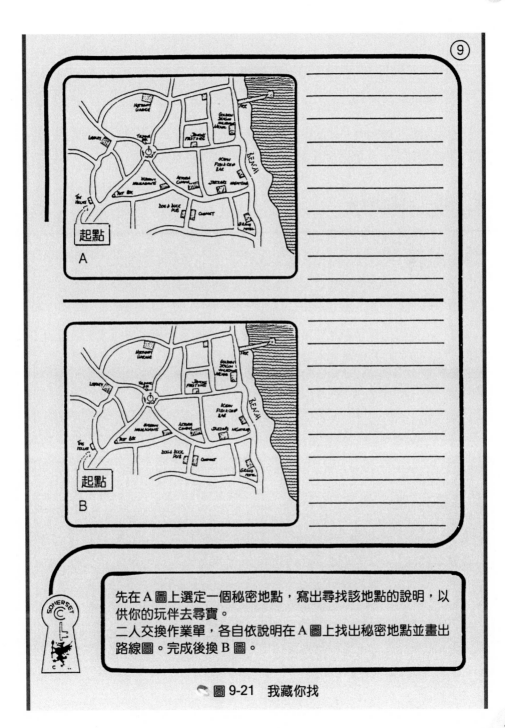

先在 A 圖上選定一個秘密地點，寫出尋找該地點的說明，以供你的玩伴去尋寶。

二人交換作業單，各自依說明在 A 圖上找出秘密地點並畫出路線圖。完成後換 B 圖。

圖 9-21 我藏你找

（五）時空型態思考技巧教學內容（Blagg, Ballinger, Gardner, Petty, & William, 1991）

所謂型態（pattern）意指事物或事情依循某種定則發生所形成的樣態。本項目課程共有二十九個活動設計，茲擇要舉例如下：

活動一：圓的世界

【目　　標】由日常生活事物體驗中，了解圓是一個很重要的型態。

【教學過程】1.發下作業單（如圖 9-22 所示），每人一張。

2.請同學看一遍作業單內容，請他們說出看到什麼（自由回答）。

3.引導學生列舉日常生活中或在校內、住家附近常見的圓形物有哪些，適可而止。

4.將學生分組，繼續列舉圓形物，並請同學提出分類方法，將所列舉的圓形物歸類（例如可歸為人造圓和自然圓兩類）。

5.各組代表報告答案，大家討論，並歸納出參考性答案。

活動二：龐克頭

【目　　標】提升學生尋找組型或型態的思考能力。

【教學過程】1.發下作業單（如圖 9-23 所示），每人一張。

2.請同學讀一遍作答說明，教師做必要性之補充，並以龐克頭這一組圖形為例，說明做法。

3.學生分組進行作業，並記錄答案內容，推選報告代表。

4.各組代表報告答案，大家研討並歸納出參考性答案。

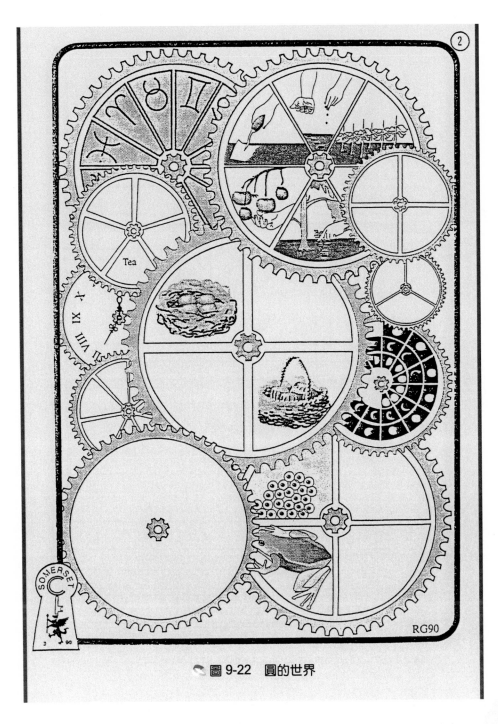

🍃 圖 9-22　圓的世界

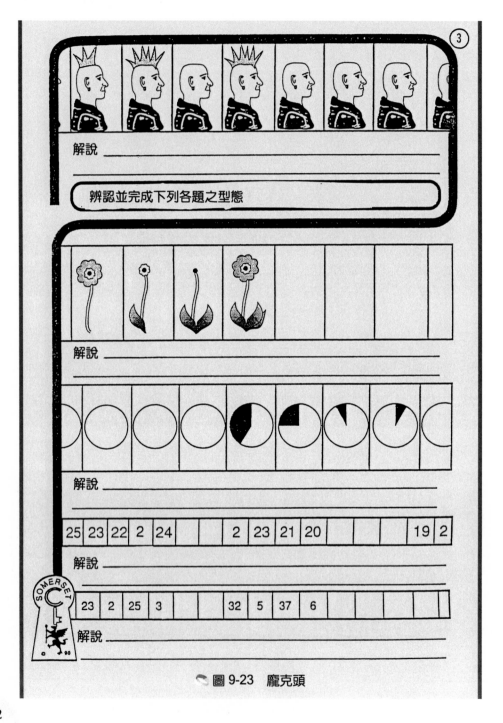

圖 9-23　龐克頭

🖐 活動三：布老頭（人）

【目　　標】由圖片內容之觀察、分析，找出其物品陳設的原則或組型，
　　　　　　並藉以欣賞、了解做事有條理，生活有秩序的風格。

【教學過程】1.教師提問學生在家臥室或書房擺設情形，檢討有無每天妥
　　　　　　　善整理，藉以引起動機。

　　　　　　2.散發作業單（如圖 9-24 所示），每人一張。

　　　　　　3.請同學讀一遍作答說明，教師只做必要性之補充。

　　　　　　4.同學分組，大家研討提出答案，記錄答案並推選一位代
　　　　　　　表，準備報告。

　　　　　　5.各組代表報告小組答案、看法，相互討論，最後總結出參
　　　　　　　考性答案，分享給大家。

（六）問題解決思考技巧教學內容（Blagg et al., 1988）

　　　共列二十九種活動設計，茲擇要舉例如下：

🖐 活動一：五官並用

【目　　標】增進兒童應用感官解決問題的能力。

【教學過程】1.學生分組，每組推選一個當主持人，一個當記錄。

　　　　　　2.散發作業單（如圖 9-25 所示），每人一張。

　　　　　　3.請同學把作業單上作答說明讀一遍，教師補充解釋作答方
　　　　　　　法。

　　　　　　4.分組討論完成作業，並做成記錄準備向全班報告。亦可個
　　　　　　　別做，但須提小組分享，並討論提出小組的共同答案。

　　　　　　5.各組代表報告答案，大家討論，並總結出全班的參考答
　　　　　　　案。

圖 9-24　布老頭（人）

活動 ＼ 動用感官順序	1	2	3	4	5	6	7
1.疾病診斷							
2.閱讀							
3.鑑別杯中飲料							
4.偵測出屋內老鼠位置							
5.彈鋼琴							
6.							

請依需用感官類別之先後次序 1‧2‧3‧……寫出動作內容於空格內。

圖 9-25　五官並用

🖐 活動二：我的小狗

【目　　標】從生活經驗中學習如何解決問題。

【教學過程】1.發下作業單（如圖 9-26 所示），每人一張。

2.請同學觀賞作業單上圖片，教師加以說明做法：三個人分別想從一群狗中找到自己心愛的狗。他們可以應用哪些方法或線索找到呢？請幫他們想想看（可寫在作業單背後）。

3.第二種活動方法：同學兩人一組，玩「我選你猜」遊戲。即其中一人從圖中選擇一隻狗，要另一同學去猜出，但允許他提出十個或二十個問題（藉以推敲答案）。

4.請數位（組）同學上台報告答案，大家分享經驗，最後並歸納出各種可行方法或線索，以供參考。

🖐 活動三：尋寶遊戲

【目　　標】發展兒童觀察、組織、分析及發問的能力，藉以提高解決問題的技巧。

【教學過程】1.學生兩人一組，發下作業單（如圖 9-27 所示），每組一張。

2.請同學把作答說明讀一遍，教師做必要之補充。

3.同學開始分工合作，從事活動；如時間允許，兩人宜交換角色，再玩一次。活動過程宜做成記錄。

4.請數位（組）同學報告進行的過程，和大家分享。

5.教師協助歸納提出比較有用的問題，供同學參考。

　　以上所述國內外發展推出之思考技巧訓練課程或教學計畫，各有特色與重點。本書加以介紹，旨在引發國人重視這方面工作之研發，並提供作為設

圖 9-26 我的小狗

請在上圖選一定點藏寶，並允許你的玩伴發問二十次，以助找到藏寶地點。

玩伴找不到，可酌情提供口頭說明協助。二人交換角色練習之。

圖 9-27　尋寶遊戲

計開發課程內容時之參考。

思考技巧之教學設計或課程可由教師自行編擬，或由市面上現成產品購得；惟選用時須有一些標準作為參考以提升教學品質。史坦伯格（Sternberg, 1987）曾提出九項選用標準如下：

1. 須有心理學上的理論為基礎，以助學生統整教學設計或課程所列思考技巧內容。
2. 須有教育學上的理論為基礎，以助學生對所列思考技巧有效保留和遷移、應用。
3. 須備有具體可用的練習作業，以供學生練習所列思考技巧和策略的操作。
4. 考慮到個別差異之適應。
5. 具有激發學習動機的效能。
6. 教學設計或課程內容須適合學生社會性的發展需要。
7. 內容明顯的與學科內容及學生校外生活相結合。
8. 該套教學設計或課程，曾有實證性的實驗證明它有效並適用於該年級。
9. 備有教師訓練的教材。

下列是一則簡要的評量表，可作為選擇思考教學教材或活動設計時的參考。

（　）1. 各思考技巧間相互有關嗎？（即系統連貫）
（　）2. 易於學習、保留及遷移應用嗎？
（　）3. 提供明確可行的教學指引（包括思考技巧和策略）嗎？
（　）4. 能激發學習動機嗎？
（　）5. 能適應個別差異需求嗎？
（　）6. 教材內容與生活經驗結合，可應用於校外生活活動嗎？
（　）7. 易懂易用，教師使用它不覺困難嗎？

（　　） 8. 對教師有成長作用，備有教師在職訓練教材嗎？
（　　） 9. 提供支持性的教學單元設計嗎？
（　　）10. 備有足夠的教學活動以供老師應用嗎？

　　總之，思考技巧的內容廣多，深淺難易各有不同，有效的教學須賴教師預先做系統的安排，配合年級及各科教材逐步實施。技巧的嫻熟只是過程或手段，應用思考技巧以增進個人生活，並做個有貢獻的社會良民才是目的。因此，思考教學與其量多而不善應用，不如量少質佳而能發揮效果。

參考文獻

一、中文部分

孔子。**論語**。

方炳林（1976）。**普通教學法**。台北市：教育文物。

毛連塭（1989）。實施創造思考教育的參考架構。**創造思考教育**，創刊號，2-9。

王克先（1987）。**學習心理學**。台北市：桂冠。

王振德（1988）。我國資賦優異教育的回顧與展望。載於中華民國特殊教育學會（主編），**我國特殊教育的回顧與展望**（頁 79-100）。台北市：中華民國特殊教育學會。

王精文（1983）。**創造性問題解決訓練對創造思考、抗拒變革的影響**。國立交通大學科學管理研究所碩士論文，未出版，新竹市。

江芳盛（1990）。**高雄市國民小學教師批判思考教學行為之研究**。國立台灣師範大學教育研究所碩士論文，未出版，台北市。

何容（主編）（1988）。**國語日報辭典**。台北市：國語日報社。

吳武典（1989）。國中資優班學生的個人特質、學習環境與教育效果之探討。**特殊教育研究學刊**，**2**，277-312。

吳武典、蔡崇建（1986）。國中資優學生的認知方式與學習方式之探討。**特殊教育研究學刊**，**2**，219-230。

吳靜吉、高泉豐、王敬仁、丁興祥（1981）。**拓弄思語文創造思考測驗（乙式）指導及研究手冊**。台北市：遠流。

李德高（1988）。**教育心理學**。台北市：五南。

李錫津（1986）。**創造思考教學對高職學生創造力發展之影響**。國立台灣師範大學教育研究所碩士論文，未出版，台北市。

林生傳（1988）。**新教學理論與策略**。台北市：五南。

林孟宗（1987）。戈爾登的資優創造教學模式。載於中華民國特殊教育學會（主編），**資優學生創造力與特殊才能**。台北市：心理。

林幸台（1973）。**創造性教學對才賦優異者創造力發展的影響**。國立台灣師範大學教育研究所碩士論文，未出版，台北市。

林幸台（1987）。大腦半球之研究與資優教育。載於中華民國特殊教育學會（主編），**資優學生創造力與特殊才能**。台北市：心理。

林幸台、張玉成（1983）。資賦優異兒童高層次認知能力之評量與分析。**台灣省立教育學院報，8**，9-26。

林美惠、初正平（1975）。修訂拓倫斯創造能力測驗及一些有關的研究：語文測驗。**測驗年刊，12**，80。

林朝鳳（1988）。啟發教學法。載於黃光雄（主編），**教學原理**。台北市：師大書苑。

邵一航（譯）（1966）。**埋藏在你腦中的金礦**。台北市：協志工業。

徐　珍（1974）。**教學方法演進**。台北市：復興書局。

張世彗（1988）。創造性問題解決方案對國小資優班與普通班學生創造性問題解決能力、創造力和問題解決能力之影響。**特殊教育研究學刊，2**，193-223。

張玉成（1984）。**教師發問技巧**。台北市：心理。

張玉成（1988）。**開發腦中金礦的教學策略**。台北市：心理。

張玉成（1990a）。思考教學活動設計舉隅。載於**當代教育論叢**（頁237-258）。台北市：五南。

張玉成（1990b）。資優兒童思考技巧之特質研究。載於**台灣省第一屆教育學術論文發表會論文集**（頁435-464）。台中：台灣省政府教育廳。

張玉成（1992）。國小語文科實施批判思考教學之實驗研究。**台北師院學報，5**，1-66。

張春興（1978）。**心理學概要**。台北市：東華。

張蘭畹（1991）。理性思考在民主法治教育上的應用研究。載於**台灣省第二屆教育學術論文發表會論文集：社會科教育**（頁114-146）。台中：台灣省政府教育廳。

許麗美（譯）（1990）。**六頂思考帽**。台北市：心理。

連寬寬（1987）。創造性思考教學。載於中華民國特殊教育學會（主編），**資優學生創造力與特殊才能**。台北市：心理。

郭有遹（1973）。**創造心理學**。台北市：正中書局。

郭靜姿（1987）。談「資優」的概念。載於中華民國特殊教育學會（主編），**資優學生鑑定與輔導**（頁 33-48）。台北市：心理。

陳青青（1990）。問思教學法。載於**國民小學社會科教學法專輯**。台北縣：台灣省國民學校教師研習會。

陳美芳、盧雪梅（編譯）（1988）。**高明的思考法**。台北市：心理。

陳英豪、吳鐵雄、簡真真（1980）。**創造思考與情意的教學**。高雄市：復文。

陳昭儀（1991）。我國傑出發明家之人格特質、創造歷程及生涯發展之研究。**台灣師大特殊教育研究學刊，7**，221-227。

陳榮華（1985）。國小資優班與普通班學生創造性思考訓練成效之比較研究。**台北市立師專學報，16**，1-64。

陳龍安（1984）。**創造思考教學對國小資優班與普通班學生創造思考能力之影響**。國立台灣師範大學輔導研究所碩士論文，未出版，台北市。

陳龍安（1989）。點石成金：談創造思考教學的要領。**創造思考教育**，創刊號，29-33。

陳龍安（1991）。**創造思考教學的理論與實際**。台北市：心理。

陳麗華（1989）。國小社會科批判思考教學的省思。**現代教育季刊，15**，121-135。

單文經（1988）。道德討論教學法。載於黃光雄（主編），**教學原理**。台北市：師大書苑。

黃光雄主編（1988）。**教學原理**。台北市：師大書苑。

黃建一（1991）。**價值教學在社會科教學上的意義**。發表於 1991 年 6 月 15 日「社會學科課程與教學研討會」。

黃炳煌（1989）。民主、法治教育與課程設計。載於中國教育學會（主編），**民主法治與教育**（頁 600-605）。台北市：台灣書店。

黃麗貞（1986）。社會科創造思考教學對國小兒童創造思考能力及社會科學業成就

之影響。國立台灣教育學院特殊教育研究所碩士論文,未出版,彰化市。

黃讚坤(1989)。國小生活與倫理科價值教學單元活動設計。載於**國民小學五年級生活與倫理科價值教學單元教學設計**。新竹市:國立新竹師範學院。

溫明麗(1998)。**批判思考教學**。台北市:師大書苑。

賈馥茗(1970)。創造能力發展之實驗研究。**師大教育研究所集刊,12**,1-93。

賈馥茗(1971)。數學(解題)創造能力發展之實驗研究。**師大教育研究所集刊,13**,1-78。

劉英茂(1979)。**托浪斯創造性思考測驗(語文甲式)**。台北市:中國行為科學社。

劉錫麒(1992)。合作反省思考數學解題教學模式的理論基礎。**國立花蓮師院初教系學報,2**,1-68。

歐用生(1990)。價值澄清教學模式。載於**國民小學社會科教學法專輯**。台北縣:台灣省國民學校教師研習會。

歐用生(1991)。**國民小學社會科教學研究**。台北市:師大書苑。

蔡崇建(1988)。國中資優學生學習方式之偏好與經驗的相適性及其與學習表現之關係。**特殊教育研究學刊,4**,155-170。

鍾聖校(1990)。**認知心理學**。台北市:心理。

簡紅珠(1990)。陶倫斯的教學理論。載於黃光雄(主編),**教學原理**。高雄市:復文。

簡茂發(1982)。我國資賦優異兒童創造思考能力之研究。**師大教育心理學報,15**,97-110。

簡茂發、蔡玉瑟(1985)。國民小學高年級資優班與普通班學童認知形式及生活適應之比較研究。載於中華民國特殊教育學會(主編),**展望新世紀的特殊教育**(頁317-353)。台北市:中華民國特殊教育學會。

二、英文部分

Aagaard, S. A. (1972). *Oral questioning by the teacher: Influence on student achievement in eleventh grade chemistry*. Doctoral dissertation, New York University, New York,

NY.

Adams, M. F. (1974). *An examination of the relationship between teacher use of higher level cognitive questions and the development of critical thinking in intermediate elementary students*. Doctoral dissertation, Florida State University, FL. Dissertation Abstracts International 1975, 35, 5978-A. (University Microfilms No. 75-06303).

Agnew, P. (1986, August 3-6). *The critical thinking worksheet*. Paper presented at the Annual International Conference on Critical Thinking & Educational Reform, Sonoma, CA.

Allen, R. R., & Rott, R. K. (1969). *The nature of critical thinking*. Madison, WI: Wisconsin Research and Development Center for Cognitive Learning.

Arieti, S. (1976). *Creativity: The magic synthesis*. New York, NY: Basic Book.

Arnold, O. R. (1938). Testing ability to use data in the fifth and sixth grades. *Eductional Research Bulletin, 17*, 225-259, 278.

Aschner, M. J. (1961). Asking questions to trigger thinking. *NEA Journal, 50*, 44-66.

Baldwin, D. L. (1987). *The effect of two instructional method on critical thinking*. Doctoral dissertation, Seton Hall University, NJ.

Bamvakais, K. M. (1981). *Promoting critical thinking: An instructional program for enhancing the remote transfer of critical thinking skills*. Doctoral dissertation, Washington University, St. Louis, CA.

Baron, J. B., & Sternberg, R. J. (1987). *Teaching thinking skills: Theory & practice*. New York, NY: W. H. Freemen & Company.

Barron, F. (1976). The psychology of creativity. In A. Rothenberg & C. R. Hausman (Eds.), *The creativity question*. Durham, NC: Duke University Press.

Bartlett, S. F. (1958). *Thinking*. New York, NY: Basic Books.

Beyer, B. K. (1988). *Developing a thinking skills program*. Boston, MA: Allyn & Bacon.

Blagg, N., Ballinger, M., Gardner, R., Petty, M., & Williams, G. (1988). *Somerset thinking skills course: Analysing and synthesising*. Oxford, UK: Basil Blackwell.

Blagg, N., Ballinger, M., Gardner, R., Petty, M., & Williams, G. (1988). *Somerset thinking skills course: Comparative thinking*. Oxford, UK: Basil Blackwell.

Blagg, N., Ballinger, M., Gardner, R., Petty, M., & Williams, G. (1988). *Somerset thinking skills course: Foundation in problem solving*. Oxford, UK: Basil Blackwell.

Blagg, N., Ballinger, M., Gardner, R., Petty, M., & Williams, G. (1988). *Somerset thinking skills course: Handbook*. Oxford, UK: Basil Blackwell.

Blagg, N., Ballinger, M., Gardner, R., Petty, M., & Williams, G. (1988). *Somerset thinking skills course: Positions in time and space*. Oxford, UK: Basil Blackwell.

Blagg, N., Ballinger, M., Gardner, R., Petty, M., & Williams, G. (1990). *Somerset thinking skills course: Understanding analogies*. Oxford, UK: Basil Blackwell.

Blagg, N., Ballinger, M., Gardner, R., Petty, M., & Williams, G. (1991). *Somerset thinking skills course: Patterns in time and space*. Oxford, UK: Basil Blackwell.

Bloom, B. S., Engelhart, D., Furst, E. J., Hill, H., & Krathwohl, D. R. (1956). *Taxonomy of education objectives: The classification of educational goals (Handbook I): Cognitive domain*. New York, NY: Longmans, Green & Co.

Blosser, E. (1980). *Review of research: Teacher questioning behavior in science classrooms*. Clearinghouse for Science, Mathematics and Environmental Education.

Borg, W. R. (1969). *The minicourse as a vehicle for changing teacher behaviour: The research evidence*. Paper presented to the annual meeting of the American Educational Research Association.

Bourne, L. E., Ekstrand, B. R., Dominowski, R. L. (1971). *The psychology of thinking*. Englewood Cliffs, NJ: Prentice-Hall.

Brandt, R. (1984). Teaching of thinking, for thinking, about thinking. *Educational Leadership, 42* (1), 3.

Bransford, J. D., Arbitman-Smith, R., Stein, B. S., & Vye, N. J. (1985). Improving thinking and learning skills: An analysis of three approaches. In J. W. Segal, S. F. Chipman, & R. Glaser (Eds.), *Thinking and learning skills (*Volume I) (pp. 133-206). Hillsdale, NJ: Lawrence Erlbaum Associates.

Bremer, N. H. (1967). Guiding learning through skillful questioning. *Elementary School*

Journal, 67, 417-422.

Bruner, J. S. (1964). Course of cognitive growth. *American Psychologist, 19,* 1-15.

Buggey, L. J. (1974). *A study of the relationship of classroom questions and studies achievement of second-grade children.* Paper presented at the American Educational Research Association, Chicago, IL. (ERIC Document Reproduction Service No. ED 066 391)

Busse, T. V., & Mansfield, R. S. (1980). Theories of the creative process: A review and a perspective. *The Journal of Creative Behavior, 14* (2), 91-103.

Callahan, C. M. (1978). *Developing creativity in the gifted and talented.* Arlington, VA: The Council for Exceptional Children.

Carin, A. A., & Sund, R. B. (1971). *Developing questioning techniques.* Columbus, OH: Charles E. Merrill.

Carner, R. L. (1963). Levels of questioning. *Education, 83* (9), 546-550.

Carroll, R. J. (1981). *An examination of conceptual problems in teaching critical thinking in social studies education.* Doctoral dissertation, The University of North Carolina, Chapel Hill, NC.

Chaudhari, U. S. (1975). Questioning and creative thinking: A research perspective. *Journal of Creative Behavior, 9* (9), 30-34.

Cheffee, J. (1988). *Thinking critically.* Boston, MA: Houghton Mifflin.

Coles, M. J., & Robinson, W. D. (Eds.) (1989). *Teaching thinking.* Bristol, UK: The Bristol Press.

Collins, A. (1985). Teaching reasoning skills. In J. W. Segal et al. (Eds.), *Thinking and learning skills* (Volume 2) (pp. 579-586). Hillsdale, NJ: Lawrence Erlbaum Associates.

Conklin, K. E. (1986). *The impact of a critical thinking intervention on tenth grade students' expository writing skills.* Doctoral dissertation, State University of New York, Albany, NY.

Costa, A. L. (1985). Teaching for, of, and about thinking. In A. L. Costa (Ed.), *Developing minds: A resource book for teaching thinking* (pp. 20-23). Alexandria, VA: Association for Supervision and Curriculum Development.

Covington, M. V., Crutchfield, R. S., & Davies, L. B. (1966). *The productive thinking program*. Berkeley, CA: Brazelton Printing Co.

Crawford, R. P. (1954). *The techniques of creative thinking*. New York, NY: Hawthorn.

Crutchfield, R. S. (1965). Creative thinking in children: Its teaching and testing. In H. Brim (Ed.), *Intelligence: Perspectives*. New York, NY: Harcourt Brace Jovanovich.

Davis, G. A. (1971). Teaching for creativity: Some guiding lights. *Journal of Research and Development in Education, 4* (3), 29-34.

Davis, G. A., & Scott, J. A. (1971). *Training creative thinking*. New York, NY: Holt, Rinehart & Winston.

de Bono, E. (1970). *Lateral thinking: Creativity step by step*. New York, NY: Harper & Row.

de Bono, E. (1976a). *Teaching thinking*. London, UK: Temple Smith.

de Bono, E. (1976b). *Thinking action: Teacher's handbook*. London, UK: Direct Education Services.

de Bono, E. (1985). The cort thinking program. In J. W. Segal et al. (Eds.), *Thinking and learning skills* (Volume I) (pp. 363-388). Hillsdale, NJ: Lawrence Erlbaum Associates.

de Bono, E. (1992). *Teach your child how to think*. London, UK: Viking.

Devine, T. G. (1981). *Teaching study skills*. Upper Saddle River, NJ: Allyn & Bacon.

Dewey, J. (1933). *How we think*. Boston, MA: D. C. Heath.

Dutt, N. K. (1977). *The creative potential and education*. New York, NY: Indian Book Agency.

Educational Policies Commission (1961). *The central purpose of American education*. Washington, DC: NEA.

Eisner, E. W. (1965). Critical thinking: Some cognitive components. *Teachers College Record, LXVI*.

Ennis, R. H. (1962). A concept of critical thinking. *Harvard Education Review, 32.*

Ennis, R. H. (1985). Goals for a critical thinking curriculum. In A. Costa (Ed.), *Developing minds: A resource book for teaching thinking* (pp. 54-57). Alexandria, VA: Association for Supervision and Curriculum Development.

Ennis, R. H. (1987). A taxonomy of critical thinking dispositions and abilities. In J. Baron & R. Sternberg (Eds.), *Teaching thinking skills: Theory and practice.* New York, NY: Freemen.

Ennis, R. H., Gardiner, W. L., Dieter, R. M., & Ringel, P. L. (1979). *Cornell critical thinking test.* Urbana, IL: University of Illinois.

Flavell, J. H. (1976). Metacogitive aspects of problem solving. In L. B. Resnick (Ed.), *The nature of intelligence* (pp. 231-236). Hillsdale, NJ: Erlbaum.

Feldhusen, J. F., & Treffinger, D. J. (1977). *Creative thinking and problem solving in gifted education.* Lewisville, TX: Kendall/Hunt.

Feldhusen, J. F., Treffinger, D. J., & Pine, P. (1975). *Teaching children how to think.* West Lafayette, IN: Purdue Research Foundation.

Feuerstein, R. (1978). *Just a minute···Let me think.* Baltimore, MD: University Park Press.

Feuerstein, R. (1979). *The dynamic assessment of retarded performers: The learning potential assessment device, theory, instruments, and techniques.* Baltimore, MD: University Park Press.

Feuerstein, R., Rand, Y., Hoffman, H. B., & Miller, R. (1980). *Instrumental enrichment.* Baltimore, MD: University Park Press.

Feuerstein, R., Jensen, M. R., Hoffman, M. B. & Rand, Y. (1985). Instrumental enrichment: An intervention program for structural cogintive modifiability. In J. W. Segat, S. F. Chipman, & R. Glaser (Eds.), *Thinking and learning skills (*Volume I) (pp. 43-82). Hillsdale, NJ: Lawrence Erlbaum Associates.

Fisher, A. (Ed.) (1988). *Critical thinking.* Norwich: University of East Anglia.

Fisher, R. (1990). *Teaching children think.* Oxford, UK: Basil Blackwell.

Floyd, W. D. (1961). *An analysis of the oral questioning activity in selected Colorado pri-*

mary classroom. Doctoral dissertation, Colorado State College, CO. Dissertation Abstracts International, 21, 1146-A. (University Microfilms No. 60-06253)

Foster, J. (1971). *Creativity and the teacher*. New York, NY: Macmillan.

Gall, M. D. (1970). The use of questions in teaching. *Review of Educational Research, 40*, 707-720.

Gallagher, J. J. (1965). *Productive thinking of gifted children*. Urbana, IL: Institute for Research on Exceptional Children, University of Illinois. (ERIC Document Reproduction Service No. ED 001 307)

Gallagher, J. J., & Aschner, M. J. (1963). A preliminary report: Analysis of classroom internation. *Merrill-Palmer Quarterly, 9*, 183-194.

Garrett, B. C. (1972). *Levels of questioning used by student-teachers and its effect on pupil achievement and critical thinking ability*. Doctoral dissertation, North Texas State University, TX.

Getzels, J. W., & Jackson, P. W. (1962). *Creativity and intelligence*. New York, NY: John Wiley & Sons.

Ghee, H. J. (1975). *A study of the effects of high level cognitive questions on the levels of response and critical thinking abilities in students of two social problems classes*. Doctoral dissertation, University of Virginia, VA.

Glaser, E. M. (1941). *An experiment in the development of critical thinking*. New York, NY: Columbia University Bureau of Publications.

Golson, P. G., & Jeffries, R. (1985). Instruction in general problem-solving skills: An analysis of four approaches. In J. W. Segal et al. (Eds.), *Thinking and learning skills* (Volume I) (pp. 417-455). Hillsdale, NJ: Lawrence Erlbaum Associates.

Gordon, W. J. J. (1961). *Synetics: The development of creativity*. New York, NY: Harper & Row.

Gove, P. B. (Ed.) (1973). *Webster's Third New International Dictionary*. 台北市：新月圖書公司。

Greenfield, L. B. (1979). Engineering student problem solving. In J. Lochhead & J. Clement (Eds.), *Cognitive process instruction*. Philadelphia, PA: The Franklin Institute Press.

Guilford, J. P. (1950). Creativity. *American Psychologist, 5*, 444-454.

Guilford, J. P. (1956). The structure of intellect. *Psychological Bulletin, 52*, 267-293.

Guilford, J. P. (1958). *Creative intelligence in education*. Los Angeles, CA: Los Angeles County Office of Superintendent of Schools.

Guilford, J. P. (1967a). Creativity: Yesterday, today, and tomorrow. *Journal of Creative Behavior, 1*, 3-14.

Guilford, J. P. (1967b). *The nature of human intelligence*. New York, NY: McGraw-Hill.

Guilford, J. P. (1968). *Intelligence, creativity and their educational implications*. San Diego, CA: Robert R. Knapp.

Guilford, J. P. (1971). Roles of structure-of-intellect abilities in education. *Journal of Research and Development in Education, 4* (3), 3-13.

Guilford, J. P. (1972). Intellect and the gifted. *The Gifted Child Quarterly, 16* (3), 175-184, 239-243.

Guilford, J. P. (1977). *Way beyond the IQ*. Buffalo, NY: Creative Education Foundation.

Guilford, J. P., & Hoepfner, R. (1971). *The analysis of intelligence*. New York, NY: McGraw-Hill.

Guszak, F. J. (1967a). Teacher questioning and reading. *The Reading Teacher, 21*, 227-234.

Guszak, F. J. (1967b). Teacher's questions and levels of reading comprehension. In T. C. Barrett (Ed.), *The evaluation of children's reading achievement*. Newark, DE: International Reading Association.

Henson, K. T. (1979). Questioning as a mode of instruction. *Clearing House, 53*, 14-16.

Hoetker, J. (1968). Teacher questioning behavior in nine junior high school English classes. *Research in the Teaching of English, 2*, 99-106.

Hollingsworth, P. M. (1982). Questioning: The heart of teaching. *The Clearing House, 55*, 350-352.

Hudgins, B. B., & Edelman, S. (1986). Teaching critical thinking skills to fourth and fifth graders through teacher-led small-group discussions. *Journal of Educational Research, 79* (6), 333-342.

Hullfish, H. G., & Smith, P. G. (1961). *Reflective thinking: The method of education.* New York, NY: Dodd, Mead & Company.

Hunkins, F. P. (1966). Using questions to foster thinking. *Education, 87*, 83-87.

Hunkins, F. P. (1968). The influence of analysis and evaluation questions on achievement in sixth grade social studies. *Educational Leadership, 25*, 326-332.

Hunkins, F. P. (1970). Analysis and education question: Their effects upon critical thinking. *Educational Leadership, 27*, 697-705.

Hunkins, F. P. (1972). *Questioning strategies and techniques.* Boston, MA: Allyn & Bacon.

Hunter, E. (1969). The effects of training in the use of new science program upon the classroom verbal behavior of first grade teacher as they teach science. *Classroom Interaction Newsletter, 4*, 5-11.

Hutchinson, W. L. (1963). *Creative and productive thinking in the classroom.* Doctoral dissertation, University of Utah, UT. Dissertation Abstracts International, 1964, 24, 2753-A. (University Microfilms No. 63-6278)

Hyman, R. T. (1979). *Strategic questioning.* Englewood Cliffs, NJ: Prentice-Hall.

Hyram, G. H. (1957). An experiment in developing critical thinking in children. *Journal of Experimental Education, 26*, 125-132.

Joyce, B., & Weil, M. (1986). *Models of teaching.* Englewood Cliffs, NJ: Prentice-Hall.

Kaiser, A. (1979). *Questioning techniques.* Alameda, CA: Hunter House.

Kearney, C. P. (1985). *Assessing higher order thinking skills.* ERIC/TME Report 90.

Keefe, J. W., & Walberg, H. J. (Eds.) (1992). *Teaching for thinking.* Reston, VA: National Association of Secondary School Principals.

Khatena. J. (1968). *The training of creative thinking strategies and its effects on originality.* Doctoral dissertation, University of Georgia, Athens, GA.

King, N. (1975). *Giving form to feeling*. New York, NY: Drama Book Specialists.

Kirschenbaum, H., & Simon, S. B. (Eds.) (1973). *Reading in values clarification*. Minneapolis, MN: Winston Press.

Kleiman, G. S. (1965). Teacher's questions and student understanding of science. *Journal of Research in Science Teaching, 3*, 307-317.

Kneedler, P. (1985). California assesses critical thinking. In A. L. Costa (Ed.), *Developing minds: A resource book for teaching thinking* (pp. 276-277). Alexandria, VA: Association for Supervision and Curriculum Development.

Konetski, L. C. (1969). *Instructional effect on questions asked by preservice science teachers*. Doctoral dissertation, Indiana University, IN.

Kuhn, D., Amsel, E., & O'Loughlin, M. (1988). *The development of scientific thinking skills*. London, UK: Academic Press.

Kurfman, D. (1967). The evaluation of effective thinking. In J. Fair & F. R. Shaftel (Eds.), *Effective thinking in the social studies: 37th yearbook* (pp. 231-253). Washington, DC: National Council for the Social Studies, A Department of the National Education Association.

Kwak, B. S. (1980). *The relationship between content treatment and questioning treatment on critical thinking in social studies*. Doctoral dissertation, Marquette University, Milwaukee, WI.

Labinowich, E. (1973). In how many different ways: Divergent questions or springboards for "Opening" your classroom. *Science and Children, 11*, 11-20.

Ladd, G. T., & Anderson, H. O. (1970). Determining the level of inquiry in teacher's question. *Journal of Research in Science Teaching, 7*, 395-400.

Lake, J. H. (1975). *The influence of wait-time on the verbal dimensions of student inquiry behavior*. Doctoral dissertation, Rutgers University, NJ. Dissertation Abstracts International, 36, 6343 A. (University Microfilms No. 74-8866)

Lawson, A. E. (Ed.) (1979). *The psychology of teaching for thinking and creativity*. ERIC/SMEAC and AETS.

Lipman, M. (1974). *Harry Stottlemeier's discovery*. Upper Montclair, NJ: IAPC.

Lipman, M. (1976). *Lisa*. Upper Montclair, NJ: IAPC.

Lipman, M. (1978). *Suki*. Upper Montclair, NJ: IAPC.

Lipman, M. (1980). *Mark*. Upper Montclair, NJ: IAPC.

Lipman, M. (1985). Thinking skills fostered by philosophy for children. In J. W. Segal et al. (Eds.), *Thinking and learning skills* (Volume I) (pp. 87-96). Hillsdale, NJ: Lawrence Erlbaum Associates.

Lipman, M. (1991). *Thinking in education*. New York, NY: Cambridge University Press.

Lipman, M., & Sharp, A. M. (1978). *Growing up with philosophy*. Philadelphia, PA: Temple University Press.

Lochhead, J. (1985). Teaching analytical reasoning skills through pair problem solving. In J. W. Segal et al. (Eds.), *Thinking and learning skills* (Volume I) (pp. 109-131). Hillsdale, NJ: Lawrence Erlbaum Associates.

Loughlin, R. L. (1961). On questioning. *The Educational Forum, 25*, 481-482.

Lowery, L. F. (1974). *Learning about instructing: Questioning strategies*. Berkeley, CA: University of California. (ERIC Document Reproduction Service No. 113 297)

Lucking, R. A. (1975). *Comprehension and a model for questioning*. Kansas City, KS. (ERIC, Document Reproduction Service No. ED 110 988)

Martin, D. F. (1971). *The effects of a creative problem solving work-shop upon the cognitive operations of verbal classroom interaction in the primary school grades*. Doctoral dissertation, University of Georgia, Athens, GA.

Marzano, R. J. (1988). *Dimensions of thinking*. Alexandria, VA: Association for Supervision and Curriculum Development.

May, R. (1975). *The courage to create*. New York, NY: W. W. Norton.

McPeck, J. E. (1981). *Critical thinking and education*. New York, NY: St. Martin's Press.

McPeck, J. E. (1990). *Teaching critical thinking*. London, UK: Routledge.

McTighe, J., & Schollenberger, J. (1985). Why teach thinking: A statement of rationale. In A. L. Costa (Ed.), *Developing minds: A resource book for teaching thinking* (pp. 3-6).

Alexandria, VA: Association for Supervision and Curriculum Development.

Mednick, S. A. (1962). The associative basis of the creative process. *Psychological Review, 69*, 220-227, 232.

Meeker, M. N. (1969). *The structure of intellect*. New York, NY: Charles E. Merrill.

Meeker, M. N., & Sexton, K. (1972). *SOI abilities workbook: Emergent production*. El Segundo, CA: SOI Institute.

Miller, W. S. (1922). The administrative use of intelligence tests in the high school. In *Twenty-first Yearbook NSSE*, Bloomington, Illinois: Public School Publishing.

Mitchell, B. (1971). The classroom pursuit of creativity: One strategy that worked. *Journal of Research and Development in Education, 3*, 57-61.

Morgan, J. C., & Schreiber, J. E. (1969). *How to ask questions*. Washington, DC: National Council for the Social Studies. (ED. 033887)

Moyer, J. R. (1965). *An exploratory study of questioning in the instructional process in elementary schools*. Doctoral dissertation, Teachers College, Columbia University, New York, NY. Dissertation Abstracts International, 1966, 26, 3807-A. (University Microfilms No. 66-10465)

Nelson-Jones, R. (1989). *Effective thinking skills*. London, UK: Cassell.

Neufeldt, V., Sparks, E., & Andrew, N. (1988). *Webster's new world dictionary*. Cleveland, OH: Simon & Schuster.

Newton, B. T. (1977). Theoretical bases for higher cognitive questioning an avenue to critical thinking. *Education, 98*, 286-291.

Nickerson, R. S. (1987). Why teach thinking? In J. B. Baron & R. J. Sternberg (Eds.), *Teaching thinking skills: Theory and practice*. New York, NY: W. H. Freeman & Company.

Nickerson, R. S., Perkins, D. N., & Smith, E. E. (1985). *The teaching of thinking*. London, UK: Lawrence Erlbaum Associates.

Novak, B. J. (1960). Clarifying language in science education. *Language in Science Education, 44* (4), 321-328.

Olton, R. M. (1969). A self-instructional program for developing productive thinking skills in fifth- and sixth-grade children. *Journal of Creative Behavior, 3*, 16-25.

O'Reilly, K., & Splaine, G. (1987). *Critical viewing: Stimulant to critical thinking*. South Hamilton, MA: Critical Thinking Press.

Osborn, A. F. (1953). *Applied imagination*. New York, NY: Charles Scribiner's Sons.

Parnes, S. J. (1967). *Creative behavior guidebook*. New York, NY: Charles Scribner's Sons.

Parnes, S. J., & Harding, H. F. (Eds.) (1962). *A source book for creative thinking*. New York, NY: Charles Scribner's Sons.

Parnes, S. J., & Meadow, A. (1959). Effects of brainstorming instructions on creative problem-solving by trained and untrained subjects. *Journal of Educational Psychology, L*, 171-176.

Paul, R. (1990). Critical thinking in North America. In A. J. A. Binker (Ed.), *Critical thinking* (pp. 18-43). Rohnert Park, CA: Sonoma State University.

Paul, R., Weil, D., & Binker, A. J. A. (1986). *Critical thinking handbook (K-3): A guide for remodelling lesson plans in language arts, social studies, and science*. Rohnert Park, CA: Center for Critical Thinking & Moral Critique, Sonoma State University.

Paul, R., Binker, A., Jensen, K., & Kreklau, H. (1987). *Critical thinking handbook (4th-6th): A guide for remodelling lesson plans in language arts, social studies, and science*. Rohnert Park, CA: Center for Critical Thinking & Moral Critique, Sonoma State University.

Paul, R., & Adamson, K. R. (1990). Critical thinking and the nature of prejudice. In A. J. A. Binker (Ed.), *Critical thinking* (pp. 136-169). Rohnert Park, CA: Sonoma State University.

Paul, R., & Binker, A. J. A. (1990). Socrate questioning. In A. J. A. Binker (Ed.), *Critical thinking*. Rohnert Park, CA: Sonoma State University.

Quellmalz, E. S. (1985). Needed: Better methods for testing higher-order thinking skills. *Educational Leadership, 43* (2), 31.

Raths, L. E., Harmin, M., & Simon, S. B. (1966). *Values and teaching*. Columbus, OH: Charles E. Merrill.

Raths, L. E., Jonas, A., Rothstein, A., & Wassermann, S. (1967). *Teaching for thinking: Theory and application*. Columbus, OH: Charles E. Merrill.

Raths, L. E, Jonas, A., Rothstein, A., & Wassermann, S. (1986). *Teaching for thinking*. New York, NY: Teachers College Press.

Renzulli, J. S. (1986). Identifying key features in programs for the gifted. *Exceptional Children, 35*, 217-221.

Resnick, L. B. (1987). *Education and learning to thinking*. Washington, DC: National Academy Press.

Ripple, R. E., & Dacey, J. S. (1967). The facilitation of problem solving and verbal creativity by exposure to programmed instruction. *Psychology in the Schools, 4*, 240-245.

Rogers, C. R. (1976). Toward a theory of creativity. In A. Rothenberg & C. R. Hausman (Eds.), *The creativity question*. Durham, NC: Duke University Press.

Rogers, V. M. (1969). *Varying the cognitive levels of classroom questions elementary social studies: An analysis of the use of questions by student teachers*. Doctoral dissertation, University of Texas, Austin, TX.

Rogers, V. M. (1972). Modifying questioning strategies of teachers. *Journal of Teacher Education, 23*, 231-235.

Rogers, V. M., & Davis, O. L. (1970). *Varying the cognitive levels of classroom questions: An analysis of student teachers' questions and pupil achievement in elementary social studies*. Paper presented at the American Educational Research Association Connection, Minnesota, MN. (ED 039 189)

Rossman, J. (1931). *The psychology of the inventor*. Washington, DC: Inventors Publishing.

Rothkopf, E. Z. (1971). Experiments on mathemagenic behavior and the technology of written instruction. In E. Z. Rothkopf & P. E. Johnson (Eds.), *Verbal learning research and the technology of written instruction*. New York, NY: Teachers College

Press.

Rowe, M. B. (1974). Wait-time and rewards as instructional variables, their influence on language, logic, and fate control. *Journal of Research in Science Teaching, 11*, 81-94.

Roweton, W. E. (1970). *Creativity: A review of theory and research*. Madison, WI: Wisconsin Research and Development Center for Cognitive Learning, The University of Wisconsin.

Ruggiero, V. R. (1988). *Teaching thinking across the curriculum*. New York, NY: Harper & Row.

Ryan, F. L. (1974). The effect on social studies achievement of multiple student responding to different levels of questioning. *The Journal of Experimental Education, 42*, 71-75.

Ryan, R. B. (1973). Differentiated effects of levels of questioning on student achievement. *The Journal of Experimental Education, 41*, 63-67.

Salenger, H. K. (1981). *The relationship between the quality and quantity of teachers' verbal questions and student achievement*. Doctoral dissertation, University of Colorado, CO. Dissertation Abstracts International, 1981, 02, 1939A. (University Microfilms No. 81-23326)

Sanders, N. M. (1966). *Classroom questions: What kind?* New York, NY: Harper & Row.

Sarason, S. B. (1971). *The culture of the school and the problem of change*. Boston, MA: Allyn & Bacon.

Schrieber, J. E. (1967). *Teachers' question-asking techniques in social studies*. Doctoral dissertation, University of Iowa, IA. Dissertation Abstracts International, 1967, 28, 523 A. (University Microfilms No. 67-09099)

Seagren, A. T. et al. (1967). *The impact of student teachers upon the attitude and achievement of high school students*. Kansas City, KS: Midcentinent Regional Educational Laboratory. (ERIC. ED 026346)

Shopland, J. H. (1982). *Questions teachers don't ask: The impact of a microteaching on the questioning strategies of student teachers*. Doctoral dissertation, University of

Massachusetts, MA. Dissertation Abstracts International 3568-A, 1982. (University Microfilms No. 8201399)

Simon, S. B. et al. (1978). *Values clarification: A handbook of practical strategies for teachers and students*. New York, NY: A & W Visual Library.

Skinner, S. B. (1976). Cognitive development: A prerequisite for critical thinking. *The Clearing House, 49*, 292-299.

Smith, J. A. (1971). Creativity downstairs. *Journal of Research and Development in Education, 3*, 95-99.

Smith, M. (1977). *A practical guide to value clarification*. San Diego, CA: University Associates.

Sternberg, R. J. (1987). Questions and answers about the nature and teaching of thinking skills. In J. B. Baron & R. J. Sternberg (Eds.), *Teaching thinking skills: Theory and practice*. New York, NY: W. H. Freeman & Company.

Stevens, R. (1912). The question as a measure of efficiency in instruction. *Teachers College Contributions to Education, 209*. New York, NY: Teachers College Press.

Taba, H. (1967). *Teachers' handbook for elementary social studies*. Reading, MA: Addison-Wesley.

Taba, H. et al. (1964). *Thinking in elementary school children*. Cooperative research project report No. 1574. Washington, DC: U. S. Office of Education.

Tiedt, I. M. (1989). *Teaching thinking in K-12 classrooms: Ideas, activities, and resources*. London, UK: Allyn & Bacon.

Timberlake, P. (1982). 15 ways to cultivate creativity in your classroom. *Childhood Education, Sep., 1982,* 19-21.

Tishner, R. P. (1971). Verbal interactions in science class. *Journal of Research in Science Teaching, 8*, 5-7.

Torrance, E. P. (1961). Factors affecting the development of the creative thinking abilities: An interim research report. *Merrill-Palmer Quarterly, 7*, 171-180.

Torrance, E. P. (1965). *Rewarding creative behavior*. Englewood Cliffs, NJ: Prentice-Hall.

Torrance, E. P. (1968). *Education and the creative potential*. Minneapolis, MN: University of Minnesota Press.

Torrance, E. P. (1970). *Encouraging creativity in the classroom*. Dubuque, IA: Wm. C. Brown.

Torrance, E. P. (1971). Creativity and infinity. *Journal of Research and Development in Education, 3*, 35-41.

Torrance, E. P. (1972). Can we teach children to think creatively? *Journal of Creative Behavior, 6*, 114-143.

Torrance, E. P. (1979). *The search for satori and creativity*. Buffalo, NY: Creative Education Foundation.

Torrance, E. P. (Ed.) (1967). *Creativity: Its educational implications*. New York, NY: John Wiley & Sons.

Torrance, E. P., & Myers, R. E. (1970). *Creative learning and teaching*. New York, NY: Harper & Row.

Torrance, E. P., & Torrance, J. P. (1973). *Is creativity teachable*? Bloomington, IN: The Phi Delta Kappa Educational Foundation.

Toynbee, A. (1964). Is American neglecting her creative minority? In C. W. Taylor (Ed.), *Widening horizons in creativity* (pp. 3-9). New York, NY: John Wiley & Sons.

Wallach, M. A., & Kogan, N. (1965). *Modes of thinking in young children*. London, UK: Holt, Rinehart & Winston.

Wallas, G. (1926). Stage in the creative process. In A. Rothenberg & C. R. Hansman (Eds.), *The creativity question*. Durham, NC: Duke University Press.

Walsh, D., & Paul, R. W. (undated). *The goal of critical thinking: From educational ideal to educational reality*. Washington, DC: American Federation of Teachers.

Walters, K. S. (1986). Critical thinking in liberal education: A case of overskill? *Liberal Education, 72* (3), 233-249.

Ware, H. W. (1985). Thinking skills: The effect of one public school system. In J. W. Segal et al. (Eds.), *Thinking and learning skills* (Volume I) (pp. 515-527). Hillsdale, NJ:

Lawrence Erlbaum Associates.

Warren, T. F. (1971). *Creative thinking techniques: Four methods of stimulating original ideas in sixth grade students*. The Wisconsin Research And Development Center For Cognitive Learning, The University of Wisconsin.

White, E. E. (1936). A study of the possibility of improving habits of thought in school children by training in logic. *British Journal of Educational Psychology, 6*, 267-273.

Wiles, J., & Bondi, J. (1980). Teaching for creative thinking in the intermediate grades. *Roeper Review: A Journal on Gifted Education, 3* (1), Soploct, 4-6.

Williams, F. E. (1972a). *Identifying and measuring creative potential*. Englewood Cliffs, NJ: Educational Technology Publications.

Williams, F. E. (1972b). *Encouraging creative potential*. Englewood Cliffs, NJ: Educational Technology Publications.

Williams, F. E. (1972c). *Teacher's workbook*. Englewood Cliffs, NJ: Educational Technology Publications.

Williams, T. L. (1970). The effect of cognitive instructions on secondary student teachers and their pupils. *Journal of Research and Development in Education, 4*, 77-83.

Winne, P. H. (1979). Experiments relating teachers' use of higher cognitive questions to student achievement. *Review of Education Research, 49*, Winter, 13-50.

Woods, K. D. (1982). *The differential effects of interspersed questions on learning form text*. Doctoral dissertation, University of Georgia, Athens, GA.

Wright, D. P. (1975). *Interactions between instructional methods and individual attitudes in the teaching of critical thinking social studies*. Unpublished doctoral dissertation, University of California, Berkeley, CA.

Wulffson, D. L. (1981). *The invention of ordinary things*. New York, NY: Lothrop, Lee & Shepard Books.

Yamada, S. (1912). A study of questioning. *Pedagogical Seminary, 20*, 129-186.

Zimmerman, B. J., & Bergan, J. R. (1971). Intellectual operations in teachers' question-asking behaviour. *Merrill-Palmer Quarterly, 17*, 19-26.

國家圖書館出版品預行編目（CIP）資料

思考技巧與教學／張玉成著. --二版-- 臺北市：
心理, 2013.09
　　面；　公分.--（創造力系列；62035）

　　ISBN 978-986-191-559-3（平裝）

　　1. 思考　2. 推理

176.4　　　　　　　　　　　　102015981

創造力系列 62035

思考技巧與教學（第二版）

作　　　者：張玉成

責任編輯：呂佳真

執行編輯：李　晶

總　編　輯：林敬堯

發　行　人：洪有義

出　版　者：心理出版社股份有限公司

地　　　址：231026 新北市新店區光明街 288 號 7 樓

電　　　話：(02) 29150566

傳　　　真：(02) 29152928

郵撥帳號：19293172　心理出版社股份有限公司

網　　　址：https://www.psy.com.tw

電子信箱：psychoco@ms15.hinet.net

排　版　者：辰皓國際出版製作有限公司

印　刷　者：辰皓國際出版製作有限公司

初版一刷：1993 年 11 月

二版一刷：2013 年 9 月

二版二刷：2023 年 6 月

Ｉ Ｓ Ｂ Ｎ：978-986-191-559-3

定　　　價：新台幣 450 元